U0831324

中财法学文库

CUFE Law Review

中财法律评论

（第五卷）

中央财经大学法学院　主办

知识产权出版社
全国百佳图书出版单位

内容提要

本书是由中央财经大学法学院主办、学生自主组织的连续出版物。“评论”奉行独立、自由、求真的原则，一切唯学术是尚；在用稿上，学生组成的编委会通过双向匿名审稿确定录用稿件，由教师担任的主编仅做宏观指导；在内容上，注重制度之构建与实务运作，亦欢迎法哲学层面的思考；关心私权之保护，亦不偏废公权力之规范。

“评论”设理论研究、制度探索、实践探究、域外法制、金融法制等栏目。希望法学理论界与实务界同仁积极参与，将“评论”构建为一个自由、开放的法学交流平台，以期推动中国法治尤其是财产经济法治进程。

责任编辑：纪萍萍

图书在版编目（CIP）数据

中财法律评论．第五卷／中央财经大学法学院主办．—北京：知识产权出版社，2013.6

ISBN 978-7-5130-2084-8

Ⅰ．①中…　Ⅱ．①中…　Ⅲ．①法律-文集　Ⅳ．①D9-53

中国版本图书馆 CIP 数据核字（2013）第 113889 号

中财法律评论（第五卷）

Zhongcai Falü Pinglun（Diwujuan）

中央财经大学法学院　主办

出版发行：知识产权出版社

社　　址：北京市海淀区马甸南村 1 号	**邮　　编：**100088
网　　址：http：//www.ipph.cn	**邮　　箱：**bjb@cnipr.com
发行电话：010-82000860 转 8101/8102	**传　　真：**010-82000860 转 8240
责编电话：010-82000860 转 8370	**责编邮箱：**jpp99@126.com
印　　刷：知识产权出版社电子制印中心	**经　　销：**各大网络书店、新华书店及相关销售网点
开　　本：880mm×1230mm　1/32	
版　　次：2013 年 6 月第 1 版	**印　　张：**9.375
字　　数：278 千字	**印　　次：**2013 年 6 月第 1 次印刷
ISBN 978-7-5130-2084-8	**定　　价：**29.00 元

出版权专有　侵权必究

如有印装质量问题，本社负责调换。

编　委　会

编委会委员（以拼音为序）

曹富国　陈　飞　陈华彬　甘功仁　高秦伟

郭　锋　黄　震　蒋劲松　李　伟　林剑锋

刘双舟　史树林　王克玉　吴　韬　尹　飞

张小平　曾筱清

编辑部主任　林剑锋

本卷编委（以拼音为序）

傅思飞　姜艾佳　李　杰　孙世香　王　可

张洁云　肖　璐

本卷执行编委　李　杰　姜艾佳

目　录

理论研究

制度探索

实践探究

域外法制

金融法制

理论研究

法人侵权责任探析

夏中宝*

摘　要　通过实证与规范分析，可将法人侵权责任条理化为过错推定、严格责任及过错责任三大类。法律为法人设定过错推定及严格责任的特殊侵权责任，主要基于法人拥有的“深口袋”，而设计最优的“激励约束机制”，迫使法人采取“最佳的风险配置方案”。法人侵权责任的认定难点，在于法人一般侵权领域，结合“法人拟制说”中的拟制技巧与“法人实在说”中的实在意志，采取“事实认定＋法律推定”的路径是破解法人一般侵权责任认定难点的有效方法之一。

关键词　法人　侵权责任　深口袋　风险配置　意志

引言

随着社会经济的不断发展，法人与民事活动的关系越来越密切，衣食住行、生产消费、教育医疗等各个领域皆有法人活动的身影。自从民法赋予法人以民事权利能力与民事行为能力以来，法人创造了极大的社会财富，也极大地影响着人们的社会生活。学校、医院、动物园等主要的事业单位法人，生产商、销售商、网络服务商、保险公司等企业法人，在提供商品与服务的同时，也越来越多地出现在侵权法领域，承担着不同的侵权责任。尤其是 2010 年 7 月 1 日我国《侵权责任法》施行以来，“法人的侵权责任”越来越突显出作为民法总论中民事主体部分重要研究课题的价值。本文以现实社会生活中的侵权案例为基础，结合我国民法基本理论、国外相关理论与判例、侵权法律规范、经济分析法学的研究方法，从法人侵权责任的基础与类型、归责规则、经济分析、认定难点等几个方面，尝试做一个体系性、探

---

* 夏中宝，清华大学 2010 级民商法硕士生。

索性的初步研究分析。

一、法人侵权责任的基础与类型

（一）法人侵权责任的基础

民事责任能力，指民事主体据以独立承担民事责任的法律地位或法律资格，又称侵权行为能力。[1] 关于法人是否具有民事责任能力，民法理论界素有争议。对法人本质采“拟制说”者，认为法人只是拟制的人格，不具备意志能力与行为能力，因此法人不具有民事责任能力。对法人本质采“实在说”者，承认法人意志的存在，认为法人具有民事责任能力。“否定说”的倡导者之一是萨维尼，“肯定说”的倡导者之一是基克尔。[2]

目前，再过多纠缠于理论上“肯定说”与“否定说”之间的争议，已无多大实际意义。既然法人能够作为刑事犯罪的主体，能够承担刑事责任，那么法人当然能够作为民事侵权的主体，能够承担民事侵权责任。我国的立法实际上也肯定了“肯定说”。《民法通则》第 43 条规定：“企业法人对它的法定代表人和其他工作人员的经营活动，承担民事责任。”此外，《侵权责任法》中“关于责任主体的特殊规定”部分的第 34 条至第 38 条也规定了，法人作为用人单位，法人作为网络服务提供商，商场、银行、娱乐场所等法人，需承担侵权责任的几种典型情形，也肯定了法人能够承担民事侵权责任。

进一步追问，既然肯定了法人能够承担民事侵权责任，那么法人能够承担民事侵权责任的基础是什么？众所周知，法人享有独立于他人的财产，法人的财产不仅独立于其他法人、其他社会组织，法人的财产也独立于法人的发起人及法人成员的财产。法人的独立责任与独立财产是联系在一起的。[3] 法人对外承担民事责任，实际上是以法人的独立财产为基础的。

---

[1] 梁慧星：《民法总论》，法律出版社 2007 年第 3 版，第 130 页。

[2] 尹田：“论法人的侵权行为”，载《河北法学》第 20 卷第 2 期。

[3] 马俊驹、余延满：《民法原论》，法律出版社 2007 年第 3 版，第 133～134 页。

（二）法人侵权责任的主要类型

1. 司法案例的实证分析

衣食住行、生产消费、教育医疗等各个领域皆有法人活动的身影，那么法人侵权主要有哪些类型呢？利用“北大法宝”中的“司法案例”版块（http：//vip.chinalawinfo.com/case/）进行实证统计，以“法人侵权”为关键词且不限司法案例的发生时间，检索到四个与法人侵权最密切相关的案例，分别是：1995 年的张帅案、2003 年的陈云龙案、2007 年的陈敬国案、2009 年的黎妙嫦案。这四个案例中，前两个是校园侵权案，事业单位法人的学校作为侵权责任的承担主体；陈敬国案属雇主责任案，由企业法人中国水泥厂有限公司为侵权责任的承担主体；黎妙嫦案属一般侵权案件，被诉法人为广东省输变电工程公司和广州市电力工程有限公司。由此可见，与法人侵权责任联系最密切的类型主要是校园侵权、雇主责任以及法人一般侵权案件。

若放宽检索条件，以“法人”和“侵权”两个关键词同时进行检索，共有相关司法案例 11020 件。受统计时间与精力的限制，仅随机选取 2011 年 6 月 1 日至 2011 年 9 月 14 日期间的 63 件司法案例进行分析，案件类型分布情况为：交通事故案 16 件，占比 25%；知识产权侵权案 14 件，占比 22%；合同纠纷与物权纠纷 13 件，占比 21%；财产损害案 5 件，占比 8%；雇员受害案 5 件，占比 8%；名称与名誉权纠纷案 4 件，占比 6%；侵害生命健康权案 4 件，占比 6%；医疗侵权案（别彩侠案）1 件；产品质量案（洛阳天辉案）1 件。对前述 63 件司法案例做进一步甄别：交通事故案中，保险公司因保险合同对侵权赔偿进行偿付，不属于真正的法人侵权责任；合同纠纷与物权纠纷案中，前者是合同债权纠纷，后者是权属纠纷，不是典型的法人侵权；知识产权侵权案，由于涉及无体物的智力成果，由知识产权领域专门研究。因此，前述几类案件暂不纳入本文分析的范围。可见，2011 年 6 月至 9 月的司法案例中，法人侵权的主要类型有雇主责任、医疗侵权、产品质量以及法人一般侵权案件。

综上，从司法案例实证分析的角度看，法人侵权责任的主要类型有校园侵权、雇主责任、医疗侵权、产品质量及法人一般侵权案件。

2. 侵权责任法的规范分析

从《侵权责任法》的规范分析角度分析，侵权法中的哪些条文规范涉及法人的侵权责任？初步统计如下：

第一章“一般规定”中的第2条，“侵害民事权益，应当依照本法承担侵权责任”，该条涵盖了法人一般侵权案件。

第四章“关于责任主体的特殊规定”，以下条文涉及法人的侵权责任：第34条法人作为用人单位时的雇主责任，第36条法人作为网络服务商时的网络侵权，第37条法人作为商场、娱乐场所时安全保障的侵权，第38～40条法人作为学校的校园侵权。

第五章“产品责任”，法人作为生产商与销售商时的产品质量侵权。第七章“医疗损害责任”，法人作为医疗机构时的医疗侵权。第八章，法人的“环境污染责任”。第十章，事业单位法人动物园的“饲养动物损害责任”。

此外，参考2010年7月最高人民法院《关于审理证券市场侵权民事赔偿案件的若干规定（讨论稿）》的规定，上市公司虚假陈述、法人内幕交易和操纵市场等证券民事侵权行为，相应的上市公司与其他法人也应承担侵权责任。

综上所述，法人的侵权责任主要涉及的类型如下表所示。

法人主要类别		侵权主要类型
事业单位法人	学校	校园侵权
	医院	医疗侵权
	动物园	动物致害
企业法人	生产商、销售商	产品质量
	排污企业	环境污染
	用人单位	雇主责任
	商场、娱乐场所	安全保障
	网络服务商	网络侵权
任何法人	任何法人	法人的一般侵权

二、法人侵权责任的归责规则

从《侵权责任法》中规定的法人侵权责任主要类型不难看出，法人特殊侵权责任的归责规则，主要以过错推定与严格责任为主。与此不同，在法人一般侵权责任领域，则主要是过错归责规则。

（一）法人侵权的“过错推定”归责规则

事业单位法人对应的学校、医院、动物园，[1] 涉及的校园侵权、医疗侵权、动物致害，主要是“过错推定”的归责规则。

《侵权责任法》第 38 条和第 81 条，对学校、动物园，均是采取先规定“有侵害，则应该承担责任”，然后但书“尽到管理职责的，不承担责任”。这就是说，先推定学校、动物园有过错而需要承担侵权责任，除非学校、动物园能证明已经尽到管理职责而没有过错。[2]

《侵权责任法》第 58 条，对于医院的医疗侵权，更进一步明确规定“患者有损害，因下列情形之一的，推定医疗机构有过错：（一）违反法律、行政法规、规章以及其他有关诊疗规范的规定；（二）隐匿或者拒绝提供与纠纷有关的病历资料；（三）伪造、篡改或者销毁病历资料”，直接明确规定了“推定医院有过错”的几种情形。

在此需要特别说明的是，与一般动物致害案件采取“严格责任”的无过错归责规则不同，动物园的动物致害案件，对于作为事业单位法人的动物园采取“过错推定”的归责规则，美国的侵权法亦采取类似的立场。因为他们并不是为了自己的喜好来饲养动物，而是为了公众的娱乐，所以让他们来承担严格责任是特别不公平的。[3]

（二）法人侵权的“严格责任”归责规则

由于企业法人的排污行为导致环境污染致害，根据《侵权责任

---

[1] 我国的动物园大多属于事业单位法人，如“北京动物园”的事业单位法人信息查询网页见 http：//www. bjbb. gov. cn/。

[2] 特别说明：此处学校承担的“过错推定”责任仅指对《侵权责任法》第 38 条规定的“无民事行为能力人在学校期间受到的人身损害”而承担的法人特殊侵权责任。学校承担的其他“过错责任”，纳入法人一般侵权责任领域讨论。

[3] 李响：《美国侵权法原理及案例研究》，中国政法大学出版社 2004 年版，第 448 页。

法》第65条“因污染环境造成损害的，污染者应当承担侵权责任”的规定，无论排污企业法人有无过错，法人均应承担“严格责任”。

生产商与销售商因产品缺陷致害，从对外承担侵权责任的角度看，也是承担“严格责任”。根据《侵权责任法》第43条，“因产品存在缺陷造成损害的，被侵权人可以向产品的生产者请求赔偿，也可以向产品的销售者请求赔偿”，并不问生产商与销售商有无过错。

企业法人作为用人单位的情形，承担的雇主责任，也属于“严格责任”。根据《侵权责任法》第34条，“用人单位的工作人员因执行工作任务造成他人损害的，由用人单位承担侵权责任”，并不问用人单位有无过错。

（三）法人侵权的“过错责任”归责规则

除了上述6种主要的法人特殊侵权类型之外，法人一般侵权主要是“过错责任”归责规则。

例如，商场、娱乐场所承担侵权责任，以“未尽到安全保障义务”的过错作为基础。网络服务商承担侵权责任，以“知道网络用户利用其网络服务侵害他人民事权益，未采取必要措施”的过错作为基础。

在法人的证券民事侵权领域，上市公司与其他法人承担侵权责任，以上市公司“虚假陈述”的过错为基础，以其他法人的“内幕交易、操纵市场”的过错为基础，也属于“过错责任”归责规则。

综上所述，法人侵权责任的归责规则如下表所示。

法人主要类别		侵权主要类型	归责规则
事业单位法人	学校	校园侵权	过错推定
	医院	医疗侵权	
	动物园	动物致害	
企业法人	生产商、销售商	产品质量	严格责任
	排污企业	环境污染	
	用人单位	雇主责任	
	商场、娱乐场所	安全保障	过错责任
	网络服务商	网络侵权	
任何法人	任何法人	法人的一般侵权	

三、法人侵权责任的经济分析

法人侵权责任的类型较多，较为复杂，本部分先选取法人作为用人单位承担雇主责任的“严格责任”进行分析，然后再将分析框架与分析结论推及学校、医院、动物园、生产商、销售商、排污企业等承担法人特殊侵权责任的领域，探究法人特殊侵权责任的经济本质。

在北大法宝检索到的“陈敬国、张桂珍诉中国水泥厂有限公司案”[1] 中，郭明明系水泥厂矿山分厂厂长助理兼总调度长，未按照单位规定填写申请单，没有履行相应的审批手续，驾驶水泥厂所有的一辆轻型普通货车搭乘两名同事回家，并约好次日早上两人等郭明明开车一起回厂继续平整场地。次日早晨，郭明明驾驶该车辆并搭乘其妻陈孝丽，行驶过程中该车翻入水渠，郭明明及陈孝丽当场死亡，该车辆严重受损。经交警队鉴定，事故的发生原因由郭明明造成。事故发生后，其妻陈孝丽的父母起诉中国水泥厂有限公司赔偿损失。法院审理后认为，郭明明作为水泥厂矿山分厂的厂长助理，组织、安排单位职工加班以迎接检查，属于其职责范围。虽然其自行驾驶单位车辆，并搭乘其妻子陈孝丽，但事故发生之时，其驾车主要是为了搭乘同事张泉之、徐道平继续加班完成工作任务，郭明明驾驶车辆的行为与其职责范围直接相关，是为了实现单位生产经营活动的需要，属于职务行为，其驾驶车辆发生交通事故所造成的损失应当由水泥厂承担赔偿责任。最终，法院判决中国水泥厂有限公司赔偿死亡赔偿金、被扶养人生活费及精神损害抚慰金合计约 43 万元。

上述案件中，郭明明未按照单位规定填写申请单，没有履行相应的审批手续，驾驶水泥厂所有的轻型普通货车，致使本人及搭乘该车的妻子陈孝丽死亡，法律为何要求“无过错”的中国水泥厂有限公司承担侵权赔偿的“严格责任”呢？对此，实有必要探究其原因。

（一）传统学说的牵强解释

学说史上，对于法人承担的雇主责任，曾欲解释为“过错责任”

---

[1] 陈敬国、张桂珍诉中国水泥厂、朱珏英交通事故损害赔偿纠纷案，江苏省南京市中级人民法院，(2007) 宁民一终字第 1497 号。

的自己责任，找了许多牵强的理由：第一，法人有义务雇用、维持一个有责任感的员工团体，并管理控制他们的行为及向他们灌输采取各种安全措施的思想。第二，法人理所当然应该为选人不慎、用人不慎付出代价。[1] 这就是所谓的“控制监督理论”，基于雇佣关系，法人对雇员享有控制监督权，能够通过采取一些措施来预防雇员导致的损害。法人选择并信任了雇员，就应该承担起错误行为的后果。

前述理由的牵强之处在于，法人的“选人不慎、用人不慎”与执行工作任务雇员的“侵权行为”是两个不同的行为，难以认为前者是后者的直接原因，两者不论在时间关系上，还是在事件链条关系上，均相距甚远。此外，即使法人向雇员灌输了采取各种安全措施的思想，也并不能杜绝或防止侵权行为的发生。

（二）信息经济学：“激励约束机制”与“最佳的风险配置方案”

根据信息经济学原理，如果立法机关设计一个恰当的激励约束机制，那么应当存在一个最佳的风险配置方案。[2] 换个角度说，法律设计一个激励约束机制，将迫使制度中的各方采取“最佳的风险配置方案”。

法律为何要求法人作为用人单位时，需承担雇主责任的“严格责任”吗？而且，从本质上说，法人的这种雇主责任，实际上是替代承担雇员侵权行为导致损害赔偿的“替代责任”。

从受害人与雇员的角度看：受害人需要拿到误工费、医疗费、护理费、康复费、辅助用具费，甚至精神损害赔偿金、残疾赔偿金、死亡赔偿金、赡养及抚养人员的生活费等巨额的赔偿。但是，执行工作任务的雇员，其财力一般难以负担相应的侵权损害赔偿。

法人作为用人单位，其享有巨大的、独立的财产，足以负担相应的侵权损害赔偿。因此，侵权法设计法人作为雇主承担“严格责任”的“替代责任”机制，迫使法人采取“最佳的风险配置方案”：第一，

---

[1] 李响：《美国侵权法原理及案例研究》，中国政法大学出版社 2004 年版，第 484～485 页。

[2] 黄文平、王则柯：《侵权行为的经济分析》，中国政法大学出版社 2005 年版，第 202 页。

在法人的财务会计中，留出应付不可预见风险的准备金。第二，法人通过购买保险来抵御经营中的各种风险。第三，法人将风险准备金及购买保险的支出，折算为成本，最终转嫁给社会公众。

这也就是“深口袋（deep pocket）理论”。用人单位的法人，拥有两个“深口袋”：一是，法人从众多雇员的行为中获得了利益，有着比雇员更深的口袋。二是，法人能够通过提高商品与服务的价格，将成本转嫁给社会大众，可以将手伸向更深的大众的口袋。❶

由此看来，侵权责任法中，法人作为用人单位时要承担雇主责任的“严格责任”、“替代责任”这个“激励约束机制”，使各方均满意：雇员无力负担巨额侵权赔偿，但受害人能向法人获取赔偿；而法人又通过选择其“最佳的风险配置方案”，最终将成本转嫁给社会公众。

（三）博弈论：策略选择与博弈均衡

经济分析法学认为，法律规则的存在事实上为主体的不同行为设定了不同的隐含的“价格”或者“支付”。这样就可以把主体行为的守法与违法、谨慎与不谨慎视为对这些“价格”或者“支付”参数的反应。❷

法人作为用人单位时，对外承担了雇主责任的“严格责任”、“替代责任”之后，对内能否向有过错的雇员进行追偿呢？对此问题，可以用侵权赔偿经济成本的“博弈支付矩阵”进行简单分析。

		用人单位（法人）	
		不谨慎	谨慎
雇员	不谨慎	0，1050	0，1000
	谨慎	50，600	50，200

上面矩阵中四个方格内的数字，代表法人与雇员在不同归责规则下，采取不同行为（谨慎或不谨慎）时侵权赔偿支付的经济成本。每一格中，前面数字代表雇员对侵权赔偿支付的经济成本，后面数字代

❶ 曹艳春：《雇主替代责任研究》，法律出版社 2008 年版，第 120 页。

❷ 黄文平、王则柯：《侵权行为的经济分析》，中国政法大学出版社 2005 年版，第 211 页。

表法人侵权赔偿支付的经济成本。

因雇员过错导致的侵权损害，若采取严格责任，法人进行侵权赔偿支付，且不能向雇员追偿，由矩阵中上半部分进行表示。此种情形下，由于不能向雇员追偿（雇员承担侵权赔偿支付的经济成本为 0），雇员在执行工作任务时，倾向于采取不谨慎的做法，将普遍导致法人承担的侵权赔偿支付较高（法人不谨慎行为时承担侵权赔偿支付的经济成本为 1050，法人谨慎行为时承担侵权赔偿支付的经济成本为 1000）。

因雇员过错导致的侵权损害，若采取严格责任，法人进行侵权赔偿支付，但事后能够向雇员追偿，[1] 由矩阵中下半部分进行表示。此种情形下，由于事后向雇员追偿（雇员承担侵权赔偿支付的经济成本为 50），雇员在执行工作任务时，倾向于采取谨慎的做法，将普遍导致法人承担的侵权赔偿支付降低（法人不谨慎行为时承担侵权赔偿支付的经济成本为 600，法人谨慎行为时承担侵权赔偿支付的经济成本为 200）。

可见，法人作为用人单位时，对外承担了雇主责任的“严格责任”、“替代责任”之后，对内能够向具有过错的雇员追偿，是一个较好的“法律制度设计”。在该法律制度下，使得雇员承担较小的侵权赔偿支付，敦促其执行工作任务更加谨慎，将有助于减少法人承担的以及整个侵权赔偿支付。策略选择与博弈均衡的结果很可能是，雇员执行工作任务更加谨慎，法人对雇员的监督管理与安全措施也更加谨慎。

（四）小结：法人侵权责任的经济本质

实际上，前述对于法人作为用人单位承担雇主“严格责任”、“替代责任”的分析，同样适用于主要的法人特殊侵权责任类型。

学校、医院、动物园、生产商、销售商、排污企业等，与学生、患者、消费者、受害人相比，均具有经济上的优势，拥有所谓的“深口袋”，因此法律对这些事业单位法人、企业法人大多采取“过错推

[1] 杨立新：《侵权责任法原理与教程》，中国人民大学出版社 2010 年第 2 版，第 238～239 页。在替代责任中，一般情况下，行为人有过错，可向其追偿，否则不可向其追偿。

定”或“严格责任”的特殊归责规则，让其承担侵权赔偿支付。

学校、医院、动物园、生产商、销售商、排污企业等，面对“过错推定”或“严格责任”的特殊归责规则，相应采取“最佳的风险配置方案”，最终将成本转嫁给社会公众。

学校、医院、动物园、生产商、销售商、排污企业等，对外承担侵权赔偿支付之后，对内再向法人内部的有过错的成员进行追偿，迫使法人内部的成员执行工作任务时更加谨慎，法人对其内部成员的监督管理与安全措施也更加谨慎。

四、法人一般侵权责任的认定难点

学校承担的校园侵权责任，医院承担的医疗侵权责任，动物园承担的动物致害侵权责任，生产商、销售商承担的产品质量侵权责任，企业排污承担的环境污染侵权责任，用人单位承担的雇主责任，由于法律上有相应的“过错推定”及“严格责任”归责规则，认定相对容易。法人侵权责任的认定难点，实际在于法人的一般侵权责任，即“过错责任”归责规则下的法人侵权责任。

在“北大法宝”的“司法案例”版块，以“法人侵权”为关键词检索到的四个与法人侵权最密切相关的案例中，校园侵权案（过错推定）与雇主责任案（严格责任）受害人胜诉，唯独黎妙嫦诉案（一般法人侵权案）原告败诉。

黎妙嫦案中，被诉人广东省输变电工程公司与广州市电力工程有限公司直接辩称“本案公司作为法人不可能对黎妙嫦造成伤害”。此外，法院认为，黎妙嫦“提供的音像资料、证人证言、医院相关资料等证据，不能证实被上诉人直接实施了人身侵权行为，黎妙嫦应当承担举证不能的法律后果”。❶

“过错责任”归责规则下的法人一般侵权责任，其认定难点主要有：法人侵权“明知”、“知悉”的主观状态，法人行为与个人行为的区分，法人侵权的受害者及因果关系等。

---

❶ 黎妙嫦与广东省输变电工程公司等人身侵权损害赔偿纠纷上诉案，广东省广州市中级人民法院民事判决书，(2009) 穗中法民一终字第 3009 号。

（一）法人侵权主观状态的证明与认定

法人一般侵权以“过错责任”归责规则，一般需证明法人侵权具有“明知”、“知悉”等主观状态。

例如，对于网络服务商承担侵权责任的情形，《侵权责任法》第36条第3款规定“网络服务提供者知道网络用户利用其网络服务侵害他人民事权益，未采取必要措施的，与该网络用户承担连带责任”。

又如，证券民事侵权领域，《证券法》第76条第3款规定“内幕交易行为给投资者造成损失的，行为人应当依法承担赔偿责任”，而法人内幕交易证券民事侵权的前提是法人“知悉”内幕信息。

如何证明及认定法人“明知”或“知悉”某项信息或某个事件？根据法人本质的学说，法人实在说认为法人是一个组织体，法人拟制说认为法人是法律上拟制的人。[1] 因此，法人“知悉”信息或者事件的路径，与自然人作为一个有生命的生物体“知悉”信息或者事件的路径必然有本质的区别。认定及证明法人“知悉”，必然有一个从法人内部自然人成员“知悉”，到法人意志机关“知悉”，最终推及法人“知悉”的过程。这也就恰恰成了法人侵权主观状态证明与认定的难点所在。

传统的民法理论中，较少涉及法人“明知”或“知悉”某项信息或某个事件的理论探讨，并无多少可资借鉴的学说。法人内幕交易证券民事侵权的前提是法人“知悉”内幕信息，迫使证券法领域在此问题上不得不走在了理论的前沿。对此，通过将“法人拟制说”中的拟制技巧与“法人实在说”中的实在意志结合起来，[2] 采取“事实认定＋法律推定”的路径，是破解法人侵权主观状态证明与认定难点的有效可行方法。

以法人内幕交易的证券民事侵权为例：如果法人作为重大内幕事件的参与方，如上市公司重组的参与方，与上市公司签署了《重组协议》，具有该事实，则可以从法律上推定法人“知悉”内幕信息。如

---

[1] 蒋学跃：《法人制度法理研究》，法律出版社2007年版，第194～219页。

[2] 高中权、欧道华：“法人侵权行为基本理论探讨”，载《长沙理工大学学报（社会科学版）》第23卷第4期。

果法人的法定代表人、董事、高级管理人员等“知悉”内幕信息，具有该事实，则可以从法律上推定法人“知悉”内幕信息。这种方法包含两个部分，“事实认定”体现“法人实在说”中的实在意志，“法律推定”体现“法人拟制说”中的拟制技巧。

上述“事实认定＋法律推定”的路径，也可以用于网络服务商网络侵权的证明与认定，如果网络服务商与网络用户签署协议、收取费用、合作参与网络侵权，或者网络服务商的高级管理人员或者专职雇员知悉网络用户的侵权，具有前述事实，则可以从法律上推定网络服务商“知道”网络用户利用其网络服务侵害他人民事权益，进而认定网络服务商的法人侵权责任。

（二）法人行为与个人行为的区分

认定法人侵权的另一难点是如何区分法人行为与个人行为。何种行为才能被归于法人行为，我国民法中对法人侵权行为界定有以下几个标准：

第一，经营活动说。该说在《民法通则》第43条的规定中有所体现：“企业法人对它的法定代表人和其他工作人员的经营活动，承担民事责任。”此种标准将法人行为限定为“经营活动”的行为。

第二，名义说。该说主要体现在最高人民法院《〈民法通则〉若干问题的意见》第55条：“企业法人的法定代表人和其他工作人员，以法人名义从事的经营活动，给他人造成经济损失的，企业法人应当承担民事责任”以及第56条：“事业法人、社团法人的法定代表人和其他工作人员以法人名义进行业务活动，给他人造成经济损失的，比照民法通则第四十三条的规定，由事业法人、社团法人承担民事责任”。此说以“行为是否以法人名义作出”作为法人行为的判断标准。

第三，执行职务说。该说主要体现在最高人民法院《关于适用〈中华人民共和国民事诉讼法〉若干问题的意见》，其中第42条规定：“法人或者其他组织的工作人员，因职务行为或者授权行为发生的诉讼，该法人或其他组织为当事人。”该说以“执行职务”作为区分法人行为与个人行为的主要判断标准。

前述三种学说均有各自的缺陷与不足。仍然以法人内幕交易的证券民事侵权为例，法人进行内幕交易的证券民事侵权行为，属于法律禁止的违法行为，当然不属于法人的“经营活动”，法人为逃避责任一般也不会以“法人名义”实施内幕交易的证券民事侵权行为。法人的内幕交易，必然落实到法人内部人员的行为，比如开立账户、划转资金、操作交易等行为，皆需法人内部人员进行，而这些违法行为与一般的“执行职务”也有所区别。“执行职务”并不足以成为有效区分法人行为与个人行为的唯一标准。

在法人一般侵权责任领域，以下标准可资作为其他的判断标准。第一，侵权利益是否归属于法人，而不是被个别法人成员私分。第二，侵权行为所需的资金、物资等，是否来源于法人财产，而不是来源于法人成员的私人财产。第三，侵权行为是否经过法人的内部决策程序，体现法人的整体意志，而不是体现个别法人成员的意志。

（三）法人侵权的受害者及因果关系

法人一般侵权责任领域，与中国的理论与实践相比，美国的判例已经走得更远。美国在 Hall V. E. I. Du Pont De Nemours & Co. Inc（E. D. N. Y. 1972）一案中，确立了“企业责任（Enterprise liability)”理论。该案中，13 名儿童于 1955 年至 1959 年间分别在 12 起雷管爆炸事故中受伤，他们作为原告起诉了全美 6 大雷管制造商及其行业协会，理由是整个美国的雷管制造业集体忽略了在单个雷管上标识警告信息的谨慎义务，也没有采取其他的任何替代安全措施。法院支持了原告的起诉，其理由是：这些在生产上独立运作的被告在雷管的安全问题上，都遵循的是一种行业内部通行标准，而这些标准主要是由他们作为代表组成的行业协会制定。[1] 而中国的《侵权责任法》中，尚无类似的法人侵权责任的规定。

与前述美国案例类似，中国的法人内幕交易证券民事侵权、排污企业的环境污染侵权、生产商与销售商的产品质量侵权等领域，其受害者可能是特定或不特定的相对多数，区别于传统民法领域单个主体之间的民事关系。对于特定或不特定相对多数的受害者，以及相对多数的受害者与法人侵权行为之间因果关系，如何确定与论证？以法人

---

[1] 李响：《美国侵权法原理及案例研究》，中国政法大学出版社 2004 年版，第 311 页。

内幕交易证券民事侵权为例，法人在内幕信息公开前，知悉了内幕信息，具有信息优势，同时利用该信息优势进行证券交易，待内幕信息公开股价上涨之后卖出股票获利，违背了公平原则，损害了市场其他投资者的合法权益。因此，《证券法》第76条第3款规定“内幕交易行为给投资者造成损失的，行为人应当依法承担赔偿责任”。但是，受损害的投资者如何确定？是与法人内幕交易作为交易对手方的人，还是信息公开前与法人内幕交易进行相反方向证券交易操作的人，还是信息公开前所有的其他投资者？此外，股价的波动是由于内幕信息的影响造成的，而不是法人的内幕交易行为造成的，那么投资者的损害与法人内幕交易行为之间的因果关系又如何论证？这些都是法人一般侵权的受害者及因果关系证明与认定上的难点，仍有待于进一步研究，再作出深入的阐释。

五、结语

从中国目前的法律规范与法律实践来看，法人能够承担民事侵权责任，而法人承担民事侵权责任的基础在于法人享有独立的财产。通过司法案例的实证分析与侵权责任法的规范分析，法人侵权责任的主要类型，包括学校、医院、动物园等事业单位法人承担的校园侵权、医疗侵权、动物致害等过错推定责任，生产商、销售商、排污企业、用人单位等企业法人承担的产品质量、环境污染、雇主责任等严格责任，以及其他的法人一般侵权责任。法律为法人设定过错推定及严格责任的特殊侵权责任，主要基于法人拥有的“深口袋”，而设计最优的“激励约束机制”，迫使法人采取“最佳的风险配置方案”。法人侵权责任的认定难点，在于法人一般侵权领域，如何证明与认定法人侵权的主观状态、如何区分法人行为与个人行为、如何证明与认定法人侵权相对多数的受害者及因果关系。结合“法人拟制说”中的拟制技巧与“法人实在说”中的实在意志，采取“事实认定＋法律推定”的路径是破解法人侵权责任认定难点的有效方法之一。

我国未来民法典视角下的合同概念

刘　亮*

摘　要　合同是民法重要的概念之一。大陆法系国家强调合同为“协议”或“合意”，英美法系国家则以“允诺”来定义合同。但晚近以来，大陆法系和英美法系的合同概念，正趋向于统一。在我国，合同被解释为一种协议并不存在争议，但关于合同的外延，学者之间主要有“广义合同概念”与“狭义合同概念”之争。通过论证，本文作者认为民事合同概念的外延应限定为“广义的合同”概念，而这又关系到未来我国民法典的体系构造。

关键词　合同概念　债权合同　物权合同　身份合同　民法典

一、合同概念的概述

大陆法系合同法的概念滥觞于罗马法，多采“协议说”或“合意”。依罗马法，合同是法律所承认的双方当事人间发生的债权债务的合意。❶《法国民法典》规定的合同定义从罗马法演化而来，“契约，为一个或数人对于其他一人或数人负担给付、作为或不作为的协议”。（第1101条）其强调合同是当事人之间的协议，这一定义遂成为大陆法系民法关于合同的经典定义。❷《德国民法典》并未对合同进行定义，而是在总则第三章第三节中对合同作出规定，将合同纳入“法律行为”的范畴，将其视为一种法律行为。

英美法中，合同的概念通常被解释为“允诺”。《美国合同法重述》（第二版）第1条将合同定义为：“合同是一个允诺或者一组允诺，法律因它们被违反而提供补救，法律以某种方式将它们的履行确

---

* 刘亮，中央财经大学法学院2011级民商法学硕士研究生。

❶ 参见［意］彼德罗、彭梵得：《罗马法教科书》，黄风译，中国政法大学出版社1992年版，第307页。

❷ 参见梁慧星：“论我国民法合同概念”，载《中国法学》1992年第2期。

认为一种义务。”[1] 英国《大不列颠百科全书》给合同下的定义是：“合同是可以依法执行的诺言。这个诺言可以是作为，也可以是不作为。”[2] 值得注意的是，英美的一些学者也开始将大陆法系合同概念移植到英美法系合同法中，把合同看作双方当事人合意。大陆法系的合同概念和英美法系的合同概念，正趋向于统一。[3]

在我国，根据《民法通则》第 85 条，“合同是当事人之间设立、变更、终止民事关系的协议。”《合同法》第 2 条也定义，“合同是平等主体的自然人、法人、其他组织之间设立、变更、终止民事权利义务关系的协议”。这表明我国合同法继承了大陆法系关于合同的定义，即合同本质上是一种协议或合意，体现的是当事人意思表示的一致。

二、债权合同的本质

商品交换孕育了债，但是债却不等同于商品交换的规则，其本身涵盖了一切形式的财产流转或者说财产让渡关系。在发生侵权损害的赔偿时，有侵权之债；出现不当得利和无因管理的法律事实，同样存在不当得利之债和无因管理之债。但是其中最主要的，依然是以商品交换为目的的合同之债。[4]

在商品交换中，债（合同）就是连接交换者的“法锁”，它以债权债务来分解交换的内容，将履行债务作为打开法锁的“钥匙”；当法锁被打开，也即实现了交换本身。但是，在简单的商品交换中，可以设想，一手交钱，一手交货这样的即时买卖，无疑是不需要以“债”这样复杂的法律语言去描述的。因此，在更深的层面上，“债是法律上承认让渡商品和实现价值在时间上分离的结果。债是确认这种

---

[1] 原文为：A contract is a promise or set of promises, for breach of which the law gives a remedy, or the performance of which the law in some way recognizes as a duty.

[2] 参见［美］A. L. 科宾：《科宾论合同》，王卫国、徐国栋、李浩等译，中国大百科全书出版社 1997 年版，第 8 页。

[3] 参见：王利明：《合同法新问题研究》，中国社会科学出版社 2011 年版，第 4 页。李永军：《合同法》，法律出版社 2010 年版，第 6 页。韩世远：《合同法总论》，法律出版社 2008 年版，第 3 页。梁慧星：“论我国民法合同概念”，载《中国法学》1992 年第 2 期。

[4] 参见张俊浩主编：《民法学原理》（下册），中国政法大学出版社 2000 年版，第 617 页。

分离造成不平衡的合理性，保证这种不平衡性趋于平衡”。❶ 正是由于商品交换在时间上和空间上分离所造成的交换过程的复杂性，才有债法规范替代简单交换规则的需要。所以，债就是法律上可期待的信用，债法的规范功能，就是保障在不同的地域、不同时间的商品交换得以实现，各种财产利益通过债的信用得以进行跨越时空的交换，最大程度地创造和发掘财富，使“过去可以为将来服务，将来可以为过去服务，时间障碍被打破，人类可以征服时间和空间”。❷ 由此，合同也是商品交换最一般的、普遍适用的法律规范，申言之，合同是交易的法律形式，合同表现交易的过程。

总之，合同之债是一种法律上可期待的信用。这种信用是在商品交换中让渡商品与实现价值两者之间出现时间差距时产生的，其核心价值只有在债的发生、履行在时空分离时才显得尤为明显；合同为一种可期待的信用即意味着合同之债对于债权人来说并非是一种既得利益，而是一种期待利益，因为“债的存在意味着债权人的利益尚未满足，即价值尚未实现，而当债权人的利益得到满足时，也就是债权消灭之时”。❸

三、我国合同概念之争的分析

正如本文第一部分所述，我国立法继承大陆法系传统，将合同定义为一种协议（合意），这在我国并不存在争议。但是在合同的外延上，学者们的意见莫衷一是，主要有“狭义的合同概念说”与“广义的合同概念说”之争论。

（一）狭义的合同概念说

狭义的合同概念说认为，合同专指以发生债权债务为内容之合

---

❶ 佟柔主编：《经济体制改革中的若干民法问题》，北京师范学院出版社 1985 年版，第 9 页。转引自张俊浩主编：《民法学原理》（下册），中国政法大学出版社 2000 年版，第 617 页。

❷ 我妻荣：《债法在近代法中的优越地位》，王书江、张雷译，中国大百科全书出版社 1999 年版，第 6 页。转引自张俊浩主编：《民法学原理》（下册），中国政法大学出版社 2000 年版，第 617 页。

❸ 江平主编：《民法学》，中国政法大学出版社 1999 年版，第 464 页。

意。此观点认为，《民法通则》第 85 条关于“合同是一种民事关系的协议”并非泛指合同是所有民法上的合同，而仅仅是指债权债务合同。理由如下：

第一，由于《民法通则》的合同定义出现在“债权”一节中，而且第 85 条合同的定义紧接在第 84 条债权的定义之后，再加上《民法通则》在其他部分不使用“合同”一词而使用“协议”一词，依体系解释方法和法意解释方法，第 85 条中的“民事关系”一词显然应作限缩性解释，解释为“债权债务关系”。换句话说，我国《民法通则》中的合同概念，仅仅是债权合同的概念。❶

第二，狭义合同概念将合同定义为债权债务关系协议符合大多数国家的传统。如罗马法、英美法及法国法、日本、瑞士等国民法合同概念，概从狭义。另外，这些国家均不承认物权行为，其民法物权制度也未受丝毫影响。❷

第三，身份关系和继承关系虽属于民事关系，但是为了引起身份关系和继承关系的发生和变更，而债权债务关系非其效力所在。因此，立法将结婚、自愿离婚、收养协议等，置于合同概念之外。❸

笔者认为，狭义合同概念说有其合理性，但是以我国法律不承认物权合同及身份合同来否定广义合同概念说的理由是值得商榷的。根据体系解释和法意解释方法，《民法通则》的合同定义出现在“债权”一节中，那么合同可以理解为债权合同。《合同法》第 2 条中虽把合同定义为“民事权利义务关系协议”，但是纵观整个《合同法》条文，都是关于债的规定，总则实际上规定了债的发生、债的履行、债的转让、债的保全，一直到债的消灭；而分则是具体债（15 种有名合同）的权利义务的规定，因此，这就决定了《合同法》在本质上是“债权合同法”，尽管第 2 条最终改用“民事权利义务关系”一语，这只不过是给合同穿上了一件宽松的外套而已。至于我国法律及司法实践是

❶ 参见陈小君主编：《合同法学》，高等教育出版社 2003 年版，第 40 页；匡爱民、李小华：“合同的内涵及合同法的地位新探”，载《江西社会科学》2010 年第 7 期。

❷ 参见梁慧星：“论我国民法合同概念”，载《中国法学》1992 年第 2 期。

❸ 参见梁慧星：“论我国民法合同概念”，载《中国法学》1992 年第 2 期。

否承认物权合同及身份合同，下文将会有比较详细的论证。

（二）广义的合同概念说

广义合同概念，凡以发生私法上效果为目的之合意皆属之。[1] 广义的合同也即“私法合同”，只要以发生民法上的效果为目的的一切合意，包括以发生物权变动为目的的物权合同（比如设立抵押权的合同）、以发生债权债务为目的的债权合同、以发生身份关系的变动为目的的身份合同。有学者主张我国的合同法应采广义合同概念，否则下列合同将无法可依：[2]

第一，在我国现行立法和司法实践中，许多合同如抵押合同、质押合同、国有土地使用权出让合同、承包合同等，并非债权合同而为物权合同。假如因为这些合同非为债权合同而不应作为合同对待，且不应受统一合同法调整，显然是不妥当的。

第二，在民法中，一些共同行为如合伙合同、联营合同等不同于一般的债权合同，这些合同中的当事人订立合同的目的不在于发生债权债务关系，而在于确定共同投资、经营或分配盈余等方面的关系。

第三，在人格权的行使方面，也存在合同关系，如名称权的转让合同，肖像权的使用权转让合同；在婚姻亲属关系中也存在合同，比如分家析产协议、遗赠抚养协议、夫妻财产协议等，这类合同与债权合同仍然有区别。

第四，在知识产权法领域，也存在一些合同，如著作权许可使用合同、专利实施许可合同等，都具有债权合同的特点，但由于涉及知识产权的行使、转让等问题，因此也不是典型的债权合同。

笔者看来，上述四点理由其实可以分为两类。第一种理由认为我国存在物权合同与身份合同，所以合同的概念应该采取广义说。其他的几种理由其实是把诸如合伙合同、联营合同、分家析产协议、遗赠抚养协议、著作权许可使用合同、专利实施许可合同等当成是一种

[1] 参见胡长清：《契约法论》转引自梁慧星：“论我国民法合同概念”，载《中国法学》1992年第2期。

[2] 参见王利明、崔建远：《合同法新论（总则）》，中国政法大学出版社2000年版，第5～7页。

“非典型的债权合同”，如果采狭义的合同概念说，这些“非典型的债权合同”将无法纳入合同法的调整范围。但上述所谓的“非典型合同”实在都是真正的、道地的债权合同，无论是反映共同投资经营、分派盈余的合伙合同、联营合同；还是涉及知识产权转让的著作权许可使用合同、专利实施许可合同、商标使用许可合同，以及肖像权的使用权的转让、分家析产协议、遗赠抚养协议、夫妻财产协议等，这些都应是当事人之间债的关系的反映，能产生给付请求权，存在履行行为，也能体现债的本质——法律上可期待的信用。所以，把这类合同视为债权合同，在法理上能够解释，在适用合同法规范方面，也不会产生冲突。“另外，纯粹的买卖合同这种所谓的‘典型合同’也会涉及知识产权保护问题，‘纯粹’的贷款合同也会涉及利率的管制问题。既然‘非典型’的也是‘典型’的，‘典型的’又不‘典型’了，那么，以此为基础的论证当然也就不能令人信服了。”❶

综上所述，广义合同概念说与狭义合同概念说之争的焦点为，我国法律中是否存在物权合同及身份合同。若存在，即应采广义的合同概念说；若不存在，就应该采狭义的合同概念说。

四、从《物权法》看“物权合同”的存在

作为传说中的不死鸟，物权行为理论一直在我国的法学界存在着争论。尽管有些学者反对物权行为理论，❷ 但是 2007 年出台的《物权法》不但没有宣告物权行为理论在中国的终结，恰恰相反，它的很多条文恰恰体现了物权行为理论。

（一）物权法上的区分原则在解释上为物权合同的存在留下了空间

《物权法》第 15 条规定，“当事人之间订立有关设立、变更、转让和消灭不动产物权的合同，除法律另有规定或者合同另有约定外，

---

❶ 参见张谷：《合同概念重述——以民法通则 85 条为中心》，转自北大法律信息网，http：//vip.chinalawinfo.com/newlaw2002/SLC/SLC.asp? Db=art&Gid=335570872。

❷ 以梁慧星、陈华彬、王轶教授为代表。他们认为，因为债权行为而发生物权变动时，只需双方当事人之间有债权合意，不需有物权合意（甚至不需与债权合意一并表示的物权合意），另加公示方法的完成即可。参见：梁慧星、陈华彬：《物权法》，法律出版社 2005 年版；王轶：“论物权变动模式的立法选择”，载《月旦民商法杂志》2003 年第 2 期。

自合同成立时生效；未办理物权登记的，不影响合同效力。”本条规定的内容，在民法学中称为物权变动与其基础关系或者说原因关系的区分原则，即“物权变动的原因行为与物权变动的结果是两个不同的法律事实，它们的成立生效依据不同的法律根据，这一原则源于德国民法，或称分离原则”。[1] 以发生物权变动为目的的基础关系，主要是债权合同，它属于债权法律关系的范畴，成立以及生效应该依据合同法来判断，这种合同可以看成是物权变动的原因行为。要想发生不动产物权的变动，必须要对不动产进行登记，这也意味着依法成立有效的合同也许并不能发生物权变动的结果。[2] 这一规定实际上对我国《担保法》作了重大修正，《担保法》中的一些条文将债权变动与物权变动混为一谈，将发生物权变动的登记或交付行为作为债权合同成立、生效的要件。例如，《担保法》第 41 条规定，以合同设立抵押权时，“抵押合同自登记之日起生效”。第 64 条第 2 款规定：“质押合同自质物移交于质权人占有时生效。”

我国学者对区分原则的理解主要有两种见解。一种认为区分原则中存在两个法律行为——物权行为与债权行为，两个法律行为是相互独立的。[3] 另一种见解认为区分原则是指物权变动的结果与其原因行为的分离，物权变动仅是债权行为的法律效果。[4] 如果我们分别以这两种见解来解释《物权法》第 15 条，那么，两者对于物权变动的基础行为的理解其实并不存在争议，即基础行为或原因行为是一个债权合同，其成立生效的依据是合同法。但对于不动产的登记，两者的理解就会截然相反，前者会认为物权登记时必然存在一个物权合意，即一个物权行为；后者认为登记仅仅是履行债权合同的结果，并不存在

---

[1] 参见孙宪忠：《论物权法》，法律出版社 2008 年版，第 47 页。

[2] 参见全国人大常委会法制工作委员会民法室主编：《中华人民共和国物权法——条文说明、立法理由及相关规定》，北京大学出版社 2007 年版，第 23 页。

[3] 参见苏永钦：“物权行为的独立性与无因性”，载《固有法制与当代民事法学：戴东雄教授六秩华诞祝寿论文集》，1997 年版，第 296 页。转引自田士勇：《物权行为理论研究》，中国政法大学出版社 2002 年版，第 310 页。孙宪忠：《论物权法》，法律出版社 2008 年版，第 130 页。

[4] 参见王利明、尹飞、程啸：《中国物权法教程》，人民法院出版社 2007 年版，第 97 页。梁慧星：“如何理解合同法第五十一条”，载《人民法院报》2000 年 1 月 8 日。

一个所谓的物权合意。

笔者认为，我们可以不承认物权行为的无因性，但我们不能就此否认物权行为的存在，这在不动产转移登记中体现得尤为明显。众所周知，登记机关是依双方当事人的申请而进行登记的，登记机关的登记行为是被动的，这就相当于司法中的“不告不理原则”，因此，登记机关必须根据当事人的意思来进行登记。而登记机关只能通过两种途径来了解当事人变动物权的意思，一是双方当事人所签订的债权合同；二是双方当事人在合同的基础上所形成的登记申请。如果登记机关依据债权合同进行不动产登记，登记机关就要在合同中去寻找双方变动物权的合意，从而登记机关审查债权合同的效力就成了必然，而登记机关无权也没有能力去审查一个合同的效力（司法机关才有权审查合同的效力，这是世界上大多数国家所公认的）。当我们否定了债权合同可以作为登记机关进行登记时所依据的“当事人的意思”时，登记申请就成了其进行登记的依据，这时，登记机关只需依照申请便可以进行不动产转移登记，双方提交的登记申请就是一个物权合意，这个合意不涉及对待给付而仅涉及物权变动的意思。因此，《物权法》第 14 条的区分主义实际上应当理解为债权行为与物权行为的区分，进而，在不动产的登记过程中双方当事人实际上形成了一个物权合意。

（二）物权法中的意思主义物权变动模式蕴含了“物权合意”

大陆法系民法就物权如何发生变动（基于法律行为的物权变动）业已形成了“三足鼎立”的制度格局。意思主义，以法国和日本民法为代表，其认为当物权基于法律行为而发生变动时，仅需要当事人的意思即可，登记或交付仅决定能否对抗第三人，此模式下，当事人的物权变动意思与发生债权的意思合二为一，因此理论上并不区分债权行为与物权行为。形式主义，以德国民法典为其典型代表，其认为物权因法律行为而变动时，除需要债权行为外（买卖合同），还需要当事人就物权的变动达成一个独立于债权行为之外的合意（物权合意），以及履行交付、登记的法定形式，而交付或登记是物权变动的成立要件或生效要件。以买卖房屋为例，这个交易中同时包含了债权行为和物权行为（物权契约），前者只是产生双方之间的债权债务关系，而物权合意加上登记才可以引起房屋所有权变动的效力。折中主义，以奥地利民法为代表，依此主义，物权因法律行为而变动时，除了债权合意外，仅需践行登记或交付的法定形式即生物权变动的效力，折中主义不承认物权合意。[1] 多数学者认为我国物权变动既没采法国的意思主义也没采德国的形式主义，而是接受了意思主义与登记相结合模式即折中主义，交付或登记为动产物权或不动产物权变动的生效要件。[2] 笔者认为，我国物权法中基于法律行为的物权变动模式以“折中主义”为主，而以“意思主义”为辅，而意思主义中却恰恰蕴含着“物权合意”。

第一类为纯粹的意思主义物权变动模式，即双方的合意不涉及法律上可期待的信用而直接发生物权效果，登记既不是物权生效要件也不是产生对抗第三人的要件。根据《物权法》第 127 条规定，“土地承包经营权人自土地承包经营权合同生效时设立。县级以上地方人民政府应当向土地承包经营人发放土地承包经营权证、林权证、草原使用权证，并登记造册，确认土地承包经营权”。这表明，在土地承包经营权这一典型的用益物权的设定采取的是纯粹的意思主义，土地承包经营权合同实际是一个纯粹的物权合同。发包方与承包方签订土地承包经营权合同是以发生物权为目的，土地承包经营权合同的生效直接发生物权的效果而不涉及履行问题，人民政府登记造册仅仅是为了确认土地承包经营权而不是发生物权必备的条件。

第二类为普通的意思主义物权变动模式，即物权基于法律行为而发生变动时，仅需要当事人的意思即可，登记或交付仅决定能否对抗善意第三人。在这种物权变动模式中，合意直接发生物权效力，登记或交付仅是对抗要件，其不涉及履行的问题，这和一般的债权合同的本质是完全不同的，因此，这种模式中的合意其实就是一个“物权合意”。这主要体现在《物权法》第 129 条关于土地承包经营权的互换、转让；第 158 条关于地役权的设定；第 181 条关于浮动抵押的设定；

---

[1] 参见王利明主编：《民法学》，复旦大学出版社 2005 年版，第 263～265 页；陈华彬：《民法物权论》，中国法制出版社 2010 年版，第 107～109 页。

[2] 参见王利明主编：《民法学》，复旦大学出版社 2005 年版，第 265 页。

第188条关于生产设备、原材料、半成品、产品、交通运输工具，以及正在建设的船舶、航空器设定抵押的情形。

总之，上述两类合同的生效与物权的设立在时间上没有间隔，合同的生效产生的是物权设立的法律效果，合同也不涉及债的本质——法律上可期待的信用。试图用债权法上的概念如债权契约概念来解释上述两类合同将难以臻于至善。并且，倘若以之诠释这类行为，也势必使债权行为，尤其是债权法的制度体系遭到破坏，由此，我国《物权法》虽然没有明确使用物权合意这样的概念，但在具体的制度设计之中却蕴含了物权合同。

五、从《婚姻法》看“身份合同”的存在

合同的本质就是合意，合同是市民社会中人与人之间最普遍的联系形式与最经常的行为方式，是当事人利用自己的创造热情形成法律关系的有效手段，当事人不仅利用合同创设债权关系、物权关系，甚至还可以利用它形成当事人间的身份关系，合同本身已成为一种价值与生活方式。而且，民法调整的对象本身涉及平等主体之间的财产关系与身份关系，如果我们把民事合同等同于财产合同，这是片面的。因此，笔者认为视婚姻为合同，并不悖于合同的理论。

（一）婚姻具有契约的本质

我国民法学界的主流观点是反对视婚姻为合同，因为如果视婚姻为合同，就会使得社会主义新型的人际关系变成了商品交易关系。这种观点值得商榷，合同虽然和商品交易有着非常密切的关系，但是，合同并不首先意味着商品交易；并且，有的合同中根本就不存在商品交易，如共同行为、赠与契约等。合同首先意味着平等、自主、自愿。所以，从合同的角度看待婚姻，实际上表明婚姻的前提就在于男女双方地位的平等、意志的自主和行为的自愿，而这些和当代婚姻法的精神相吻合。[1] 这些精神在我国《婚姻法》总则、分则中都有具体的体现。

---

[1] 参见孙文桢：“婚姻的实质和基础——从合同法理的角度”，载《广西社会科学》2007年第5期。

从法律制度的发展历史来看，视婚姻为合同是人类社会的一大进步。在现代社会，婚姻关系是平等的男女双方就共同生活达成合意而形成的法律关系，具有契约的本质，以自由、平等、正义为理念，而婚姻法作为一种社会控制手段，既负有以权威力量保障婚姻制度底线的重任，又必须顺应时代要求，保障婚姻关系中个体的自由与安宁。婚姻法的历史使命与婚姻契约的理念相吻合。以契约观来构造婚姻法更能体现婚姻的自由与平等原则，有利于稳定婚姻关系，保障社会安全，增强个人幸福。而且契约的核心价值在于自由，确认婚姻的契约属性，其要旨在于表明婚姻属于当事人自治的范畴，而不是要用一般契约所适用的等价有偿原则来调整婚姻关系，将婚姻视为一种合同，是人类历史上巨大的进步。[1] 因此笔者认为，婚姻的本质就是契约，从契约的角度理解婚姻有利于完善婚姻家庭法律制度。

（二）婚姻具有契约的外观

婚姻是双方法律行为，是男女双方意思表示一致才能成立的法律行为，但是不同于一般的双方法律行为，在我国婚姻的双方主体必须是男和女。这主要体现在我国《婚姻法》第 2 条、第 5 条一夫一妻制度及男女双方完全自愿原则之中。

婚姻是一种处分类契约，是对自己身份的一种处分。如果结婚是为了履行既存的婚约，则结婚之于婚约，正如转移物的所有权之于买卖合同，其中存在着从负担类合同到处分类合同的转变。作为对身份的一种处分，结婚所产生的身份权乃是一种对世权，即因结婚而产生的“夫”或“妻”的身份，并非只能够对抗某一个人，而是能够对抗除当事人本人之外的所有人。结婚和物权契约一样同属处分类契约，都产生对世权。[2]

婚姻是登记才生效的契约，这相当于我国《合同法》第 44 条经批准、登记才生效的合同一样。我国《婚姻法》第 8 条规定，“要求

---

[1] 参见宋智慧：“以契约理念透视婚姻本质”，载《长沙理工大学学报（社会科学版）》2004 年第 4 期；陈新新、刘洁：“婚姻契约视角下我国婚姻法的缺陷与建言”，载《求索》2010 年第 3 期。

[2] 参见孙文桢：“民法典亲属法编的制度安排和意思自治”，载《重庆三峡学院学报》2010 年第 6 期。

结婚的男女双方必须亲自到婚姻登记机关进行结婚登记。符合本法规定的，予以登记，发给结婚证。取得结婚证，即确立夫妻关系。未办理结婚登记的，应当补办登记”。这表明，我国婚姻是以登记为生效要件的契约，未经登记而以夫妻名义共同生活的男女，按同居关系处理。

2001 年修改后的婚姻法，使得其合同的色彩愈加浓厚。第 10 条规定的婚姻无效制度，这类似于《合同法》第 52 条规定的合同无效；第 11 条规定了可撤销婚姻并规定了撤销权的行使期间，这类似于《合同法》第 54、55 条的规定；第 12 条规定了婚姻无效或被撤销后的法律效果，这类似于《合同法》第 58 条规定；第 31、32 条规定的自愿离婚及法定离婚情形，这相当于《合同法》第 93、94 规定的合同约定解除与法定解除；第 46 条规定了一方过错导致离婚时的损害赔偿请求权，这相当于《合同法》第 97 条所规定的合同解除后的损害赔偿请求权。

由此，无论是从婚姻的本质还是婚姻的外观考察，我们不能否定婚姻的契约属性，婚姻就是一种实实在在的合同关系，那么身份合同的存在也就不容否定。

六、未来民法典中合同概念的应然选择

合同概念的界定与合同法在未来民法典中的地位是密切相关的。如果合同作为变动债的手段之一，属债的下位概念，从而在未来民法典中将关于合同的规定置于债的体系之内为理所当然。但是，正如上文所论证的，合同应采纳比变动债的关系的协议更为广泛的概念，它不仅包括债权合同还应包括物权合同、身份合同。此种意义上的合同具有极大的普遍性和广泛性，将合同法完全置入债法是不妥当的。鉴于合同的普遍性与重要性，我们认为，可借鉴德国民法的做法将合同置于民事法律行为的地位从而在民法典法律行为制度中为合同留出一席之地。[1]

---

[1] 参见陈小君、易军：《论中国合同法的演进》，转引自北大法律信息网，http：//vip. chinalawinfo. com/newlaw2002/SLC/SLC. asp？ Db＝art&Gid＝335582369。

如此一来，在民法典出台后，中国社会将不会存在直接冠以“合同法”名称的法律。法典化后的中国，只有“实质意义的合同法”而无“形式意义的合同法”。申言之，保存合同法在民法典中的相对独立性，即作为一个完整的体系存在已变得不可能，现行《合同法》中的大量内容将融入债法总论以及民法总论之中，合同将变成一个名副其实的广义合同，其既包括债权合同、物权合同还包括身份合同。

（一）法典化后的合同（实质意义上的债权合同）与债法总则的关系

债法总则与合同法的关系主要有以下几种模式：（1）债权总则与合同法总则并存的模式。此模式的典型代表是《德国民法典》。该法典第二编第一章规定了债权总则的内容，而在第三章中又规定了合同法总则的内容。（2）有债权总则而无合同法总则的模式。《俄罗斯民法典》将债分为第三编（债法总则）和第四编（债的种类），有关合同的一般规定（包括合同的概念、条件和合同的订立、变更和解除等）则置于债法总则之中。（3）有合同法总则，但无债法总则。此种模式是大陆法系国家立法的例外，我国现在就属于第三种模式。[1] 对于我国法典后的债法编是否需要设计债法总则，我国学者是有分歧的。大多数学者主张未来民法典应设立债法总则；[2] 少数则持反对意见。[3]

笔者认为，我国未来民法典应该设立债法总则，因为合同之债是一种合意之债，而其他债（如无因管理、不当得利侵权等）的关系更

---

[1] 参见王利明：《民法典体系研究》，中国人民大学出版社 2008 年版，第 606～608 页。

[2] 王利明：“债权总则在我国民法典中的地位及其体系”，载《社会科学战线》2009 年第 7 期；崔建远：“债法总则与中国民法典的制定——兼论赔礼道歉、恢复名誉、消除影响的定位”，载《清华大学学报》2003 年第 4 期；柳经纬：“设立债法总则的必要性与可行性”，载《厦门大学法律评论》（第 7 辑），厦门大学出版社 2004 年版，第 198—207 页；柳经纬：“我国民法典应设立债法总则的几个问题”，载《中国法学》2007 年第 4 期；薛军：“论中国民法典债法编的设计结构”，载《民商研究》2001 年第 2 期。参见王利明：《民法典体系研究》，中国人民大学出版社 2008 年版，第 609～610 页；陈华彬：“中国制定民法典的若干问题”，载《法律科学》2003 年第 5 期。

[3] 参见覃有士、麻昌华：“我国民法典中债法总则的存废”，载《法学》2003 年第 5 期；许中缘：“合同的概念与我国债法总则的存废——兼论我国民法典的体系”，载《清华法学》2010 年第 1 期。

多的是一种法定之债，二者之间有着明显的不同，合同总则无法涵盖整个债法。因此，债法编应保留债法总则，总则就各种债之关系的共性作出规定，诸如债的内容、债务关系的消灭、债权的转让、债务的承担、多数人之债都应纳入其中。

另外，未来我国民法典中的债法编可以采取《德国民法典》立法例。《德国民法典》第二编在“债的关系法”中既规定债法总则也规定合同总则（实质意义上），然后规定各种具体债，形成债总与债各的关系。❶ 不同于《德国民法典》，我们可以把债总和债各分别写入不同编，这样体系清晰明了，因此本文作者十分赞同薛军教授对未来中国民法典的债法编的设计结构：❷

第X编：债法总则

第1章：债的一般规定

第2章：合同之债（实质意思上）的一般规定

第3章：侵权行为之债的一般规定

第4章：无因管理之债

第5章：不当得利之债

第X+1编：债法分则

第1章：各种合同

第2章：各种侵权行为

（二）法典化后的合同（实质意义上的债权合同）与民法总则的关系

民法总则就是关于民法的一般性规则，《德国民法典》首开创立民法总则之先河。黑客（Heck）恰如其分地将总则编的功能比喻为“列车时刻表符号说明”：前面已经说过的东西，后面就没有必要再做重复了。❸ 在德国民法总则中，法律行为是一个极其重要的概念，总则编的240条中有59个条文全面规定了法律行为的各项制度，不过都是比较抽象的规定。法律行为概念的意义重大，正如某学者所言：

---

❶ 参见杜景林、卢谌译：《德国民法典》，中国政法大学出版社1999年版。

❷ 薛军：“论中国民法典债法编的设计结构”，载《民商研究》2001年第2期。

❸ 参见［德］库特尔·梅迪库斯：《德国民法总论》，邵建东译，法律出版社2001年版，第31页。

“作为一种最主要的法律事实，法律行为的规则不仅完全符合总则之一般条款的特性，而且以其极为丰富的实质内容，为总则注入了真正的生命力和存在价值。如果没有法律行为，德国民法典总则将成为一具徒有其名的空壳。”[1]

既然本文采纳广义合同概念说，那么合同的概念就应该置入民法典总则的法律行为之中，合同的成立、生效以及意思表示理应是法律行为的重要内容。这样在解释上，合同就不仅仅只是债权合同了，还可以包括物权合同，婚姻、遗嘱、收养等身份合同以及随着社会发展而出现的各种新型的民事合同。笔者建议，合同的概念可以定义为：“合同是平等主体的自然人、法人、其他组织之间设立、变更、终止民事权利义务关系的协议。婚姻、监护、收养等有关身份关系的协议，其他法律有规定的，优先适用其他法律的规定。”如是，身份合同既未被排除出合同的范畴，其诸多特殊性也可以得到照顾。

七、结语

合同是现代民法最重要的法律概念之一，合同概念的运用甚至超出了法律和法学领域，资产阶级甚至把合同概念搬到政治学领域，用来解释政治现象和社会现象。最典型的例子，是卢梭提出的“社会契约论”，即国家起源于人民与君主所缔结的合同的学说。这一学说迄今仍被奉为资产阶级国家学说的奠基石。[2] 既然合同概念在其他领域都得到如此广泛应用，法律和法学领域内的合同就更不应该仅仅局限于债权合同，合同的本质就是合意，而反映这一本质特征的物权合同与身份合同理应受广义合同的调整。因此，作者主张采广义的合同概念说，在未来的中国民法典中，合同的概念应置入民总的法律行为之中，这样合同就具有极大的普遍性和广泛性。在解释上，合同就不仅仅只是债权合同了，还可以包括物权合同，婚姻、遗嘱、收养等身份

[1] 参见尹田：“民法典总则与民法典立法体系模式”，载《法学研究》2006 年第 6 期。

[2] 参见梁慧星：“论我国民法合同概念”，载《中国法学》1992 年第 2 期。

合同以及随着社会发展而出现的各种新型的民事合同。最后笔者建议，合同的概念定义为："合同是平等主体的自然人、法人、其他组织之间设立、变更、终止民事权利义务关系的协议。婚姻、监护、收养等有关身份关系的协议，其他法律有规定的，优先适用其他法律的规定。"如是，身份合同既未被排除出合同的范畴，其诸多特殊性也可以得到照顾。

企业社会责任及其软法机制探究

李　树*

摘　要　作为社会的重要组成部分，企业在给社会创造财富的同时，也给社会带来了诸多负面影响。虽然企业的原始责任就是为股东获取利润，但要保持企业的可持续发展就必须关注企业与社会的关系问题，企业社会责任理论由此而生并引起了人们的广泛关注，诸专家学者也对此提出了各种不同的观点。本文在评介企业社会责任理论的产生及其争议的基础上，分析了学界对企业社会责任的各种不同界定，并提出了对企业社会责任的内涵和外延的理解。而在企业社会责任的实现机制层面，笔者认为可将企业社会责任纳入法律规范，同时认为软法机制在规范企业社会责任时具有独特的优势，并进一步提出了几种具体的企业社会责任软法实现机制。

关键词　企业社会责任　法律规制　软法机制

随着经济的飞速发展和企业规模的不断扩大，企业在给社会创造物质财富和精神财富的同时，也给社会带来了一系列的负面影响。如一些企业只顾追求股东和经营者的利益，漠视甚至肆无忌惮地侵害劳动者、消费者、债权人和社会公众的利益，使得劳工待遇恶化、消费者权益受损、债权人利益得不到保护、环境污染日趋严重等问题日益凸显。

针对企业活动带来的这些负面效应，西方学者提出了一种“企业社会责任”理论，期望超脱狭隘的“股东利益至上主义”，以使企业更加关注对社会利益的增进和维护，承担企业作为“企业公民”的社会义务。由此，引发了人们对于企业社会责任的研究热潮，提出了经济、法律、道德等各种制度构建的设想和建议，希望在制度上能够促

* 李树，中央财经大学法学院2011级经济法学硕士研究生。

使企业对其社会责任充分而有效地落实。

然而，笔者认为，对于企业社会责任这个概念的盲目提出，弄不好，可能隐含某些不利于企业发展的社会因素。在这个概念下有可能对企业提出过高的不切实际的要求，不自觉地把企业的社会责任视为一种无限责任，进而阻碍企业的进一步发展，反而影响整个社会的进一步繁荣。所以，究竟什么是企业的社会责任？企业是否应当承担社会责任？企业要承担哪些社会责任？显然，这些是我们研究企业社会责任实现机制的前置性问题。

一、企业社会责任的提出及其争议

企业社会责任（Corporate Social Responsibility）理论肇始于20世纪初的美国。而美国法学界对该理论的认识源起于哈佛大学法学院的多德（E. M. Dodd）教授。20世纪30年代，多德教授率先指出："企业对雇员、消费者和公众负有社会责任，尽管这些社会责任未见诸法律而为企业的法定义务，但应当成为企业管理人恪守的职业道德。"[1]多德教授认为，企业管理者作为受托人是对企业承担义务，其权力来自企业所有利益相关者的委托，并以兼而实现股东利益和社会利益为目的，不仅要通过确立一定的法律机制促使企业承担对社会的责任，而且控制企业的管理者应自觉地践行这种责任。但与此相反，哥伦比亚大学法学院的贝利（A. A. Berle）教授却认为："企业管理者只能作为企业股东的受托人，其权力应本着股东是企业的唯一受益人之原理而创设和拥有。"[2] 在贝利教授的观念中，企业乃营利性经济组织，一切企业权力都是为股东的利益而委托的权力，企业管理者是只受股东委托、唯求股东利益而管理和控制企业的，企业除了遵纪守法和照章纳税外，追求利润的最大化是企业的唯一经营目标，要求企业承担额外的社会责任是不合理的。

---

[1] 刘连煜：《公司治理与公司社会责任》，中国政法大学出版社2001年版，第2页。转引自周友苏、张虹："反思与超越：公司社会责任诠释"，载《政法论坛》2009年第1期。

[2] 卢代富：《企业社会责任的经济学与法学分析》，法律出版社2002年版，第46页。

在经历了20世纪30年代这场正面交锋之后，多德和贝利两位教授的观点发生了奇妙的变化，双方都坦诚地承认了对方观点的合理之处，并最终以贝利教授的认输而告终。但是，企业社会责任理论并没有因为这场论争的结束而得到广泛的一致认可。随着更多学者的加入，关于企业社会责任的争论又分别在20世纪60年代初期、70年代中期以及90年代形成了几次高潮。尽管随着理论研究的逐渐深入和企业实践的不断发展，人们对于企业应当承担社会责任的观点已趋于认同。但是，关于企业社会责任的概念，一直是诸专家学者各抒己见，众说纷纭，似乎从来就没有形成一个明确的统一的界定。

二、企业社会责任的概念界定

（一）企业社会责任的内涵

综观学者们就企业社会责任内涵的认识，大致可分为以下几种观点：其一，企业的社会责任就是企业创造社会财富的责任，即经济责任。代表人物为美国著名的经济学家、诺贝尔奖获得者弗里德曼（M. Friedman），他认为："在自由经济中，企业有且仅有一个社会责任——只要它处在游戏规则中，也就是处在开放、自由和没有欺诈的竞争中，那就是要使用其资源并从事经营活动以增加利润。"❶ 其二，认为企业社会责任是经济责任和道德责任的统一。如我国学者刘俊海认为："所谓企业的社会责任，是指企业不能仅仅以最大限度地为股东们营利或赚钱作为自己的唯一存在目的，还应当最大限度地增进股东利益之外的其他所有社会利益。这种社会利益包括雇员（职工）利益、消费者利益、债权人利益、中小竞争者利益、当地社区利益、环境利益、社会弱者利益以及整个社会公共利益等内容。"❷ 其三，认为企业社会责任是法律责任和道德责任的统一。如我国台湾地区学者刘连煜认为："公司之社会责任，除了必须依照法令行事外，亦必须

---

❶ Friedman, Milton, Capitalism and Freedom, Chicago: University of Chicago Press, 2002 (1962), p133，转引自沈洪涛、沈艺峰：《公司社会责任思想——起源与演变》，上海人民出版社2007年版，第58页。

❷ 刘俊海：《公司的社会责任》，法律出版社1999年版，第6页。

实践‘公司之伦理责任’及所谓之‘自行裁量责任’(例如举办慈善事业)。”❶ 其四，企业社会责任综合说。此观点认为企业社会责任是企业的经济责任、法律责任、道德责任、伦理责任、慈善责任等多种责任的综合统一体。例如，美国经济发展委员会将企业社会责任明确为三个层次：履行经济职能的基本责任、对经济职能涉及的社会问题的责任和新出现但还不明确的责任。此外，美国学者卡罗尔(A. B. Carroll)也持广义的企业社会责任观，他在其著名的“企业社会表现的三维概念模型”中，将第一维度的企业社会责任分解成如下四大部分：经济责任、法律责任、伦理责任和自愿责任。用卡罗尔的原话说就是：“企业社会责任包括社会于一个时间点上对组织在经济、法律、伦理和自愿方面的期望。”❷

从以上几种关于企业社会责任的界定中，我们不难发现，虽然大多数学者已经表现出对于“企业社会责任”一语的认同，但基于该字眼的“模糊性”，其在不同学者眼中，在不同的时代背景和理论需要的情况下，被注入了不同的含义，并且出现了一种逐渐丰富甚至盲目泛化的趋势。在此，笔者针对以上诸学者的观点，提出两点异议。

1. 关于企业经济责任与企业社会责任的关系

可以说，“企业社会责任”这一语义的最初产生，就是以早期传统理论所信奉的“股东利益至上”为对立面的，是对将股东利润最大化作为企业运行唯一目标的修正。企业社会责任的本来意义及其最初与企业经济责任的区分，应当说是十分明确的，它实则是创设于企业经济责任之外、独立于企业经济责任并与企业经济责任相对应的一类企业责任。然而在后来，伴随着企业社会责任的理论之争的逐步推进，企业经济责任与企业社会责任的关系变得越来越众说纷纭，二者的界限也变得愈来愈模糊。先是弗里德曼等人提出“企业社会责任即是企业经济责任”的观点，在“企业社会责任”的名下，装入“利润

❶ 刘连煜：《公司治理与公司社会责任》，中国政法大学出版社 2001 年版，第 67 页。转引自黄俐君：《论企业社会责任的法律化》，华中师范大学 2009 年硕士学位论文。

❷ Carroll, Archie B., “A Three-Dimensional Conceptual Model of Corporate Performence”, Academy of Management Review, Vol. 4 (4), 1979, p. 500，转引自沈洪涛、沈艺峰：《公司社会责任思想——起源与演变》，上海人民出版社 2007 年版，第 89 页。

最大化”的内涵。对此，笔者认为，此种观点虽然在形式上保留了“企业社会责任”的外壳，但实质上仍是对于“股东利润最大化为唯一目标”的推崇，其与拒绝接受企业社会责任的观点并无二致。之后，理论界又出现了将企业经济责任作为企业社会责任的组成部分的认识。持这一观点的学者通常都将自己的认识建立在如下推断之上，即企业利润与社会福利存在着一种正相关关系，即利润最大化，亦意味着社会福利最大化，在企业利润具有此种社会功能的意义上，企业对利润的追求，也是对社会福利的追求，以利润最大化为其基本内涵的经济责任，自应归入企业社会责任的范畴。应当说，这些学者的前半部分推导过程是完全正确的，但问题在于，两个负有正相关关系的事物不一定就必然是整体和部分的关系。将“企业经济责任”视为“企业社会责任”的组成部分，与其说是对企业社会责任的发展，毋宁说是对企业社会责任反对者的妥协，因为它试图在“企业社会责任”之中装入“企业经济责任”的内容，以此博得企业社会责任反对者的同情、支持或接受。这种观点不但背离了企业社会责任理论建构的初衷，更会让人们对于企业社会责任本身的独立性和生命力产生质疑。所以，笔者的观点是，我们一定要厘清企业社会责任和经济责任的界限，不能将两者混合或者视为包含与被包含的关系；同时应承认它们之间的固有矛盾，并重视对这种相互影响关系的利用。

2. 关于企业社会责任综合说中的逻辑问题

目前，关于企业社会责任理论的诸多观点中，企业社会责任综合说似乎得到了越来越多人的支持。但笔者认为这种极其广义的企业社会责任综合说存在缺乏逻辑和盲目泛化的缺陷。如前文所述，学者们提出了包含“企业经济责任”、“企业法律责任”、“企业道德责任”、“企业伦理责任”、“企业慈善责任”等多种责任在内的广义的企业社会责任理论。对此，笔者认为：首先，企业经济责任应该是与企业社会责任相对应的概念，不应放入企业社会责任之中，这在上文已作表述。其次，关于企业道德责任、企业伦理责任和企业慈善责任这三个概念，我们的通常理解是它们都是相对于企业法律责任而言，没有纳入法律规范，主要依靠舆论、风俗、习惯等法律以外的方式发挥效力的企业责任。从实质意义上来说，企业伦理责任和企业慈善责任都可纳入企业道德责任的意义范畴。由此，我们可以得出结论：企业社会责任与企业经济责任是按照追求目标的不同而对企业责任进行的划分，两者是相对应的同层级概念；同时，按照是否规定于法律之中，又可以将企业社会责任划分为企业法律责任和企业道德责任，此二者并不与企业社会责任处于同一划分标准下的同一层级。所以，我们要防止从完全反对企业社会责任这样一个极端走向另一个盲目泛化企业社会责任的极端，这种单纯地缺乏逻辑地将企业社会责任视为各种责任“大杂烩”的观点，会导致人们在对企业社会责任进行规制时无所适从，纠结于各种制度的胡乱增列，从而迷失了研究方向。

至此，基于以上对于国内外学者眼中企业社会责任观念的归纳和评析，本文在对企业社会责任理论持肯定观点的立场上认为，企业社会责任的内涵是指企业在谋求股东利润最大化这一基本经济责任之外所负有的，考虑和维护其利益相关者利益，按社会期望改善和增进社会福利的责任。

（二）企业社会责任的外延

明确了企业社会责任的内涵，接下来我们就要试着对其外延加以界定。像学界对企业社会责任的内涵缺乏清晰的界定一样，企业社会责任的外延也处于模糊的境地，国内外学者对此也存在着各种不同的观点。其中，最著名的范例就是美国经济开发委员会所列举的10个领域的划分。[1] 此外，还有一种被广泛接受的观点是，按照利益相关者理论将企业社会责任的外延概括为企业对雇员、消费者、债权人、环境保护、所处社区和社会公益的责任。对此，笔者认为，对企业社会责任外延的界定可以有不同的角度，但一定要遵循两个标准：一是要有逻辑，不能盲目罗列；二是要有一定的开放性，使其能够适应社会的变化，而不能限定得过于死板。所以，遵循前文中笔者对企业社

---

[1] 在1971年6月发表的一篇题为《商事公司的社会责任》的报告中，美国经济开发委员会列举了为数众多的（达58种）旨在促进社会进步的行为，并要求公司付诸实施。这些行为涉及10个领域，它们是：（1）经济增长与效率；（2）教育；（3）用工与培训；（4）公民权与机会均等；（5）城市改建与开发；（6）污染防治；（7）资源保护与再生；（8）文化与艺术；（9）医疗服务；（10）对政府的支持。

会责任内涵的界定，我们可将企业社会责任的外延划分为如下两个层次：

1. 底线型企业社会责任

这种企业社会责任是指企业在从事经营或管理活动时必须遵守某些最低的义务要求，这些要求是为维护企业社会责任直接相对方的基本利益所必不可少的。在经济学上，有一种外部经济理论，又称外部性理论，它包括正外部性和负外部性。学者们从经济学的视角上认为："外部性是用来表示当一个行动的某些效益或成本不在决策者的考虑范围内的时候所产生的一些低效率现象，也就是某些效益被给予，或某些成本被强加给没有参加这一决策的人。"[1] 而从法学角度，我们可以认为这种外部性是指经济主体之间利益的失衡。特别是对于企业的负外部性，其法学上的实质可以被理解为：企业在经营或管理过程中行使其权利时将本应由自己承担的义务施加给其他利益相关者，造成权利与义务的失衡。所以，笔者认为，企业因其产生外部负效应的行为而对直接利益相关者所承担的社会义务就是企业社会责任的底线。处在这个底线上的义务范围都涉及对其利益相关者的直接的、重大的影响，企业只有符合了这样一个底线标准的规定才是履行了其基本的社会责任，而如果未能履行这些底线责任，即使企业在其他方面做得再好，也是不符合要求的和应当受到责备甚至惩罚的。

2. 鼓励型企业社会责任

如前所述，设定一个底线是企业能否良好履行社会责任的前提，然而企业社会责任的底线并不是企业社会责任内容的全部，另外一种鼓励型企业社会责任理应成为企业社会责任的组成部分。该种社会责任，属于企业社会责任中的第二层次的内容，即希望企业承担"做好事"的社会责任。例如，我们希望企业能够促进就业，推崇现代企业文化，热心慈善事业等等。但是，这些内容毕竟是属于我们对企业的高级期望，只能靠企业的自愿履行，而不能将其作为对所有企业的普遍的硬性的要求，强制所有企业去"做好事"，否则将会导致企业在

---

[1] ［美］兰德尔：《资源经济学》，商务印书馆1989年版，第155页。转引自胡元聪："法与经济学视野中的外部性及其解决方法分析"，载《现代法学》2007年第6期。

承担“社会责任”方面的不堪重负，在阻碍企业进一步发展的同时反而损害了社会的整体利益。鼓励型企业社会责任从某种性质上讲可以被当作是企业发展的一种战略，一种有利于长期、可持续发展的战略。比如，如果企业在履行了最基本的底线型社会责任之后，能够结合其自身的能力，合理运用其可支配的资源在热心慈善事业、减少环境污染、维护生态平衡、改善和提高人们生活质量等方面作出比较突出的贡献，将会受到整个社会的褒扬，从而树立良好的企业形象，为企业的不断壮大和可持续发展奠定扎实的社会基础。

三、规范企业社会责任的几种软法实现机制

对于企业社会责任问题的讨论，最终落脚点在于如何促使企业承担社会责任，即研究企业社会责任的实现机制问题。在国内外关于企业社会责任的理论和实践探索中，人们普遍认识到法律是一项不可或缺的重要力量，而法律如何规制企业的活动以实现其社会责任却成为摆在我们面前的一个新问题。综观学者们的研究成果，许多研究文献是从各种法律（如劳动法、产品质量法、消费者权益保护法、环境保护法等等）角度来讨论企业应如何依法行为，以实现其社会责任，但这与探讨企业如何遵守同样具有社会价值内涵的法律义务和法律责任，几乎没有本质的区别，不过是同义反复，或者说是新瓶装旧酒，多贴了一个标签而已。虽然说这种运用法律的强制力去限定企业社会责任的观点有其理论上的合理性和实践上的司法程序作保障，但狭义的法律作为一种确定而抽象的技术，它所能够详细规定的，也只能是特定种类的、同时又是最低限度的企业社会责任，即上文所提到的底线型企业社会责任。并且仅仅依靠法律强制力这种单一的、补救性的规制方法去限定底线型企业社会责任，也很难保证该种责任的全面、充分和有效的落实。而对于底线型企业社会责任之外的其他类型的企业社会责任，多是企业的自律和自愿行为，因而存在一定程度上的“超越法律”的特性。

那么，对于这些在一定程度上“超越法律”的企业社会责任，法律对此是不是就无所作为了呢？实则不然。笔者认为，这些“超越法律”的企业社会责任所超越的仅仅是法律的强制约束力，对于这些企

业社会责任的承担不具有法律的强制力并不等于不能通过法律来对其进行规制。法律对这些“超越法律”的企业社会责任活动的规制可定性为“软法”的规制。软法作为一种非典型意义的法，是近年来在国内外法学研究中逐渐流行开来的一个新概念。根据弗朗西斯·斯奈德（F. Synder）的定义，“它是指原则上没有法律约束力，但却具有实际效力的行为规则”。[1] 言其“软法”正是因为它与常规性的法律（硬法）相比，虽然具有法律的形式特征，但却缺乏法律的强制约束力。“软法与硬法的区别体现在：首先，从立法主体来看，软法除了包括国家正式立法机关制定的、没有法律责任条款的、从而不以国家强制力保障实施的法律规范外，还包括制定主体不是国家正式立法机关，而是超国家的共同体（如联合国、世贸组织、国家劳工组织等）和次国家的共同体（如律师协会、医师协会、高等学校、企业等）制定的规则或达成的协议；其次，从法律功能来看，硬法注重制裁与惩罚，而软法注重宣示和评价，硬法注重命令与规制，而软法注重教育与引导，硬法反映的是国家意志和范围广泛的共同体成员的利益，软法反映的是社会意志，并可根据不同的社会群体制定不同的规范要求以适应不同层次的秩序需求；再者，从法律的实施方式来看，硬法主要通过诉诸国家强制力追究违法责任来保障其实施，软法主要依靠社会舆论、道德自律、内部监督、利益诱导等产生的社会压力来迫使爱惜声誉的行为主体自觉遵循。”[2] 正如韩国学者全柄梓所言，“现代国家的法律规范之所以具有局限性，是因为它在削弱其他自发性社会规范的过程中，也削弱了自身机能……多元社会的法规应当与其他自发性社会规范互相取长补短……减少强制性规范，增加自发性的自律规范”。[3] 软法的兴起正是对这一社会法制演化趋势的回应。在运用法

---

[1] Synder, Soft Law and institutional Pracitce in the European Community, in S. Martin (ed.), the Construction of Europe, Kluwer Academic Publishers, 1994, p. 198, 转引自姜明安：“软法的兴起与软法之治”，载《中国法学》2006 年第 2 期。

[2] 姜明安：“软法的兴起与软法之治”，载《中国法学》2006 年第 2 期。

[3] ［美］杜维明：《全球化与多样化》，载哈佛燕京学社编：《全球化与文明对话》，江苏教育出版社 2005 年版，第 100 页。转引自王申：“软法产生的社会文化根源及其启示”，载《法商研究》2006 年第 6 期。

律手段对企业社会责任进行规制时，相比硬法在适用范围上的局限性，软法具有独特的优势，其不但能在规制底线型企业社会责任方面作为硬法的有益补充，而且更在规范鼓励型企业社会责任方面有着相当强的实际效力。软法虽不以国家强制力来对企业行为形成外在威慑，却以社会的价值、期望等为号召力，通过“自律”和“他律”两种途径规范企业社会责任，从而对企业的行为产生制约和影响。

规范企业社会责任的“自律型”软法机制，是指通过对企业章程、治理结构等的优化和不同的作用机制使企业主动地承担责任，自律地规范自己的行为，将企业社会责任的价值目标内化在企业的结构与实践之中。而规范企业社会责任的“他律型”软法机制，则是指通过法律、行业标准等外部的激励或约束来引导或规范企业的行为，从而对企业社会责任的履行产生有益的推动或制约力量。具体而言，笔者认为可以从以下几个方面加以构建。

（一）规范企业社会责任的“自律型”软法机制

1. 在章程中规定企业社会责任条款

章程是企业必备的规定企业组织及活动的基本规则的书面文件，是企业组织和活动的基本准则，是企业的宪章。作为企业自身所制定的规则，章程由企业这个共同体的全体成员或代表制定，属于非国家立法机关制定的软法之一。在章程中规定有关企业社会责任的条款，对企业自觉履行社会责任必将产生督促和制约作用。而且，结合法律中要求企业履行社会责任的规定，在章程中规定企业社会责任并使之付诸实现也是企业自觉守法的体现。企业在自己的章程中规定企业社会责任时，可以按底线型企业社会责任和鼓励型企业社会责任的划分标准，分别规定相关企业社会责任的履行要求和内容。需注意的是，对底线型企业社会责任的规定不能跟法律相抵触，而对鼓励型企业社会责任的规定可视企业情况酌情规定。

2. 从社会责任角度完善企业治理结构

在研究企业社会责任制度时，许多学者提出从重视利益相关者利益的角度来完善企业的内在治理结构。乍一看来，这种从实践中“治理结构”的角度对企业社会责任的探索似乎完全不涉及软法机制问题，实则不然。笔者认为，这种以企业社会责任有效承担为出发点的治理结构的完善，与软法侧重于体现社会公共性、关注多元利益诉求、倚重协商民主、推崇共识合意的价值取向和功能定位是完全契合的，可以说是企业社会责任软法机制在实践层面上的重要体现。具体到如何完善企业的内在治理结构，笔者认为，主要应从两方面着手实施。第一，扩展董事的信托义务。董事不应仅仅是股东的受托人，其受托责任还应向雇员、消费者、债权人、环境、社区等利益相关者扩展。董事在执行企业的经营事务时，应尽量避免企业的经营活动给其他利益相关者带来较大的负外部性，否则应作出相应的补救或补偿。第二，成立相关的机构（如社会责任委员会等），帮助企业推动其社会责任的履行。这种委员会主要代表利益相关者的利益，在企业的经营决策可能对利益相关者的利益产生不利影响时，该委员会有权提出异议并要求决策机构作出解释或向决策机构提出自己的建议。

3. 建立企业社会责任信息披露机制

企业以发布社会责任履行报告的形式向社会公布其社会责任的履行情况，这是企业自觉履行社会责任的重要表现形式。在其软法规制上，除了可以在企业章程中对此加以规定外，还可以通过行业协会规则等其他软法形式对企业履行社会责任报告的内容作出规定。企业社会责任的信息披露在一些西方国家早已实施，“我国企业社会责任信息披露的研究目前还处于探索阶段，对于其他国家企业社会责任信息披露的内容界定、制度背景、披露形式、推动力量、我国企业社会责任信息披露的内容界定、披露形式等内容的研究还不够系统和深入。但是，我国实务界已经开始尝试系统地披露社会责任信息。例如，国家电网公司于2006年3月20日由中国电力出版社出版《2005社会责任报告》……表明实务界披露企业社会责任信息的趋势在逐渐增加……理论界加强企业社会责任信息披露的研究，将为实务界更好地披露社会责任信息提供理论支持”。[1]

（二）规范企业社会责任的“他律型”软法机制

1. 整合并完善企业社会责任的狭义软法规定

对软法的界定，有狭义和广义之分。狭义的软法是指国家正式立

---

[1] 李正：《企业社会责任信息披露研究》，经济科学出版社2008年版，第6页。

法机关制定的、没有法律责任条款的、从而不以国家强制力保障实施的法律规范。就我国而言，目前，关于企业社会责任的狭义软法规定，散见于各种法律规范之中。典型的如《公司法》第5条对企业社会责任作出了一般性、宣示性的规定，要求企业在从事经营活动时“承担社会责任”。同时，在《劳动法》、《消费者权益保护法》、《环境保护法》、《税法》等部门法中，除了主要以硬法的方式规定不承担某些企业社会责任的具体法律后果外，也有部分关于企业社会责任的软法规定。虽然，笔者承认，目前这种在分散立法中硬法结合软法的企业社会责任规制方法是符合我国按调整对象划分法律部门的形式标准的，但是，因为法律的相对滞后性，这种现存的既定形式却很难充分发挥软法机制在规范企业社会责任中的作用。因此，笔者认为应从以下两个方面整合并完善关于企业社会责任的狭义软法规定，以使其能够更有效地发挥软法的作用：第一，完善《公司法》中关于企业社会责任的软法规定。在坚持目前要求企业履行社会责任的原则性规定的前提下，还应在总则中明确企业社会责任的内涵，同时对企业社会责任的外延作出大纲性、指引性的规定，其范围不可能达到周延，但是应尽可能整合现存部门法中有关对雇员、消费者、环境等方面的规定。第二，完善激励性的企业社会责任软法体系。引导和激励，是软法机制发挥效用的有效手段。在刺激企业社会责任落实方面，建立以税法为核心的激励性法律规范体系是非常有效的措施。我国现行税法已经对企业在进行公益、救济性捐赠时实行扣减所得税制度，但局限在于其激励作用的发挥被限定在了特定领域，再加上办理扣除的手续复杂，使得许多企业往往对这些规定不是很感兴趣。因此，我们应在扩大优惠范围、简化办理手续等方面加强对企业履行社会责任的引导和激励。

2. 建立行业性企业社会责任标准认证

对不同行业的企业，在履行社会责任方面会有不同的要求，而行业协会作为市场和国家之外的第三种治理结构，在促进企业社会责任履行方面有着其他力量不可替代的作用。比如，企业社会责任的推展就离不开相关行业性社会责任标准的认证活动。“一般而言，这类认证是在政府的指导和监督下，由行业协会出面建立独立的第三方认证和审核机构，从社会、经济、环境和可持续发展等各个方面，对企业履行社会责任的情况给予客观的评估和审核，并定期公布评估结果，使之成为权威的参考数据。”❶ 由于行业协会集中了同行业的大多数企业，其服务职能、协调职能和参政职能的发挥能够代表同行业的大多数企业的心声、维护大多数企业的利益，这同时也树立了行业协会在企业管理中的权威性，因此，行业协会建立的行业性企业社会责任标准认证在客观上就会形成一种行之有效的约束机制，从而可以促使企业更好地履行其社会责任。目前，“中国纺织工业协会已于 2005 年 6 月在全国范围内推出了第一个《CSC9000T 中国纺织企业社会责任管理体系》，标志着中国纺织工业协会在引导行业走新型工业化道路，规范纺织企业落实社会责任，以行业自律确立可持续发展模式方面迈出了重要的一步”。❷

3. 理性接受企业社会责任的国际标准

目前，在国际上适用的、可能对我国影响较大的企业社会责任国际标准是 SA8000 企业社会责任标准。“SA8000 是全球第一个可用于第三方认证的企业社会责任国际标准，是一个确保产品生产和服务符合社会道德的标准，是第一个可供审核的社会标准，有真正独立的过程，它既不是政府目标，也不受单一利益方或顾客的控制，是标准化在社会责任领域的重大突破。SA8000 意图用消费者、投资者、舆论的压力使企业努力改善职工的工作环境，以达到令人满意的对劳工权益的尊重。应该说这一国际标准在中国推行是有其积极意义的。它既可以改变中国工厂都是血汗工厂这一许多欧美人的偏见，又能促进企业担负起社会责任，这对劳动者的权益保护是有益的。但是企业社会责任的国际标准在认证中又存在着许多问题，其中，具有中国独特性的问题是，企业社会责任国际标准不同于质量标准，它与一国的社会、历史、文化有密切的关系，而目前的企业社会责任国际标准的制定者和认证组织都是国际机构，他们对我国的特殊性很难有足够的认

---

❶ 杜军燕：“论公司社会责任”，载《山东理工大学学报》2009 年第 1 期。

❷ 陈素玲：“行业协会在企业社会责任履行中的作用”，载《企业经济》2008 年第 6 期。

识，最终会使企业社会责任国际标准认证形式化。”[1] 因此，笔者认为，我国应在结合自身实际情况的基础上，理性地选择性接受企业社会责任的国际标准，而不能盲目地、不经选择地照单全收，否则，这对于我们国家的企业来说是不合理的，也是不科学的。

四、结语

综上所述，企业社会责任理论是对传统企业理论的挑战，它从产生之日起就引起很大的争议，即使是在企业社会责任的倡导者眼中，对于企业社会责任的内涵和外延等很多问题也未能达成共识。但这些都不能阻碍企业社会责任在全世界范围内的迅速推广和实施。面对企业损害利益相关者权益行为的日益泛滥，人们要求企业承担社会责任的呼声越来越强烈，可以预见，不久的将来，企业社会责任理论必将深入人心，进而形成全社会的普遍认同，企业履行社会责任已经成为不可阻挡的理论上和实践上的潮流。

在国内外关于企业社会责任的理论和实践探索中，人们普遍认识到法律是一项不可或缺的重要力量，并围绕企业社会责任的法律实现机制问题进行了深入的研究。通过对学者们提出的各种关于企业社会责任法律实现机制观点的比较分析和借鉴，笔者认为，在运用法律手段对企业社会责任进行规制时，相比硬法在适用范围上的局限性，软法具有独特的优势，其不但能在规制底线型企业社会责任方面作为硬法的有益补充，而且更在规范鼓励型企业社会责任方面有着相当强的实际效力。软法虽不以国家强制力来对企业行为形成外在威慑，却以社会的价值、期望等为号召力，通过“自律”和“他律”两种途径规范企业社会责任，从而对企业的行为产生制约和影响。因此，我们应重视软法机制在规范企业社会责任方面的运用，并结合我国的实际情况，整合出一套合适而有效的企业社会责任软法实现机制，从而使企业社会责任在我国的现实经济生活中更好地得到落实。

---

[1] 楼俊：《公司社会责任法律问题研究》，西南政法大学 2006 年硕士学位论文。

关于责任保险与侵权责任关系的思考

——基于对《责任的世纪》的评述

霍鹏宇*

摘　要　在因侵权遭受损害时，追究侵害人的侵权责任对于权益受损的人来说是非常重要的一种救济手段。这一点，不管是在大陆法系抑或英美法系均是如此。然而，随着19世纪责任保险在法国的兴起，由于责任保险在解决纠纷和对当事人提供救济方面的高效性，其应用范围也越来越广泛，这对传统的侵权责任的理论和实践都产生了极大的冲击。而关于如何看待这两种制度的功能，如何处理这两者之间的关系，学者们也是莫衷一是，并未形成统一的观点。为此，肯尼斯·S. 亚伯拉罕在其《责任的世纪》一书中详细论述了侵权责任与责任保险之间的关系并提出其独特看法。本文旨在对《责任的世纪》的有关内容进行评述，希望在此基础上能对以上问题的解决提供有益参考。

关键词　侵权责任　责任保险　协调发展

根据学者的考证，责任保险于19世纪初期创始于法国，发展至今已有100多年的历史。❶ 近些年来，随着责任保险的迅速发展，其适用范围也越来越广泛。由于责任保险在解决纠纷和为利益受损一方提供救济补偿方面具有快捷、高效的优点，因而在很多领域都得到了广泛应用，某些情况下甚至取代了侵权责任而成为更为常用的一种救济手段。因此，有学者就认为责任保险制度的存在对侵权责任造成了极大影响，并在一定程度上冲击了侵权责任的一些传统功能。甚至从20世纪70年代起，侵权法的危机更成为各国学者所共同关注的话

---

* 霍鹏宇，中央财经大学法学院2010级民商法学硕士研究生。

❶ 王绪良："对责任保险与侵权责任关系的思考"，载《北方经贸》2011年第1期。

题。关于这一危机，顿克教授有言："侵权法正处在危机的状态，它也许已经达到了自己的顶峰，它一旦占据了前所未有的地位便受到种种制度的包围和浸染，这些制度从根本上改变着它的传统作用，给它的功能和范围都打上了问号，侵权行为法诞生于没有社会保障制度和保险制度的时代，而现在它却受到了这些损失分配制度崛起的威胁。"❶

而与之相反，有学者（如《责任的世纪》的作者肯尼斯·S. 亚伯拉罕）则认为责任保险的产生、发展并不会对侵权责任造成威胁，或是导致侵权责任的消亡。从二者的发展历史来看，侵权责任催生了责任保险制度，责任保险的发展又不断地推进了侵权责任的演进。❷二者在部分功能上或有重叠，但从整体上而言，二者更多的可以起到相互补充的作用。本文在评述《责任的世纪》一书的基础上，对责任保险与侵权法的关系，责任保险对传统侵权法的冲击及责任保险自身的局限性等方面进行了较为详细的分析和探讨，希望能对正确处理责任保险与侵权立法两者之间的关系提供有益借鉴。

一、责任保险制度概述

所谓责任保险，是指以被保险人对第三者依法应负的赔偿责任为保险标的的保险。责任保险所承保的法定赔偿责任一般只是民事责任，不包括刑事责任与行政责任。❸ 责任保险的兴起，是随着工业社会的发展，各种类型的意外事故频繁发生，传统的侵权责任中的过错责任已经不能很好地保护受害人利益，这便导致侵权责任发生了历史性的转向，由过错责任原则逐步向无过错责任原则进行转变。❹ 不可否认的是，确立无过错责任的归责原则可以最大限度地保护受害人方面的利益，但是与此同时这也加重了侵害人所要承担的责任，甚至在具体的案例中这种无过错的归责原则可能会造成一定程度的不公平。

---

❶ AndréTunc，ibid.，p. 6，转引自王卫国：《过错责任原则—第三次勃兴》，中国法制出版社 2000 年版，第 231 页。

❷ 王绪良："对责任保险与侵权责任关系的思考"，载《北方经贸》2011 年第 1 期。

❸ 陈飞："责任保险与侵权法立法"，载《法学论坛》2009 年第 1 期。

❹ 王绪良："对责任保险与侵权责任关系的思考"，载《北方经贸》2011 年第 1 期。

在这种情况下，责任保险制度应运而生。责任保险如同一般的商业保险一样，其本质上也是一种风险转移制度。在投保责任保险之后，一方面侵害人本来因其侵权行为（不管有意或是无意）所可能承受的损害赔偿风险就可以得到有效的分担，而另一方面受害人也可以得到及时、充足的经济补偿，这就使侵害人、受害人二者的利益达到了一个双方均可获益的平衡。因此，责任保险在现代社会中得到了越来越广泛的运用。

责任保险从性质上来讲，属于财产保险的一种，这在我国《保险法》中也得到了体现。责任保险的特征一般包括以下几点。

1. 责任保险的标的具有特殊性

责任保险的标的是被保险人对于第三人依法应负的损害赔偿责任。首先，责任保险承保的是法律责任，道德风险（即损害由被保险人故意造成）不在保险人的责任范围之内。其次责任保险的标的除民法规定的无过错责任外，限于侵权行为法所规范的被保险人对第三人的损害赔偿责任。[1] 最后，责任保险的标的仅限于民事责任，其他类型的法律责任不在责任保险的承保范围之内。

2. 责任保险的第三人性

在一般的财产与人身保险中，保险人补偿的对象是被保险人或受益人，在这一关系中并不涉及第三人。而责任保险却不同，在责任保险中，只有当第三方的利益损失依法应由被保险人负责赔偿时，才会产生被保险人的损失。因此，责任保险实际上是对被保险人之外的第三方即受害人的赔偿。第三人对被保险人的赔偿请求是责任保险合同得以成立和存在的基础，若没有第三人的存在，被保险人的损害赔偿责任无从发生，当无责任保险的适用。[2]

3. 责任保险多有限额之约定[3]

也就是说在责任保险中，保险人通常会与被保险人约定保险赔偿的范围和最高限额。

---

[1] 王卫耻：《实用保险法》，文笙书局1981年版，第322页。

[2] 吴荣清：《财产保险概要》，三民书局1992年版，第225页。

[3] 陈飞："责任保险与侵权法立法"，载《法学论坛》2009年第1期。

二、责任保险与侵权责任之关系

关于责任保险与侵权责任的关系，学者间的争论较多。如上文提到，主流的争议在于有的学者认为责任保险的产生与发展对传统侵权法及侵权责任造成了极大冲击，甚至可以说使侵权法产生了危机；而有的学者就认为责任保险并不是冲击了侵权法，而是一种相互补充和相互促进的关系。当然，还有一些学者认为，保险对侵权责任几乎没有影响，如美国著名的侵权法学者威廉·L. 普若瑟就曾指出，保险不仅对侵权责任的发展几乎没有影响，而且很明显对于无责任规则的废止也没有影响。普若瑟以一个“公平的观察者”的口吻指出，保险的影响对于侵权法来说是很小的，并且这种被告的责任可以从赔付的少量保险金中得以减轻的制度，在侵权的决策中很少得到人们的关注和认可。[1] 关于这些争议，本文将从历史的角度去考察责任保险的发展历程及其对侵权法所产生的影响，从而明确定位两者之间的关系。限于篇幅，本文将主要对美国的责任保险制度的发展历程进行探讨。

（一）责任保险与侵权责任的发展——以美国个人责任保险制度为切入点

在一个世纪以前，意外造成的人身伤害以过失为追究责任的基础。当然也存在少量的一些严格责任，如劳工补偿，就是一个典型的严格责任制度。但是过失标准是侵权制度的指导原则。[2] 并且，这种以过失为指导原则的状况，并没有随着近些年来侵权法的改变而改变，过失仍然是侵权所造成的意外人身伤害和财产损失的基础。[3]

但是，随着责任保险制度，尤其是个人责任保险的发展，美国的侵权责任也逐渐发生了改变。当然，在两者发展的先后的顺序上，根

---

[1] W. Page Keeton et al.，*Prosser and Keeton on Torts* 589（*St. Paul*，*Minn.*，*5th ed*. 1984）.

[2] Kenneth S. Abraham. *The Liability Century*：*Insurance and Tort Law from the Progressive Era to* 9/11，*p*. 171.

[3] Kenneth S. Abraham. *The Liability Century*：*Insurance and Tort Law from the Progressive Era to* 9/11，*p*. 171.

据肯尼斯的观点，是先有侵权责任的产生，随后才产生了针对这些责任的保险。[1] 但是，在新的侵权责任产生之后，并不一定必须有特定的保险与之相对应。在美国，商业领域出现了综合商业保险(CGL)，它是将不同风险责任整合到一起的一种综合保险，它能够自动地把新类型的侵权责任包含其中。举例来说，当司法第一次将严格责任赋予爆炸造成的损害时，综合商业保险就可以涵盖这种责任，尽管在签发保单的时候并没有说明这种新型的责任。这样就不用不断地修改保单以适应法律的改变。同样的，这也适用于责任保险。可以使责任保险的语言自动地包含新类型的侵权责任。只有当保险人想要去避免某种新型的责任时，才去对保单进行相应的修改。这样，责任保险就可以涵盖不断扩张的侵权责任。[2] 并且，一旦个人责任保险开始适用，就会对侵权法中的无责任规则的瓦解产生推动力。[3] 因为人们可以利用责任保险去应对新的侵权责任，通过保险的途径去解决争端。具体来说，肯尼斯从四个方面对这一问题进行了探讨。包括土地所有人的责任，儿童的特别注意标准，家庭内部和慈善组织的免责以及纯粹的精神痛苦的责任等方面。在前三个领域中，由于大多数普通民众没有责任保险，所以旧的无责任规则一直存续，并阻碍着保险的发展。但是一旦保险可以适用并得到广泛传播，这些规则就会很快改变或废止。最后一个领域较为复杂一些，保险的影响并不那么显著。

1. 场所责任

在私人场所，当土地的所有人肆意的或是有意的忽视侵入者的安全时，侵入者有权请求土地的所有人赔偿他的损失，并且土地所有人不能故意伤害侵入者，或者为其设下隐蔽的陷阱。[4] 而在商业领域，

---

[1] Kenneth S. Abraham. *The Liability Century: Insurance and Tort Law from the Progressive Era to 9/11*, *p*. 173.

[2] Kenneth S. Abraham. *The Liability Century: Insurance and Tort Law from the Progressive Era to 9/11*, *p*. 178.

[3] Kenneth S. Abraham. *The Liability Century: Insurance and Tort Law from the Progressive Era to 9/11*, *p*. 173.

[4] Kenneth S. Abraham. *The Liability Century: Insurance and Tort Law from the Progressive Era to 9/11*, *p*. 182.

由于商业经常场所的开放性和人流量大的特点，以前区分受邀者和社会访客而为经营者设定不同责任的做法于理不合。并且随着责任保险的发展，立法上对于商业场所责任的态度也发生了改变。无论是受邀者还是其他社会访客，如果在商业场所受到伤害，责任保险就可以负责赔偿。由于这种机制的存在，场所责任的范围就得到了扩大，侵权法可以给予受邀者和其他社会访客同等的保护。

2. 儿童的注意标准

一般而言，一个儿童被告只需要尽与其年龄、智力和经验水平相应的注意义务即可。这在实践中会产生一些问题。在儿童侵权的情况下，如何确定该年龄段儿童应有的注意义务，以及符合判断侵权儿童是否尽到了其应尽的注意义务是非常难的。这对于受害者的权益的保护来说殊为不利。而责任保险的存在则改善了这一状况。由于有责任保险的赔付，法院就可以为儿童及其家长确定一个合理的责任范围。

3. 免责的逐渐取消

这主要体现在两个方面，一个是家庭内部责任，一个是慈善团体的责任。首先在家庭内部，以往家庭内部成员如夫妻之间的矛盾是免于追究责任的，因为这会破坏家庭生活的平静。但是，当家庭内部责任险出现时，情况就发生了改变。这种责任险的出现意味着家庭内部的责任将不再只是资金在家庭内部的转移。是否有责任的存在意义将会不同，因为家庭内部险的保险人将会承担判决的责任。[1] 当然，考虑到家庭内部成员可能串通起来恶意骗保，保险人有时候也会反对取消这种免责。

另外就是慈善机构免责的取消。最初慈善机构是免于归责的，因为需要保留其财产以用于慈善的目的。但是随着慈善机构逐渐发展为大型企业，如红十字会和曾经的哈佛大学，这种免责就失去了意义。随着慈善机构购买责任保险能力的不断增强，无论是在司法裁决中还

---

[1] Kenneth S. Abraham. *The Liability Century*: *Insurance and Tort Law from the Progressive Era to 9/11*, *p*. 186.

是在立法上，这种免责都逐渐消失。很显然，责任保险的实践与侵权的免责范围密切相关。[1]

4. 过失导致精神痛苦的责任

长久以来，侵权法就很关注由于人身伤害所引起的精神痛苦损害，这些痛苦包括身体上的疼痛，因为近亲逝世带来的悲痛以及由于伤害而导致失去生活乐趣的痛苦等等。但是，对于精神痛苦的补偿却以是否有人身伤害为标准，并且在责任保险中，如果仅有精神上的痛苦而没有明显的人身伤害，那么就不能满足责任保险赔付的需要。而且对于保险人来说，在没有人身伤害的情况下，也很难仅仅根据精神痛苦去确定保险费。[2] 所以在实践中，通常只有一些高级保单才会将精神痛苦包含其中，而一般的保单则不会这样。

另外一个阻碍精神痛苦责任保险发展的原因就是这种责任保险容易引发不当诉讼。由于精神痛苦责任的不确定性和任意性，法院方面会顾虑这种责任如果不加限制，会促使更多的人采取不正当手段去主张赔偿。所以，在精神损害领域的责任保险的缓慢发展，也减缓了这一领域的侵权责任的扩张。[3]

从以上四个领域的例子，我们可以看出，在其他改变规则所必需的条件都具备的情况下，保险的存在确实影响了侵权法一些规则的修改或废止，但是如上文所述，至少在这些例子中，责任保险的产生是责任的必要条件，而非充分条件。也就是说，如果没有法定的侵权责任的存在，责任保险就没有用武之地，自然也就没有产生与发展的必要。当然，从以上的例子我们也可以看出，随着限制保险发展的法律或政策的改变，将侵权责任强加于个人的时代已经成为过去，责任保险人开始承担越来越多的责任。

---

[1] Kenneth S. Abraham. *The Liability Century*: *Insurance and Tort Law from the Progressive Era to 9/11*, *p*. 189.

[2] 参见 *e.g.*, Philadelphia Contributorship Ins. Co. v. Shapiro, 798 A. 2d 781 (Pa. 2002). 转引自 Kenneth S. Abraham. *The Liability Century*: *Insurance and Tort Law from the Progressive Era to 9/11*, *p*. 189.

[3] Kenneth S. Abraham. *The Liability Century*: *Insurance and Tort Law from the Progressive Era to 9/11*, *p*. 193.

(二) 怎样认识责任保险与侵权立法之间的关系

1. 责任保险克服了侵权责任制度的一些不足

格拉威尔·威廉斯曾经总结说：侵权行为法唯一站得住脚的目标就是补偿。[1] 然而，侵权行为法却没有实现这一目标。过失制度最有争论的地方是，它区别对待不同事故的受害者，却不是根据他们是否应获得补偿，而是根据被告可受谴责的程度：原告的胜诉依赖于他能够将他所受伤害归责于特定的人，证明他有过错。所以，只有能够把伤害归因于某人的错误行为时，过失才有价值。[2] 所以，这种侵权制度意味着高昂的成本。有研究表明，在英国，支付受害人 1 美元的纯利益时就将花费 85 美分。美国的研究表明了更高的运作成本，在汽车事故中为 1.07 美元，[3] 而在产品责任中为 1.25 美元。[4] 并且即使在那些有幸获得赔偿的人中，各种类型补偿的总数与伤害的严重程度之间的关系也是反复无常的。[5] 在现有的侵权体系下，那些受到严重伤害的受害者所得到的补偿少于他们的损失，而那些仅仅遭受了一点损害的人却有可能得到超过他们的损失的回报。[6]

而与之相比，保险的优势在于它不仅可以转移风险，还可以促进风险的分散。保险机制的原理在于保险人接受大量风险的转移，并通过平均法降低了整体的风险。对于保险人来说，整体的风险要远远小于各部分风险的简单加总。这样保险人作为一种载体就分散了保单持有人的损失风险。并且，责任保险的产生与发展，可以在很多方面改

---

[1] Williams, The Aims of the Law of Tort, 4 CURRENT LEGAL PROBS. 137 (1951).

[2] 参见［美］约翰·G. 弗莱米："关于侵权行为法发展的思考：侵权行为法还有未来吗?"，载吴汉东：《私法研究》（第三卷），中国政法大学出版社 2003 年版。

[3] 1 PEARSON COMM'N, supra note 1, P261.

[4] J. VOLPE, *MOTOR VEHICLE CRASH LOSSES AND THEIR COMPENSATION IN THE UNITED STATES* 47—52 (U. S. Dep't of Transp. 1971).

[5] Conard, *The Economic Treatment of Automobile Injuries*, 63 MICH. L. REV. 279, 291 (1964); U. S. DEP'T OF TRANSP., *ECONOMIC CONSEQUENCES OF AUTOMOBILE INJURIES* (1970).

[6] Kenneth S. Abraham. *The Liability Century*: *Insurance and Tort Law from the Progressive Era to 9/11*, *p.* 9.

善侵权受害人获得赔付的效率和成果。

首先，在解决受害人的赔偿范围上，侵权责任的扩张使得潜在的被告会去购买保险，从而使他们免于承担这种扩张的责任。而且至少在一定程度上，责任保险的增加使得诉讼的解决与回报也相应增加了。[1]

其次，保险在侵权诉讼的原告与被告之间可以起到一种中间人的作用，它的这种作用体现在：一方面它会对法律改变的可能性产生影响。因为很多没有保险的人，将无法预测和调整自己的行为以适应潜在的法律改变。而对于有保险的人来说，这种法律改变的影响较为和缓一些，因为其可以通过保单持有人来分散风险。法律虽然相对静态，但是责任保险的发展促进了侵权诉讼的成功率以及补偿范围的扩大。[2] 另一方面，由于保险人的存在，被告与原告之间的联系变得更弱。因为原告将直接与保险人的赔偿打交道。从这方面来说，也可以提高原告获得赔付的效率以及可获得的赔付额。

最后，侵权法的一个很重要的作用就是威慑不法行为，然而作为威慑不安全行为的机制，侵权责任的实际功效虽然不太确定，但确实不理想。[3] 并且在大规模侵权中也较少考虑威慑作用，因为在大规模侵权案例中，关于补偿的考虑占据主导地位，也更能引起人们的共鸣。此外，一些法律心理学家还认为，作为侵权责任的重要理论支撑，受害人可以通过对方的“付出”而获得心理上的安慰，可是侵权行为法在实际运作中出现的种种拖延、骚扰可能又会给受害人带来精神上的痛苦与焦虑，相比之下，部分受害人实际得到的满足就显得微

---

[1] Kenneth S. Abraham. *The Liability Century*: *Insurance and Tort Law from the Progressive Era to 9/11*, *p*. 222.

[2] Kenneth S. Abraham. *The Liability Century*: *Insurance and Tort Law from the Progressive Era to 9/11*, *p*. 226.

[3] Don DeWees, David Duff, and Michael J. Trebilcock, Exploring the Domain of Accident Law: Taking the Facts Seriously (New York, 1996), 转引自 Kenneth S. Abraham. *The Liability Century*: *Insurance and Tort Law from the Progressive Era to 9/11*, *p*. 9.

乎其微了。[1] 基于这种考虑，如何最大程度的补偿受害人所遭受的损失将是一个更为现实的问题。由于保险理赔相对于诉讼来说更为简单，所以在解决争端和提供赔偿方面，责任保险显然是更为有效率的一个选择。

当然，很多人认为责任保险的发展会引发一系列的道德风险，但是保险实际上并没有免除侵权人的责任，而只是增加了赔偿的途径。并且，如果保险能够帮助受害的一方获得补偿，那么一定程度的道德风险也是可以忍受的。所以我们更应该把保险当作一种经济计划和稳定的机制而非规避普通法责任。[2]

2. 责任保险的不足——以美国环境责任保险为例

尽管责任保险制度在很多方面可以解决和应对新的侵权责任，但是它并非完美的制度，也不具有普适性。在有些时候，保险人并不一定愿意针对新型责任提供保险。以美国环境责任保险为例，1980 年，美国通过了《环境综合治理、赔偿和责任法》规定责任人应承担清理危害废弃物的费用，并且美国许多州都制定了类似的法律。这一法律还设立了一项信托基金，即所谓的“Super Fund”，由该基金支付责任人尚未偿还的清理费用。然而在运行了几年之后，这一制度出现了两个问题：一是国家的清理成本远比最初预计的要高；二是大多数成本也花费在诉讼上，而不是清理本身。这使得《环境综合治理、赔偿和责任法》及其“Super Fund”的效果大打折扣。为了解决这一问题，后来尝试引进责任保险制度，由保险人来承保有害废弃物所造成的环境污染责任。但是在实践中，责任保险制度未能良好运行。原因在于，在环境污染责任领域，受害者寻求救济往往是在侵权行为发生的数十年后，因为这些伤害很可能在数十年后才会变得明显，即所谓的“长尾效应”。这使得这些长期潜伏的伤害责任难以投保，因为很

---

[1] 参见［美］约翰·G. 弗莱米：“关于侵权行为法发展的思考：侵权行为法还有未来吗?”，载吴汉东：《私法研究》（第三卷），中国政法大学出版社 2003 年版。

[2] Kenneth S. Abraham. *The Liability Century*: *Insurance and Tort Law from the Progressive Era to* 9/11, *p*. 31.

难预测它们是否会出现。[1]并且通常来说，长尾效应下的赔偿请求一般要求保险人承保至少10年以前的损害，这使得保险人缺乏赔付的动力。当事人可能会基于一份旧的综合商业保单而提出长尾性的索赔请求，但是旧的保单已经不再能代表现时的当事人之间的关系。所以针对应如何对保单进行解释，当事人之间就有可能为了数百万美元而争斗不休。[2] 例如保单持有人会提出证据证明其索赔请求，而保险人则会去证明保单持有人故意造成了损害。此外，随着《环境综合治理、赔偿和责任法》中有溯及力的、严格的综合责任的增加，以及关于保单的扩张性司法解释，使得保险人只愿意提供有限的保险责任。随后整个保险业更是彻底排除了污染保险，这使得污染责任保险已经名存实亡。由此可见，当产生新的民事责任时，责任保险经常但不总是随之产生，也并不一定总能涵盖和赔偿新型责任导致的损害。

此外，在某些情况下，在预防损失方面，保险也不如侵权责任那么有效。例如在传统的民事权利、隐私及其他人格利益的保护方面，由于这些利益很难用金钱去衡量，所以与保险相比，侵权责任更能防止这些利益的受损。[3] 一般来说，保险制度预防损失主要通过设置不同的保险费率，从而将资源配置到更安全的活动中去。对保险而言，为了在预防损失方面发挥更大作用，设定更高的免赔额是一个更为有效和简单的方式。这可以避免道德风险，并促使保单持有人尽量避免损失。但是，现实生活中由于受到各种因素的制约，这一机制的应用并不普遍，所以仅仅依靠保险去预防损失是远远不够的。

3. 侵权责任与责任保险的协调发展

侵权责任和责任保险均可以为遭受侵害而利益受损的一方当事人提供救济，这就涉及如何对侵权法和其他补偿方案的实际效果进行评判。关于这一点，学者们设定了如下一些标准：(1) 在社会上预防不合理的行为；(2) 保持事故给社会造成的浪费最小化，有效地配置资

---

[1] Kenneth S. Abraham. *The Liability Century*: *Insurance and Tort Law from the Progressive Era to* 9/11, *p*. 139.

[2] 参见 Kenneth S. Abraham. *The Liability Century*: *Insurance and Tort Law from the Progressive Era to* 9/11, *p*. 167.

[3] 参见 Cf. Pedrick, Does Tort Law Have a Future, 39 OHIO ST. L. J. 782 (1978).

源；（3）补偿那些应该得到帮助的受害人，广泛地分散损失，使个人所遭受的灾祸损害降低到最小限度；（4）交易成本最小化；（5）公平地分配补偿费用。[1] 如果依照这一标准进行评判，我们可以看到无论是侵权责任还是责任保险，这两种制度本身都无法完美地实现这些目标。并且，从宏观的角度来讲，侵权责任与保险还只是更广泛意义上的社会补偿制度的一部分，所以在实际运行上，将多项制度综合起来将会比单独的一项制度发挥更大的作用。从这一点来说，我们在补偿救济制度的设计上，就应当将侵权责任和责任保险两项制度综合加以应用。

并且，从自身性质上来讲，侵权责任与责任保险也绝非完全对立。事实上，近些年来侵权责任和责任保险这两种制度更是彼此融合，并且在很多功能上渐渐有重叠的趋势。侵权法可以发挥分散风险的功能，而这同时也是保险的核心目的。相应的，尽管程度相对低一些，保险也可以发挥侵权的威慑作用，通过创造一些基于保单持有人的激励措施来防止损失发生。[2] 但是我们应当看到，近几十年来的实践表明用侵权责任去促进损失的分摊，或者利用保险去预防损失发生，还远不到成功的地步。侵权责任还不是能让人完全满意的损失分摊机制，保险也不可能足够有效地预防损失。所以最可行的办法就是让侵权和保险相互补充，相互促进，同时发挥作用。因为目前侵权法所追求的一些目标可以通过保险去实现，而侵权责任的一些功能保险也可以作为最好的补充方式。所以，在具体做法上，我们可以削减侵权责任，并将一些分摊损失的功能转移给保险，这可能会在一定程度上降低侵权责任的威慑效果，但是我们可以让保险人全权代位保单持有人，这样个人就不必提起侵权诉讼，而且通过将权利转移给保险人，他们还可以得到更多的保险利益。这样一种方式可以使侵权诉讼

---

[1] 参见［美］约翰·G. 弗莱米："关于侵权行为法发展的思考：侵权行为法还有未来吗?"，载吴汉东：《私法研究》（第三卷），中国政法大学出版社 2003 年版。

[2] Kenneth S. Abraham. *The Liability Century: Insurance and Tort Law from the Progressive Era to 9/11*, *p*. 221.

更为合理化，同时还能维持侵权责任的威慑效果。[1] 总的来说，我们应当把侵权责任和责任保险两项制度整合起来，把它们用到各自能够发挥最大效用的地方，并且是能够有效发挥作用的地方。这样，才能更好地发挥侵权责任与责任保险的功能，从而在减轻责任人负担的同时，高效、充分地对受损害一方提供补偿、救济。

三、结论

综上所述，保险与侵权责任这二者的关系，就如同“双星系统”中的两个太阳一样，在整个法律体系中相互依赖。[2] 责任保险与侵权责任之间主要是一种相互促进，相互作用的关系，侵权责任是责任保险存在的基础，而责任保险的发展也推进了侵权责任的演进，尽管责任保险与侵权责任之间有时候也会存在一些冲突，但是这些冲突并不会影响两者之间的这种共存、和谐的关系。[3] 无论是侵权还是保险，都不能仅凭其一项制度而满足人们对于责任补偿的所有需求，所以在侵权立法上，应当充分重视责任保险的作用。通过两种制度的互补共进，真正实现使受害人能得到合理补偿、警示侵权行为和维护公平正义的最终目的。

---

[1] 参见 Kenneth S. Abraham, “Twenty-First-Century Insurance and Loss Distri-bution in Tort Law,” in M. Stuart Madden (ed.), Exploring Tort Law 106－1 10 (New York, 2005); Charles Fried and David Rosenberg, Making Tort Law 91－92 (Cambridge, Mass., 2003); Robert Cooter and Steven D. Sugarman, “A Regulated Market in Unmatured Tort Claims: Tort Reform by Contract,” in Walter Olson (ed.), New Directions in Liability Law 174 (New York, 1988); Jeffrey O'Connell and Janet Beck, “Overcoming Legal Barriers to the Trans-fer of Third-Party Tort Claims as a Means of Financing First-Party No-Fault Insurance,” 58 Washington University Law Quarterly 55 (1979).

[2] Kenneth S. Abraham. *The Liability Century: Insurance and Tort Law from the Progressive Era to* 9/11, *p*. 1.

[3] 王绪良：“对责任保险与侵权责任关系的思考”，载《北方经贸》2011 年第 1 期。

违宪审查入宪的必要性分析

吴元中*

摘　要　宪法的最高法律效力，自然意味着控制一切法律的效力，从而与其他法律之间是一种控制关系。而有效的控制是不依赖于行为者自身的外在控制，宪法的最高法律效力也表明它的法律属性，从而同法律控制一样建立司法性机制便是宪法效力的当然要求。但长期的行宪机制却与之相左，把宪法对法律的控制权赋给立法者自己，致使其从不履行职责，也注定履行不好职责。这种机制既然阻碍而不是有助于宪法效力的发挥，就没理由不以合理的机制取代它。

关键词　宪法　法律　控制关系　违宪审查

一、问题的缘起

宪法是国家的根本大法，具有最高的法律效力。现行宪法不仅从序言里进行了明确宣示，而且第5条关于“一切法律、行政法规和地方法规都不得同宪法相抵触”的规定，同样宣布了它的最高法律效力。宪法具有最高效力，也就表明其他任何法律规范的效力都低于它，都要服从它。宪法的最高效力就使其控制住其他所有法律规范的效力，不能使任何法律与之相冲突。最高法律效力就体现在对其他所有法律的控制上，必须使任何与之违背的法律都归于无效。但由于宪法自身不能付诸实施而必须由人来实施的缘故，而人又会因为各种原因不忠实地实施宪法，所以只有建立起合理的实施机制才能保证宪法的实施，最终保证宪法的最高效力。否则，就如同“没有救济就没有权利”、“一种无法诉诸法律保护的权利，实际上根本就不是什么法律

* 吴元中，山东省济南市市中区人民法院审判员。

权利”[1] 一样，如果确立了宪法的最高权威却没有保证手段，宪法的权威自然就是空的，其最高效力就只能停留在纸面上，不可能成为真实的。

也正因为一直没有建立起这种保证宪法最高效力的控制机制，才使宪法长期得不到有效实施，以至于上至全国人大的诸如选举法、游行示威法等宪法性法律，下至国务院的收容教养条例、公安部的户口条例、劳动教养条例等，更不用说那些数也数不清的地方法规和红头文件，与宪法相背离者比比皆是，却从未发生过有哪部法律或规范性文件由于违宪的原因被撤销或相关条款被宣告无效的情形。这就难免使宪法的最高效力不能真实地体现。宪法虽然制定出来，并早已宣告生效，但在林林总总的违宪的法律规范面前一直无声无息，就好像根本不存在一样，致使它成为一部谁也不当回事的“闲法”。[2] 这使得宪法不仅根本没有神圣性可言，也不免辜负了使命并背离了人民制定它的初衷。毕竟，宪法不是人民制定出来做装饰的，而是要其发挥真实作用的。赋予其最高法律效力，就是让其发挥最高效力的功能。

为了摆脱这种虽然有宪法却不起实质性作用的尴尬，早就有声音主张按照宪法原理和宪政国家的普遍经验，尽快建立起宪政审查制度，以发挥宪法真正控制所有法律规范的最高法律效力功能。但令人不可思议的是，“主流”观点[3]置基本的宪法实施道理不顾，竟匪夷所思地把不受宪法实际控制、任由法律自行其是的放任状态说成是一种特色的宪法实施方式，并认为“我国宪法适用只能主要走最高国家权力机关立法适用和监督适用的路径；‘司法化’的宪法适用路径背离现行宪法，没有前途”。[4] 显然，这种观点或者是根本不懂何谓宪

---

[1] 程燎原、王人博：《赢得神圣——权利及其救济通论》，山东人民出版社 1993 年版，第 349 页。

[2] 林来梵语，原文为“认为宪法本来就是‘闲法’”，参见其“宪法不能全然没牙”，载《法学》2005 年第 6 期。

[3] 此乃童之伟教授之语，参见童之伟：“宪法适用如何走出‘司法化’的歧路”，载《政治与法律》2009 年第 1 期。此处不知道童教授是如何作出判断的。当然，从对现行制度的迎合并把官方声音作为主流与否标准的话，此种观点确实可以称得上主流。但从宪政志士的心声和世界潮流与“历史方向”角度看，称其主流则肯定有误。

[4] 童之伟：“宪法适用如何走出‘司法化’的歧路”，载《政治与法律》2009 年第 1 期。

法实施，或者是出于为现实辩护的原因有意把进行宪法实施与拒绝实施的两种不同状态相混淆。无论如何，这都会妨害宪法的实施，使宪法控制法律的功能虚化，致使宪法不成其为法。但若这是宪法自身所致的话，那无疑属于个别条款违背了宪法的基本原理与精神，宪法绝不能因为个别条款的错误而使自己整个毁灭，只能为此清理个别条款。而要知道个别条款是否不妥以及应否进行相应清除或修改，以及怎样才能使宪法真正发挥效力，就得明白宪法发挥效力的道理。

二、宪法的效力要求

根据基本的逻辑，宪法的最高法律效力必然体现在宪法与其他所有法律规范的效力竞争和比较中，宪法具有最高法律效力也就说明它胜过其他一切法律规范，绝对支配和控制着他们的效力。从而，其他法律规范合宪的话，宪法就赋予其效力；反之，宪法则不认可它，就使之无效。这是法律效力等级原理的必然表现和根本要求，宪法具有最高效力就必须使其控制其他法律规范的效力。因此，宪法与其他法律规范间根本就是一种控制关系，宪法效力的根本作用就表现在对其他法律规范的控制上，宪法效力的最高性就表现在它绝对控制着一切法律规范，任何与之冲突的法律都绝对不能有效。没有这种功能，其他法律规范就难免自行其是，宪法的最高效力也就成为虚化，所以控制功能是宪法的必须功能。

也正是出于对人们行为进行控制的原因，才产生了法律，从而法律根本上就是“一种高度专门化的社会控制手段”，❶ 法律的基本功能就是控制。同样是出于控制法律的原因，由于人民害怕他们的代表会制定出暴虐的法律，人们才用宪法来控制他们，并衡量其制定的法律良善与否。所以“在这个意义上，宪法是‘法律的法律’，是衡量所有其他法律的法律标准”。❷ 宪法的使命就是为了保障人们的基本

❶ ［美］罗斯科·庞德：《法理学》（第一卷），余履雪译，法律出版社 2007 年版，第 20 页。

❷ 张千帆：《宪法学导论——原理与应用》（第二版），法律出版社 2008 年版，第 11 页。

权利而对代表们的权力——制定法律的控制，以至于“纠正议会立法的错误构成了宪法的独特任务”。[1] 没有宪法的控制，法律就难免由于自行其是的原因成为暴虐的，那就不仅不是人民的福音，反而成为祸害。

然而，法律控制与道德约束是不同的。这主要表现为法律是一种外在控制机制，是一种他律，而不是道德那样的自律。由于“毫无疑问，宪法也是法”，[2] 宪法的最高法律性质也表明了其法律属性，而不是一种政治宣言或权力道德，因而宪法控制也就与法律控制同理，同样是一种外在控制机制，而不是让权力行使者进行自我约束和自我控制。而法律所要求的外在控制的关键，就是必须存在外在于行为者的其他主体，是由这种行为者之外的另外主体对行为者所实施的控制。法律与他律的有效性和可靠性，就在于依靠的是外在的现实力量，而不是以行为者自己意愿为转移。从而不管行为者的主观意志如何，都不会影响外在机制的实施。法律的强制性，正是体现在它不论行为者愿意不愿意、自觉还是不自觉，都不会阻挡法律的实施。法律的强制性，就体现在与行为者意志的无关性。从而使法律实现的关键不是依赖于行为者，而是依赖于他者。所以，法律所要求的外在控制机制，必然是由他者所进行的控制。

由此一来，为把行为者控制在法律许可的范围内，设立独立于行为者的监督者或执法者，由其根据法律规定来禁止、制止和制裁违法行为，便是法律控制的必然表现和根本要求。由此也可以看出，法律控制的对象是违法行为而不是合法行为，法律控制本质上是针对违法行为而言的。正是由于只有违法行为才会破坏法律目的，“所以法律实施性质上是对非法行为的实施”，[3] 法律控制的实质是对违法行为的控制。同样，正是为了防范暴虐的法律和违宪的立法活动，才需要宪法对法律的控制。宪法控制的对象也因而是违宪之法，而

---

[1] 张千帆：《宪法学导论——原理与应用》（第二版），法律出版社 2008 年版，第 11 页。

[2] 胡锦光：“违宪审查与相关概念辨析”，载《法学杂志》2006 年第 4 期。

[3] 吴元中：“宪法实施之理”，载《天津行政学院学报》2012 年第 4 期。

不是合宪的法律。既然是为防止法律的违宪性而进行的控制，就不能让嫌疑人自我控制，理性的措施必须是由他者所进行的外在控制。

因此，由独立于立法机关的其他主体，严格依照宪法来衡量与判断立法机关制定的法律是否符合宪法，并使不合宪的法律归于无效，便是宪法控制的必然要求，也是维护宪法最高效力的根本措施。由于这种外在控制机制对法律的衡量与判断性质，必然是一种司法性机制，宪法对法律的有效控制必然体现为司法性控制，这就是众所周知的违宪审查制度。只有这种外在的违宪审查机制的建立，才能给立法机关以有效的外在约束，才会使法律合宪与否不再取决于立法者的任性，并最终实现宪法有效控制法律规范的功能。因而，“司法审查制度——无论是分散还是集中制——有助于防止宪法落入有名无实的骗局，并将宪法从‘名义’或‘门面’转变为真实的权利保障”。[1] 要实现宪法的最高法律效力，就离不开司法性的控制机制。

三、立法实施观的谬误

宪法的效力体现为不让违宪的其他法律规范生效，宪法控制因此是对其他法律规范的控制，宪法的法律性质又使得这种控制应当是一种外在控制，不能是立法机关的自我控制。而且作为立法者的权力机关应当是控制对象而不是监督者或控制者。主流观点违背基本的逻辑主张只能走宪法立法适用之路，无疑就是解除对立法权和法律的外在控制，也就难怪在这种体制下会造就非法之法、违宪之法，根本无法实现对法律的宪法控制。

本来，“任何人不应成为自己案件的法官”，[2] 是自然正义原则的基本要求，非此，法律就成为强权者的自说自话，根本没有公正性和预测性可言，也就丧失了法律的品质。由于立法实施观的实质是立法

---

[1] 张千帆：“司法审查与民主——矛盾中的共生体?”，载《环球法律评论》2009年第1期。

[2] 姜明安主编：《行政法与行政诉讼法》（第二版），法律出版社2006年版，第78页。

者自行根据宪法来控制自己的活动、自己判断自己活动的合宪性，这就使其既是当事人，又是裁判者，从而使得立法行为合宪与否完全成了立法者的自说自话，使其自己决定一切，因而根本上否定了宪法的法律性质，把宪法对立法者的控制变成了立法者的自律。可见，主张宪法立法实施的实质根本就不是对立法进行宪法控制，而是为其规避宪法控制的行为开脱。

毋庸置疑，在这种当事者自己做自己行为法官的体制下，任何法律只要颁布了，也就意味着同时宣告了它的合宪性，从而使得所有法律都会罩上一种合法（宪）性光环，对任何法律都不得存在违宪的怀疑，最终也就不再存在真实的宪法。否则，就会发生一种极为荒唐的现象：立法机关自己反对自己。由于横竖都是自己在说话，因此就会由于一会儿对、一会儿错，或者既对又错的原因而无法判断哪是对的，哪是错的，从而会造成一种对错不分的错乱。也正因为自己反对自己是非常荒唐的，才从来没发生过立法机关宣告它自己制定的法律违宪的事。

为解决把宪法控制法律的权力赋予被控制者自己的矛盾，只有两种办法：一是收回这种权力，按照宪法控制原理建立独立于立法者的外在控制机制；另一种办法就是任凭立法机关架空宪法，把其制定的任何法律都视为合宪的。因此，但凡不采取外在控制机制的体制，都必然会架空宪法，都必然以法律的实际效力来间接否定宪法的最高效力，从而使宪法沦为不能直接适用的“闲法”。因此，把对法律的宪法控制权赋给立法者自己，本质上就是对宪法的否定，必然会带来宪法不被尊重以及不能有效实施的恶果。所以立法实施观根本就是对通过法律来否定宪法的违宪行为助纣为虐，其本质绝不是一种特色的宪法适用或实施方式，而是一种否定宪法和拒绝宪法实施的把戏。

当然，如果立法者不是人而是天使的话，无需任何控制也能保证他们所制定法律的合宪性。而且果真那样的话，也就根本不需要宪法，“就不需要对政府有任何外来的或内在的控制了”。无可否认，人民设立了政府还要为其制定宪法进行控制，“用这种方法来控制政府的弊病，可能是对人性的一种耻辱。但是政府本身若不是对人性的最大耻辱，又是什么呢?”❶ 正是由于人不是天使的原因才需要设立政府来控制秩序，同样因为政府是由常人组成而不是天使的缘故，人民才需要为其制定宪法以防止其变质。由于立法机关也同样像其他政府部门一样不是天使而是由会犯错误的常人组成的，从而，“……正如美国宪法的制定者所认为的那样，立法机关仍然可能是愚蠢、专横、暴虐、唯利是图的，因此，限制性规则的约束仍旧是合适的”。❷

特别是在像我国这样其他一切机关都由立法机关产生并都向它负责的集权体制下，宪法就成了人民在源头外控制它的唯一办法。也越是在这种体制之下，宪法控制立法权力的任务就越重；反过来，立法权力若要保持其正当性而不至于成为独裁的，就越要把其行为限于宪法所许可的范围而不能率性而为。不然的话，不管什么权力，也不管掌握在谁手里，不受限制就必然导致专制。宪法既然作为人民控制政府和权力的工具，就绝不能造就专制，绝不允许任何权力不受限制。毕竟，“一个选举的专制政体并不是我们争取的政府”，❸ 人民不能因为立法机关的选举性质就赋予其专制权力，立法机关也没有任何理由不受宪法控制。宪法实施观根本就是要造就一个专制权力，必然背离人民制定宪法的目的。

四、现行宪法的问题

宪法之所以长期不能得到有效实施，还产生了如何实施的争议，以至于主流观点竟把宪法对法律的控制变成了宪法让法律自主。这样的逻辑混乱之所以能够发生，终究与现行宪法自身的不合理也是分不开的。宪法自身的一些模糊之处与不合理规定，也确实在一定程度上损害了自己，客观上产生了作茧自缚和难以实施的后果。

虽然说《宪法》第 126 条只规定，“人民法院依照法律规定独立

❶ ［美］汉密尔顿等:《联邦党人文集》，程逢如等译，商务印书馆 1980 年版，第 264 页。

❷ 里查德·S. 凯:《美国的宪政》，转引自［美］拉里·亚里山大等编著:《宪政的哲学基础》，付子堂等译，中国政法大学出版社 2007 年版，第 35 页。

❸ ［美］汉密尔顿等:《联邦党人文集》，程逢如等译，商务印书馆 1980 年版，第 254 页。

行使审判权”，没有提及宪法自身，但由于宪法当然是法律的不证自明道理，所以该条中的法律显然应当包括宪法，否则就会造成宪法不是法律的悖论，并使宪法自己把自己否定掉。因此，即便“现行宪法全文，都是在严格区分宪法与法律两个概念的基础上作出各项规定的”，❶ 即便该条中的法律是狭义上的，不包括宪法的话，那也如同自卖为奴的规定无效一样，宪法这种自己否定自己的规定也是无效的。所以主流观认为，对法院和检察院来说，“其中‘依照法律规定’六个字，实际上已经严格圈定了这两个国家机关的职权范围，具体来说就是有权适用法律，但无权适用宪法。要理解这一点，关键是要了解‘依照法律规定’六个字中，‘法律’二字是狭义的，不包括宪法在内”❷ 根本是不正确的。

毕竟，宪法的最高法律效力是对所有法律规范而言的一种绝对效力，应当不受限制地存在于任何有法律的地方。只要有法律的存在，就会有宪法的影子和由其对法律的效力控制。尤其是在各式法律的汇集之地——在各种相互冲突的法律中决定何者效力最高并以维护法律统一性为己任的司法机关，更不能没有宪法。由于一事物只有在与他事物的共存关系中才会相互有高低之别，单独一个事物是无所谓高低的，所以宪法效力的最高性和法律效力的次级性必然表明它们是共同存在，不是分别存在的。如果宪法不与法律同在，其最高性就无从体现，也无法保证法律会符合宪法而不是一枝独大。因此，否认宪法与法律的共存，让法律和宪法隔离开来，实际上就是否认宪法，而只认可法律，这与有宪法的现实是根本矛盾的。要么就不制定宪法，而只有法律；既然制定了宪法，就应当让其发挥统摄法律的实际作用，就不能把宪法抛弃一边。从而在制定了宪法的情况下，第 126 条中的“法律”不应当从狭义上理解。

况且在司法实践中，也从来没有进行过狭义理解，而是长期一直是有法律依法律，没法律依法规（包括条例等其他规范性文件），没法规依政策。而且多年来的立法经验和做法是，先用政策和法规的形

❶ 童之伟：“宪法适用应依循宪法本身规定的路径”，载《中国法学》2008 年第 6 期。

❷ 同上。

式进行经验探索，等经验成熟后再上升为法律。[1] 法规和政策经常是作为法律的替代物存在和发挥作用的。当然，对法规和其他规范性文件的适用前提是不能背离法律原则与精神，不与法律相冲突，而这无疑是建立在以法律来解释和控制它们基础上的。如此一来，就形成了一种隔绝于宪法之外的、以法律来统率其他法律规范的奇怪法律规范体系，被称为具有最高法律效力的宪法反而在实际法律体系中没有了位置。也确实没有比这种只能适用比法律效力低的其他法律规范、而不能适用比法律效力高的根本大法更怪诞的解释方式了。主流观点视司法实践中适用的与法律共存的其他规范性文件不见，其所谓的狭义原来只是专门排除最高大法、对宪法而言的狭义。但不管怎么说，这种实际适用其他法律规范的事实，终究否定了狭义法律论。

尽管从宪法自身并不能推出司法机关不能适用宪法的结论，然而在司法机关的长期实践中，却一直不把宪法当法，从来没有发生过适用宪法进行审判或适用宪法否定法律的事。在史无前例的宪法司法化第一案——“荠玉玲案”中，最高法院虽然明确肯定了宪法可以作为审判的依据，但遗憾的是后来又撤销了自己的意见。这不免让人觉得表明了一种与主流观一致的态度，“……‘宪法司法化’与我国宪法架构处于冲突状态”，[2] 宪法不能作为审判的依据。在这种连最高法院都不能坚持适用宪法，而且宪法解释机关又一直不做宪法解释的背景下，宪法适用就不仅仅是一种理论问题，更是一种实践问题，也只有靠实践自身才能解决，即通过修宪明确规定司法机关“依照宪法和符合宪法的法律规范”进行审判。

而这种司法机关不能坚持适用宪法困境的造成绝不仅仅是其自身的原因，实在是与宪法制度分不开的。因为，现行宪法规定司法机关由立法机关产生并对其负责，使其从根本上对立法机关具有依附性而不是正常司法机关的那种独立性。在这种体制下，立法机关作为司法机关的上级，其制定的法律对司法机关而言无异于一种直接命令。在

---

[1] 参见《中华人民共和国第六届全国人民代表大会第三次会议文件汇编》，人民出版社 1985 年版，第 115～116 页。

[2] 童之伟：“宪法适用应依循宪法本身规定的路径”，载《中国法学》2008 年第 6 期。

直接的权力支配之下，司法机关也只以服从权力——立法机关的法律为己任，而不会也无法避开权力支配而寻求法——宪法。而宪法司法适用必然带来司法机关对违宪法律的弃用和直接适用宪法而产生的对法律事实上的否定，这就无异于是违抗命令和对抗权力，自然为权力机关所不容。“洛阳种子案”也让人清楚地看到了这样做的下场。这也是司法机关从不适用宪法而偶一为之就随即自我否定的必然原因——现实制度不容许。立法机关既然能够控制司法机关，当然就能控制其适用宪法的实际权力，最终就会由立法机关而不是司法机关决定着宪法和其他法律规范的真实效力。因此，这种司法机关从属于立法机关的体制不仅无法实现宪法对法律的有效控制，反而本质上禁止这种控制。

可见，宪法设立这样的权力机制与宪法效力要求是矛盾的，不解决这种矛盾就无法使宪法发挥真实作用，而宪法最高法律效力的无可置疑性使其必须纠正影响自己权威的一切错误与不妥。宪法机制是为实现宪法效力而设的，二者之间宪法效力是目的，宪法机制只是实现宪法效力的手段，只能以宪法效力为转移，不能实现此目的特别是那种妨碍宪法效力的机制是没有存在理由的，必须以合理的机制对此进行取代。为此，按照法治要求，要保证司法机关的独立审判职能，就必须解决它身份上的独立性。从而，尽管司法机关可以由立法机关产生，但不能对其负责。而且，第126条也需要相应修改，或者是放弃列举式规定，改为“不受任何干涉”；或者是继续采用列举方法，但必须把现实存在的权威部门都列上。而不能既采取列举式规定，又明显漏掉关键性权威，以至于人为造成未被列举权威可以干预独立审判的矛盾。

五、违宪审查入宪的理由

然而，在现行体制下，仅仅保证司法机关的独立审判职能仍然不足以保证法律的合宪性，由于违宪而被法院拒绝适用的法律也不会因此而失去效力。这是因为，“我国宪法对合宪性审查权的规定是清楚的，即这一职权属于国家权力机关”，[1] 是立法机关自己对自己的法

[1] 童之伟：“宪法适用应依循宪法本身规定的路径”，载《中国法学》2008年第6期。

律进行合宪性解释，而不是由他者进行。《宪法》第26条规定，“全国人大常委会解释宪法，监督宪法的实施”。全国人大常委会作为全国人大的核心、又是仅次于全国人大的最重要立法机关，只有它才是宪法所授予的权威解释者，法律合宪与否只有它才真正说了算。这样一来，不仅司法机关认为违宪的法律照样会在特定诉讼外具有实际效力，而且人大常委会的解释当然会否定司法机关的解释，最终使其不得不放弃自己解释而采用它的解释，致使司法机关仍然受制于立法机关。

而且人大常委会不仅是自己法律合宪与否的裁判者，还是其上级权力活动的裁判者。既然自己监督自己都违背常理，让下属监督领导者的做法更是违背权力原理的。因为权力本质上是一种单向支配关系，被支配者根本就没有逆向支配能力，否则权力就失去了力量不再成为权力。所以让处于权力对象的下属监督制约其上级，根本就背离了监督方向，必然会使这种监督有名无实。但若真使下级能够控制上级，就无异于使低位阶权力否定甚至优于高位阶权力，必然因为违背权力效力原理而使权力秩序紊乱。同样，由于“任何立宪国家，其宪法解释的效力都高于国会立法，否则它就不成其为宪法解释。因此，全国人大常委会如果解释了宪法，这个解释就得约束全国人民代表大会，关系就会搞颠倒。所以全国人大常委会这项职权实际上不能行使”。[1] 这就是人大常委会从没有行使过宪法解释权的真正原因。但为了不把这种权力关系颠倒，人大常委会却辜负了人民的重托，致使宪法对法律的控制有名无实，最终带来了宪法被法律架空而不能发挥真实效力的恶果。

然而，人民需要的是发挥真实作用的宪法而不是无用的宪法，宪法设立的控制机制也就同样是能起真实控制作用的机制，而不是装模作样的摆设。所以，全国人大常委会既然由于角色关系而辜负了人民重托，更不可能履行好这一职责，宪法将其解释权赋予它根本就是选错了对象，使自己陷进了不能实施的困境。“但我们因此就对宪法的

---

[1] 童之伟：“现行宪法修改的若干问题——‘向现代化转型的中国宪法与宪政’研讨会发言”，2012年5月29日引自法律博客网，http：//www.fyfz.cn/。

这种苦情听之任之”，❶ 必然会使宪法沦为废法。但人民没理由因为个别地方的疏漏就使整部宪法废置。当宪法个别条款与根本原则和精神发生不可避免的冲突时，前者必须按照后者的要求进行相应修改，而不是让后者对前者听之任之。所以，为有效发挥宪法的功能，使宪法而不是法律成为最高大法，就必须纠正这种错误，必须将这种违背宪法原理的规定改为符合宪法要求的规则。

既然对宪法的控制应当是外在控制机制，这就要求控制者不能附属于立法者而必须独立于它。这也是一些国家不把宪法解释权交给普通司法机关而由单独的宪法法院或委员会行使，仍然能使宪法有效控制法律的根本原因。而由于现行的宪法体制是一种人治式的集权体制，使得一切权力部门都由立法部门产生并都向它负责，根本不具有独立于立法者的条件，这就使得“现行宪法实际上面临着全面修改的问题”，❷ 最起码那些直接制约宪法发挥真实作用的阻碍性和破坏性机制必须修改。鉴于宪法控制者维护宪法的神圣使命以及长期形成的司法机关在立法机关之下的固有观念，这个神圣者就不宜是司法机关，而且它的一贯作为也难以让人相信它能担负起这种使命，所以人民应当以比设立立法机关更神圣的方式单独设立宪法解释机关。毕竟，立法权和立法机关只是宪法的产物，也就不能比宪法本身更高、更神圣，而对立法权的宪法控制者由于维护的是最神圣的宪法和对立法权的控制，所以它的神圣性应当高于立法机关。

考虑到人们设立不同国家机关的原因只是缘于不同事务的需要，这些不同的部门重要的是履行好各自事务并对设立他们的人民负责，而没有相互间一争高下的理由，任何一个部门也就没有取代主权者而让其他部门像服从主权者那样来服从它的道理。所以更理智的做法是不给宪法控制者和立法者的权威排高低，而是让他们分别独立，只向产生他们的人民和宪法负责。而且也只有不讲尊卑只讲规则的体制才更符合法治原则。从而，立法机关并不能取代人民并以人民的名义自

❶ 林来梵：“宪法不能全然没牙”，载《法学》2005年第6期。

❷ 童之伟：“现行宪法修改的若干问题——‘向现代化转型的中国宪法与宪政’研讨会发言”，2012年5月29日引自法律博客网，http：//www.fyfz.cn/。

居，《宪法》第 2 条“人民行使国家权力的机关是全国人民代表大会和地方各级人民代表大会”，应当相应修改为，“人民设立全国人民代表大会和地方各级人民代表大会行使立法权”。同时，应当在该条另加一款，即“人民设立宪政院（或宪法委员会之类）解释宪法并监督宪法实施”。

“总之，宪法是根本大法，不能根本没牙！”[1]

六、结语

既然宪法从来没有自己实行的道理，其最高法律效力只有通过合适的实施机制才能有效发挥出来。从而，宪法之所以不能发挥真实效力或者应有的效力，就说明宪法实施机制出了问题，或者根本就是一种不合理的机制，从而应当反思和改进这种机制，没有任何必要对这种“苦情”听之任之，甚至让这种不合理的机制反过来压制宪法。特别是现行宪法还没被有效实施，并且极易修改，也已经进行了多次修改，而现行的宪法实施机制不仅违背宪法实施的基本原理，而且经过半个多世纪的实践，历史也证明它行不通，不能担负起控制法律的神圣使命。在这种情况下，人民没有任何理由只修改其他条款，而对这种决定宪法生命的、关键性的行宪机制视而不见，不思改进。所以，为了宪法有效发挥控制法律的基本功能，为了使宪法真正成为具有最高法律效力的根本大法，就应当修改当前这种阻碍其发挥效力的机制，按照宪法实施原理引入违宪审查机制。否则的话，就像历史已经证明的那样，宪法就会因为机制不合理而只起阻却作用的缘故，永远不会发生真实效力。

---

[1] 林来梵：“宪法不能全然没牙”，载《法学》2005 年第 6 期。

婚姻个人财产和共同财产的博弈和冲突

——兼评婚姻法司法解释（三）第五条

闫 桦*

摘 要 婚姻财产关系存在于婚姻这种特定的法律关系之中，以身份性为本质特征，以夫妻财产共同制为主要存在形式。要立足于维护婚姻家庭身份稳定与发展的角度来衡平个人利益和婚姻家庭共同利益，处理婚姻中个人财产利益和婚姻共同财产利益的冲突，一定程度吸收和弱化个人财产，让婚姻财产关系回复其身份和伦理价值的需要。新司法解释关于婚前财产婚后的孳息和自然增值的规定则挑战了传统的婚姻财产关系，扩大了个人财产的范围，以市民社会中的个人主义和私权神圣为处理原则，违背了婚姻和婚姻财产的本质和基本价值目标。

关键词 个人财产 婚姻共同财产 身份属性 孳息

婚姻作为人类重要的社会单元，是探究人类社会关系不可回避的主题。婚姻财产制度是婚姻法律关系的重要内容，一国的婚姻财产制度，不仅直接确认和引导夫妻双方具体的财产权利义务安排，同时反映了立法对婚姻家庭关系的价值认知，并对社会生活秩序和道德风尚具有深刻影响。自我国2001年修订的《婚姻法》第19条对约定分别财产制作出规定以来，个人财产在婚姻财产中的比重呈突破性增长，与此相关的争议也日渐增多。最高人民法院分别于2001、2003和2011年颁布三个司法解释试图为这一问题提供裁判上确定的指导，但是，由于上述婚姻财产所涉及意旨之宏，相关司法解释往往只顾及具体婚姻当事人及其亲属的财产利益，而忽视婚姻财产的独特属性，忽视其所承担的伦理价值和社会功能。本文拟以此为理论基点，探讨

* 闫桦，杭州师范大学法学院2010级民商法硕士研究生。

在解决婚姻个人财产与共同财产冲突中应着重考虑的法律问题，并以《婚姻法司法解释（三）》第5条为样本，分析司法解释具体规则在宏观意旨上的欠缺，以期未来婚姻立法在价值上回归与稳健。

一、婚姻财产关系的独特属性

婚姻财产关系，指规范夫妻婚前财产和婚后财产的归属、管理、使用、收益和处分、婚姻对外财产责任、婚姻终止时财产的分割和清算，以及夫妻财产制的设立、变更与废止的法律制度。[1] 婚姻财产关系不同于一般的财产关系，以婚姻关系为前提。婚姻关系的特殊性决定了婚姻财产关系的特殊性。婚姻财产关系包括对外关系和对内关系。前者表现为夫妻以共同经济体的形式承担对外责任，适用市民社会一般经济运转的规则；后者表现为夫与妻之间相互的财产责任，本文主要讨论后一种婚姻财产关系。

有关夫妻财产关系的定性，学说上存在不同看法。基督教义主张婚姻神意说；康德则以资产阶级私法自治和平等自由为立场，提出婚姻契约说；黑格尔站在批判康德契约说的角度上，提出婚姻是具有法的意义的伦理说；法国学者卢斐补（Lefebvre）则主张，婚姻并非契约而是一种制度；[2] 在英美国家，有关婚姻性质的流行学说是信托关系说和身份关系说。[3] 这些学说虽立足于各自不同角度构筑了对婚姻的不同理解，但都一致地承认婚姻双方特殊的身份属性和婚姻伦理属性，例如，神意说中耶和华说："那人独居不好，我要为他造一个配偶帮助他。"于是取下了亚当的一根肋骨造就了夏娃。这里首先强调的是夫妻一体，妻是夫的一根肋骨，所以二人必然连合。其次强调夫妻关系的互助互爱的自然伦理，夫妻为相互帮助才得以设立的。再如，即使就婚姻契约说来看，所普遍承认的契约性质也是身份契约，契约自由受到一定限制，遵循的仍然是婚姻的永久共同生活的目的而

---

[1] 杨大文：《婚姻家庭法学》，复旦大学出版社2004年版，第172页。

[2] 吕世伦：《西方法律思潮源流论》，中国人民大学出版社2008年版，第350～355页。

[3] ［美］威廉·J. 欧德奈尔、大卫·艾·琼斯：《美国婚姻与婚姻法》，顾培东、杨遂全译，重庆出版社1986年版，第8页。

不允许在契约中明确终止的期限，契约产生的效力是夫妻配偶身份的成立。我国当前婚姻法学界更将“身份关系说”视为通说。既然婚姻是作为身份和伦理的存在，那么婚姻财产关系自然也要囿于这些特性而成为不同于一般财产关系的特殊存在，自然要服务于婚姻的大局，不能背离其作为婚姻财产的价值所在。

在明确了婚姻作为前提的深刻含义之后，探究融合与体现着婚姻意义的财产关系怎样区别于一般财产关系就显得必要。在以身份和伦理为核心的婚姻关系中，财产关系必然呈现出与一般市民经济社会中的财产关系不同的特性，主要表现在以下几个方面。

第一，财产性质不同。一般的财产关系具有等价、有偿的性质，以对价的交换满足市民社会经济发展需要。而婚姻财产关系涉及抚养、扶养、赡养等，具有浓厚的伦理色彩，并非物质利益的交换，也不具有等价、有偿的性质。[1] 而是在姻亲和血缘关系的基础上体现对家的责任和共为一体的融合性。

第二，就财产的从属性与依附性而言，婚姻财产关系存在于婚姻这种特定的法律关系之中，与夫妻的身份性紧密相连，依附于身份关系并随着婚姻关系的产生、终止而发生变化。即杨大文所说，“在婚姻家庭法领域，财产关系无非是人身关系所引起的相应的后果，或者说财产关系是以人身关系为其基础法律关系的”。[2] 而一般的财产关系是在物质资料的生产、交换、分配、消费过程中形成的具有经济内容的关系。[3] 相比之下，它主要以行为人的意识或者需要为发生根据，并强调市民社会主体身份的平等自愿，且不要求身份属性的特殊。

第三，价值目标不同。婚姻财产关系的存在价值为维持夫妻关系的稳定与满足家庭生活的经济要求。一般的财产关系以满足市民社会经济发展的需要，是商品经济条件下价值规律的客观要求。二者虽然都一定程度地体现了财产的流转与归属关系，但前者的价值目标是使

[1] 杨大文：《婚姻家庭法学》，复旦大学出版社 2004 年版，第 55 页。

[2] 同上。

[3] 王利明、杨立新、王轶、程啸：《民法学》，法律出版社 2005 年版，第 11 页。

家庭财产合理地再分配，以伦理为目的，如赡养关系，一般以固定的财产在家庭成员之间流转，以明确各成员的财产关系，进而维持婚姻家庭身份关系的稳定；而后者的价值目标多种多样，多以满足个人需求，在经济社会中予以流转。

第四，存在形式不同。在我国婚姻财产制中最重要的形式为夫妻财产共同制，即除特有财产外，夫妻的全部财产或者部分财产归双方共同所有。[1] 这也是其存在必要性的体现。且与之相平行的概念为统一财产制、联合财产制、分别财产制、剩余财产制等，无论哪种财产制一般都排除不了共同共有的形式。而后者则在常态下表现为主体独自享有所有权，在变态下有按份共有和共同共有的形式。

第五，适用法律的具体规定不同。后者的财产关系适用于《民法通则》、《合同法》、《物权法》等的具体规定，而前者的财产关系却单独规定，且许多都与《合同法》、《物权法》有冲突。例如《婚姻法》第 19 条规定的约定财产制就与物权法中不动产变动的公示公信要件相冲突，这旨在表明婚姻中这一特殊的财产关系并不完全适用于经济生活中的所有规则。

从以上分析可以得出婚姻财产关系以夫妻身份性为本质特征，以夫妻财产共同制为主要存在形式，旨在维持夫妻关系的稳定与满足家庭生活的经济要求。这些无不彰显着婚姻财产关系的与众不同，决定了其不同于市民社会一般的财产关系，在流转与归属的规则上应当根据其本质特性和价值目标单独规定，决定着其不完全适用《物权法》、《合同法》的合理性。

二、婚姻财产关系的二重内容的博弈和冲突

婚姻财产关系具有双重的内容，不只表现为一方个人独有财产或者双方共有的财产关系，而是兼具两重性，分为个人财产与夫妻共同财产两方面的内容。即便是采取分别财产制的国家，也不排斥双方拥有部分的共同财产。二者在共同构成婚姻财产的内容的时候相互斗争与冲突，不同的国家依据不同的文化传统与价值排序构筑二者的范围

---

[1] 陈苇：《婚姻家庭继承法学》，中国政法大学出版社 2011 年版，第 120 页。

体系。在婚姻财产这个定量的范围之下，个人财产的扩张意味着夫妻共同财产的消减，二者为此消彼长的竞争关系，如何在二者的竞争中兼顾各自的价值目标，缓和二者的矛盾，确定各自的范围领域就成为婚姻财产关系的核心内容，也是其价值目标所要解决的问题。

（一）个人财产利益的保护与婚姻共同财产利益保护的博弈

就婚姻财产的两重内容来说，个人财产与个人利益相关，夫妻共同财产与婚姻共同利益相关。对婚姻关系中个人财产的保护越多，划定的范围越广，越是体现对个人利益的保护。但婚姻作为一个利益的共同体而言，强调对个人一方利益的保护，则会自然而然地侵害另一方的利益。比如说，婚姻关系中强调对妇女的保护，就必然地限制了男方的相关权利，我国《婚姻法》第 34 条规定："女方在怀孕期间、分娩后一年内或中止妊娠后六个月内，男方不得提出离婚。"这保护了妊娠中妇女的权利，使其生活有了相当保障，但也同时侵害了男方的离婚自由请求权。而反映在财产方面就更加明显，即若偏重对一方的财产予以个人化的定位，则处于经济强势地位的一方的个人财产权的权利就会加强，在分家析产之时，经济弱势的一方所分的共同财产的范围就小很多，这在法律上来说是可以被理解的，因为法律不会支持任何一方可以从婚姻中盈利，也符合物权法的规则，使一方个人财产最终归于一方个人所有。但是在婚姻家庭的共同利益方面却是不可理解的，婚姻共同财产范围的缩减，不仅对所要赡养和抚养的老人、孩子以及第三方的债权人的利益是一个侵害，更重要的是弱化了婚姻这一身份和利益的共同体，更容易使婚姻解体。西方国家盛行的分别财产制能很好地体现这一冲突。

所谓分别财产制是指夫妻婚前、婚后所得的财产均归各自所有、各自独立行使管理、使用、收益和处分权；但不排斥夫妻以契约形式将其个人财产的管理权交付夫或妻行使，也不排斥双方拥有一部分共同财产。英美法系的多数国家都以分别财产制为其法定财产制。[1] 可见，分别财产制对个人财产予以严密的保护，不管结婚与否，其个人所有财产仍归自己所有和支配，结婚只发生身份的变化，不发生财产

[1] 陈苇：《婚姻家庭继承法学》，中国政法大学出版社 2011 年版，第 121 页。

的混同和变化。这与西方的法律价值文化的发展是密不可分的，自西方的资产阶级革命胜利以后，天赋人权、人人平等且自由的思想深入人心，个人主义以及私人财产神圣不可侵犯的原则也被法律所吸收，从而打破了夫妻结为一体后人格互相吸收的夫妻一体主义，转而采用以夫妻各为主体、人格独立且平等为核心的夫妻别体主义。以夫妻别体主义立法思想为指导就必然体现了夫妻人格完全独立，各自享有权利、履行义务，从人格乃至财产都完全分离。这虽然在身份上打破了夫权统治的封建的人身依附关系，具有进步意义，但是这种夫妻平等，仅仅是法律形式上的平等，并不具有实质上的平等。西方有学者精辟地指出："这种原则只适用于夫妻双方都拥有相当可观的财产的情况，而这是很少见的。最常见的情况是双方都没有大宗财产，而且收入主要来自丈夫一方。对此，上述原则根本不是什么实际财产分别所有的原则，实际上意味着丈夫拥有自己的收入而妻子在经济上从属于丈夫。理论上的平等，造成实际上的不平等。"❶ 因此，西方国家也都普遍意识到这一问题，采用的解决办法是都不同程度地融合了共同财产制，以弥补其缺陷。例如《英国婚姻诉讼程序法和财产法》第37条规定的法官的公平分割的自由裁量权，日本民法典采用的剩余共同制以及法国1932年立法确立的参与制向1965年的共同制的转变等等。当然，这种立法的松口也并没有完全解决这一矛盾，在婚姻关系存续期间，双方的地位并没有发生实质性转变。但是，关注于离婚后给予经济弱势方一定的补偿，这无疑较纯粹的分别财产制具有更大的公平性。

（二）婚姻个人财产独立与个人人格独立的冲突

不少学者认为，婚姻中个人财产的独立关乎个人人格的独立，我国传统的"同居共财"以及"夫妻一体"的观念要求个人财产归于家庭共有财产，妻子财产归于丈夫，无独立人格，也无独立财产，于是就认为若使财产归于独立的话，那么人格自然就会独立，个人就能更好地自由行使处分自己财产的权利，个人财产独立是个人人格独立的

❶ ［英］彼得·斯坦：《西方社会的法律价值》，王献平译，中国大百科全书出版社1990年版，第108页。

应有之义。同时，西方学者也普遍声称无财产即无人格，认为财产权是人格权的延伸，主张将人的意志自由和人格尊严的价值体现在个人对财产权的支配方面，人格权利就是对财产自由的占有、使用、收益、处分的权利，例如黑格尔就认为“惟有人格才能给予对物的权利，所以人格权本质上就是物权”。[1] 这种财产权和人格权相混同，财产独立是人格独立的前提甚至是根本的观点也成了西方所普遍采用的夫妻分别财产制的直接理论基础。而我国刚出台的《婚姻法解释（三）》就大量的使婚姻财产各自独立化、个人化。专家在解释的时候也都不约而同地引用其注重对个人财产的保护有助于各方人格的独立来作为其理论基础。

其实，就人格权和财产权的关系来看，人格权本身是获得财产的前提，财产权是人提升其人格的手段，对财产权的保护有利于维护个人的自由、平等、独立等人格利益的实现。但是人格权不从属于财产权，二者的密切联系并不意味着财产权与人格权在性质上是同一的，或者对财产权的保护可以替代对人格权的保护。[2] 二者的逻辑关系应当是人格独立有助于实现财产独立，财产独立是人格独立的一个重要方面的体现但不是唯一体现，人格独立是从身份独立属性的角度说的，财产独立是从财产支配权的角度说的，二者并不必然具有一定联系。反映在婚姻财产关系上来说，夫妻各自财产的独立并不一定就代表双方人格的独立，一方能自由处分其个人财产并不一定说明其人格一定独立，而夫妻财产的混同或者共同制也并不一定说明其人格不是独立的。其实，就婚姻这样一种特殊的身份关系来说，其财产和人格是可以割裂开来的，就我国目前的婚姻法现状来说，虽然在财产方面我国采用的是婚姻财产共同制，但是夫妻各方人格已经实现相互独立，互不隶属与依附。可见在婚姻关系中，婚姻财产独立和人格独立并不必然具有特殊的联系。因此，对于婚姻财产的分配就不需要特别关注人格方面，把财产独立作为人格独立的关键标志，而只需关注婚姻家庭方面的价值需求即可。

---

[1] 胡田野：“财产权、自由与人格权”，载《湖南社会科学》2004年第5期。

[2] 王利明：《人格权法研究》，中国人民大学出版社2005年版，第55～58页。

三、婚姻财产价值目标的重构

由婚姻财产的以上各种特性的分析中可以得出，婚姻财产不同于一般财产，其也不适合适用于一般财产流转和归属适用的规则，在婚姻家庭环境的大背景下，婚姻财产的伦理性和身份性成为其最重要的特性，这也决定了其价值目标也服务于身份的价值目标，即维护婚姻家庭共同体的稳定和发展，维持家庭身份关系的稳定。由于婚姻法属身份法的性质，以婚姻关系为内容的身份关系和财产关系就必然要体现这一身份属性，尤其是财产关系，不仅具有浓厚的身份属性，更是服务和隶属于身份关系，这就决定其财产关系为夫妻共同财产制更能保证其价值目标的实现，也是最符合婚姻的伦理本质的，诚如我国台湾地区学者戴东雄所说："盖共同财产制之本质思想，在使夫妻的经济生活与身份趋于一致，而表现在其内部，对外为一体，即使家成为社会的单一体，而符合婚姻的伦理机能。"[1]

同时，婚姻财产因共有范围不同，它又可以分为一般共同制、婚后所得共同制、婚前动产及婚后所得共同制以及婚后劳动所得共同制等形式，各有利弊。从我国《婚姻法》相关规定及司法解释来看，我国婚姻法采取的为婚后所得共同制，但由于其不利于个人财产的保护，也没有区分无偿获得的财产，学者对此质疑甚多。目前比较流行的观点是"婚后协力所得共同制"或者"婚后贡献所得共同制"，即婚后所得按贡献或者协力为标准来区分是否为共同财产。他们认为这样的财产制度不仅能体现公平问题，确定另一方在家庭劳动方面的价值，而且有助于解决长期以来的夫妻一方婚前财产的孳息问题。[2] 仔细分析这种"协力说"和"贡献说"看似公平合理，但仍不免有其局限性：首先"协力"或者"贡献"的概念模糊不清，具有很大的不确定性。达到多大程度的"贡献"或者"协力"在这里能被积极地肯定呢？它是否有一个量度的标准呢？而且在婚姻家庭的共同生活期间，夫妻双方相互扶持相互关心

---

[1] 戴东雄：《亲属法论文集》，台湾东大图书公司1988年版，第104页。

[2] 裴桦：《夫妻共同财产研究》，法律出版社2009年版，第676～671页。

和照顾，任何一方取得的成绩都离不开对方的支持，都凝聚着对方的贡献和协力，那么这样说来，对方所有成绩的取得都是夫妻协力的表现，都应该归于夫妻共同财产的范围。因此协力和贡献说因概念模糊和不可量化分析性就决定了其作为判断标准的不适。其次，以协力说和贡献说为区分夫妻共同财产的标准，就会使夫妻关系沦为一个经济的功利的泥潭中，这与婚姻财产的本质和价值目标是不相符合的，婚姻家庭的伦理关系是以互利和利他为主导的，而非简单地以功过来进行评判。再者，这样的协力说在司法实践中很难操作，不仅法官判断起来难度较大，而且当事人对此提供证明的困难也很大，不利于该标准的司法适用。

既然时下最流行的贡献说和协力说都不能作为评判标准，那么到底应该如何确定个人财产和婚姻共同财产的划分标准呢？结合我国法律规定不难看出，虽然我国实行的是婚后所得共同制，但它并不排斥个人财产制，在我国婚姻法及相关司法解释中都有着对个人财产归属的划分，一般分为三部分：一为婚前个人财产。二为个人相关的生活用品、专有用品以及具有人身属性的财产；如《婚姻法》第 18 条第 2 项和第 4 项的规定，一方因身体伤害获得的医疗费、残疾人生活补助费等和一方专用的生活用品为一方个人财产。三为依财产性质以及尊重第三人意思自治所应归属于个人的财产，例如明确表明赠予一方的财产。这些规定已被学者普遍接受，其合理性自不待言，但婚姻法如何保障个人的财产利益，以及在多大程度上去保护个人财产利益就成为了不得不解决的问题。实际上，婚姻家庭的一体性在身份方面的适用有诸多局限，但是在财产方面的一体性却有很大的优势，婚后个人财产被家庭财产的吸收和同化不仅能保障婚姻家庭经济的强大，更能稳定夫妻身份关系，也更符合婚姻的伦理价值和社会价值。同时个人财产权利保护可以在市民经济社会中得到很好的彰显和满足，没有必要在伦理关系中再去贯彻私权神圣的个人主义，应当让婚姻财产关系恢复其身份和伦理价值的需要。若使婚姻财产关系一般化的话，则沦为市民经济社会的一般工具，与一般财产关系并无二致，这显然是现代社会价值取向所不能接受的。

四、评《婚姻法司法解释（三）》第5条的挑战

一直以来学界对于婚前财产婚后产生增值的问题争论不休，新出台的《婚姻法司法解释（三）》第5条的规定明确了对此问题的态度，即规定："夫妻一方个人财产在婚后产生的收益，除孳息和自然增值外，应认定为夫妻共同财产。"即以一般婚后收益为共同财产为原则，个别情况例外排除。前者依据我国的婚姻财产法定共同制较好理解，后者却让人摸不着头脑。排除孳息和自然增值的做法倾向于采取上文所说的"协力制"或者"贡献制"，虽表面看起来更有符合公平的要求，更符合市民社会经济发展要求的一般规则，但实际上却是偏离了婚姻财产的本质与价值目标，且与之前的法律规定相冲突。具体表现为：

第一，概念界定的模糊。我国《物权法》对孳息、自然增值和投资收益均没有明确的定义，学理上认为物的增值是物的交换价值的增加，不涉及两个物的关系。法定孳息是用益的对价，需有他人用益的法律事实，而增值利益是该物本身的交换价值增加，并不要求有他人用益的法律事实。[1] 而投资收益与原物也是分离的，一般以是否有盈利目的来区分。但社会经济活动复杂万变，形式多种多样，仅以能否与原物分离作为增值和孳息的判断标准显然是不够全面和充分，而以是否有盈利目的作为投资收益和自然增值状况的判断标准也是不妥的，因为目的作为个人的主观心理活动也是很难把握的，更加大了判断的难度。例如某某刚开始出于喜好收藏某一艺术品，而后市场波动，转而变卖，对此，肯定一方主张是因为投资而收藏主张为夫妻共同财产，否定一方主张某某因喜好而收藏，应当判定为自然增值，某某在这个过程中心理和行为都发生了变化，以这样主观的判定标准不仅不能定纷止争，更引发了难以解决的矛盾。

第二，法律适用标准的不一致。婚姻法排除孳息和自然增值最大的理由在于其不需要双方的付出或者贡献即可自然得到，是婚前

---

[1] 隋彭生："法定孳息的本质——用益的对价"，载《社会科学论坛》2008年第6期。

个人财产的自然延伸。但是这样性质的财产并不限于这两种，比如就继承或者赠与得来的财产，也不需要夫妻双方特别付出，其是基于一方特殊的身份关系或者人格品质而得。再比如婚前完成的著作，婚后才出版得到报酬，依《婚姻法》第 11 条的规定也应当归于夫妻共同财产，这些财产的实质都与第 5 条所规定的孳息和自然增值无异，但却适用不同的标准，不仅法律适用标准不统一，也造成了婚姻法体系的混乱。

第三，价值导向上的偏差。在实践中，若单纯地认定孳息归个人财产也会导致不公平的产生，像有学者提出的，假若双方各有一套房产，共同居住一套，另外一套用来出租，那么如果租金只归为一方的话，对于把房子用来居住而不是出租的另一方即造成了不公，同时也会引发道德的危机，造成错误的价值导向，即双方都不愿意为了共同居住的目的而出让租金利益，因为一方感情的让步和付出就必然导致经济利益的减损，这也是法律所没有考虑周全的地方。且婚姻法中婚后所得一般推定为夫妻共同财产，这样的推定就使在实践中不能认定或者很难认为孳息和自然增值的财产划归为夫妻共同财产的范畴，削弱了这条法律规定的意义与作用。

结合对婚姻财产内容的冲突和博弈的分析以及对婚姻财产关系的价值追寻，这个问题就能很容易被解决了。婚姻财产本质属性为身份性，价值目标为维护婚姻伦理关系的稳定与长久，这也是婚姻财产存在的终极使命。婚姻中的个人财产固然是对夫或妻一方个人财产利益的保护，但作为婚姻财产关系的内容也必然具有同样的使命和价值目标。就夫妻一方个人财产在婚后产生的孳息和自然增值这个具体问题而言，虽然是建立在个人财产基础之上的增加，但是自结婚之后，这部分的增加就有了婚姻之名，就具备了婚姻身份属性和伦理属性的意义，因此，使之归属于夫妻共同财产更符合婚姻财产的本质与根本价值目标。

五、结语

综上，虽然立法理应具有一定的前瞻性，应考虑社会价值与文化的发展变化，但尤为重要的是，立法更应考虑我们的传统与现状，婚姻财产制度涉及家庭关系乃至社会关系的稳定，必须关注几千年来沉淀下来的历史与法律文化的价值传统。正如我国台湾地区学者史尚宽先生所言：“亲属法多为各法律体系所固有，夫妻关系之自然关系，莫不受社会环境、风俗、人情之影响，各有其传统，故亲属法间之法律关系，多随习俗而转移，其与国情不合之规定，鲜能发挥其效用。”[1]

[1] 史尚宽：《亲属法论》，中国政法大学出版社 2000 年版，第 15 页。

论民事优先权的性质

罗曼君*

摘　要　优先权制度起源于古罗马法，由《法国民法典》第一次以法律条文的形式予以了明确规定，后经日本及意大利等国民法典的发展，逐渐演变为一项独立而完善的制度。该制度在维护基本人权与社会稳定、保护公共利益与共同利益以及维持特定的社会经济秩序方面，所发挥的功能是不容忽视的。但我国目前立法中仍无统一的优先权制度也未建立起完善的替代性制度。本文先提出问题，从优先权的概念入手，进而对优先权的性质进行了理论上的分析。

关键词　民事优先权　民事权利　物权性质

一、问题的提出

“优先权”作为特定的法律概念，译自外文。优先权的词源来自于拉丁原文“Privilegium”，日文将其译为“先取特权”。从我国目前的立法来看，在《民法通则》中并没有对优先权作出相关规定，只是在《海商法》、❶《民用航空法》、❷《税收征收管理法》❸ 等法律中规定

---

* 罗曼君，华东政法大学研究生教育学院2011级民商法学硕士研究生。

❶ 《海商法》第21条规定，“船舶优先权，是指海事请求人依照本法第二十二条的规定，向船舶所有人、光船承租人、船舶经营人提出海事请求，对产生该海事请求的船舶具有优先受偿的权利”。

❷ 《民用航空法》第18条规定，“民用航空器优先权，是指债权人依照本法第十九条规定，向民用航空器所有人、承租人提出赔偿请求，对产生该赔偿请求的民用航空器具有优先受偿的权利。”《民用航空法》第19条规定，“下列各项债权具有民用航空器优先权：（一）援救该民用航空器的报酬；（二）保管维护该民用航空器的必需费用。前款规定的各项债权，后发生的先受偿。”这确立了民用航空器优先权。

❸ 《税收征收管理法》第45条规定：“税务机关征收税款，税收优先于无担保债权，法律另有规定的除外。”

了船舶优先权、航空器优先权以及税收优先权，以及《企业破产法》[1]中的一些类似优先权的特殊债权的清偿顺序的规定。由于我国法律没有对优先权作出详尽、明确的规定，因而在优先权的概念、性质等多方面均存在着一定的争议。由此，思考民事优先权是否可称为民法上独立的权利？倘若属于一类权利，究其性质又如何？

二、优先权概念之辨析

探讨民事优先权的性质，不妨从优先权的概念出发，先厘清其概念，再思考其性质问题。其中关于优先权的概念界定，归纳起来大致有以下几种不同观点：第一种观点，最广义的优先权概念。优先权，是一种法律规定或当事人约定，不同性质的若干民事权利发生冲突时，某一民事权利人的民事权利优先于其他民事权利人实现的民事权利。[2]据此，凡是具有优先效力的权利都属于优先权的范畴，使之囊括了先取特权、民事优先购买权、民事优先承租权、优先申请权等。[3]第二种观点，优先权的概念指现有担保物权的优先效力。优先权又称为优先受偿权，是指由法律所规定的特种债权人就债务人的全部财产或特定财产优先受偿的权利。[4]该主张将优先权与优先受偿权或者担保物权的优先效力等同。第三种观点，优先权可分为广义上的优先权和狭义上的优先权。狭义上的优先权就是优先受偿权，是指根据法律规定的特种债权人就债务人的全部或部分财产

---

[1] 《企业破产法》第113条规定，破产财产在优先清偿破产费用和共益债务后，依照下列顺序清偿：

（一）破产人所欠职工的工资和医疗、伤残补助、抚恤费用，所欠的应当划入职工个人账户的基本养老保险、基本医疗保险费用，以及法律、行政法规规定应当支付给职工的补偿金；

（二）破产人欠缴的除前项规定以外的社会保险费用和破产人所欠税款；

（三）普通破产债权。

破产财产不足以清偿同一顺序的清偿要求的，按照比例分配。

破产企业的董事、监事和高级管理人员的工资按照该企业职工的平均工资计算。

[2] 参见曹艳芝：《优先权论》，湖南人民出版社2005年版，第5页。

[3] 参见蔡福华：《民事优先权新编》，人民法院出版社2002年版，第7页。

[4] 参见陈本寒：《担保法通论》，武汉大学出版社1998年版，第128页。

优先受偿的担保物权。广义的优先权包括优先受偿权、优先购买权、优先承包权、优先通行权等。[1] 第四种观点，优先权为特定债权人基于法律的直接规定而享有的，就债务人的总财产或特定动产、不动产的价值优先受偿的权利。[2] 这一定义实质上与法国法和日本法上的优先权的涵义一致，认为优先权具有法定性、担保性和优先受偿性。

纵观以上观点，个人认为，对优先权概念的认识不能望文生义。明确一个法律术语的涵义，不能仅依据术语字面可否涵盖其涵义作为取舍的标准，而应立足于术语的历史演进过程，通过概念界定来赋予。[3] 众所周知，优先权制度起源于罗马法，直至《法国民法典》以法律条文的形式第一次对优先权进行了规定，后又经《日本民法典》的发展，优先权制度得以愈加完善。《法国民法典》在第三卷十八编中规定了优先权和抵押权，该法典第 2095 条明确规定，优先权是指依据债权的性质，给予某一债权人优先于其他债权人，甚至优先于抵押权人，受清偿的权利。与《法国民法典》以上关于优先权的规定相比，《日本民法典》的规定则更为详尽，法典的第二编（物权编）第八章中规定了先取特权，全章分为四节（第 303～341 条）分别对先取特权的内容、种类、顺位及效力做了极为详尽的规定。依其规定，先取特权是法律规定的特殊债权人，可以以债务人的一定财产得到优先偿还的担保物权。通过对《法国民法典》、《日本民法典》中优先权（先取特权）概念进行分析，不难发现优先权的概念有两个核心内容：一是针对的对象是“特殊债权”；二是债权的法定优先受偿性。因此，对优先权概念的归纳也不能脱离该项制度的发展演进过程，不能忽视该项制度的核心内容。

由此，上述第一种观点的范围显然过大，既可由法律规定又可以由当事人约定产生优先权，将导致优先权的特质难以把握；此外，将

[1] 参见郭明瑞：《担保法》，中国政法大学出版社 1998 年版，第 272 页。

[2] 参见申卫星：“我国优先权制度立法研究”，载《法学评论》1997 年第 6 期。

[3] 参见杨德齐：“民事优先权之概念及性质辨析”，载《西部法学评论》2009 年第 3 期。

但凡涉及“优先”二字的权利都纳入优先权制度的做法，无疑割裂了优先权制度的产生背景及历史发展脉络。因此，该观点应当予以摒弃。第二种观点实际上是在用物权的优先性概念来替代优先权的概念。优先受偿权是包括某些优先权在内的所有担保物权所具有的一种法律效力，如果将优先权等同于优先受偿权，那么将难以厘清质权、抵押权和留置权的优先受偿效力与优先权的关系。显然，这种观点是值得商榷的。第三种观点从广义、狭义两方面界定的优先权也并非十分妥当。此种观点中的狭义优先权在本质上与第四种观点一致。然而，将优先受偿权、优先承包权、优先购买权、优先通行权与先取特权一并纳入优先权制度体系中并不科学，因为这数种权利除了共同具有“优先性”的特征外，很难提炼出其他的共同特征。第四种观点乃民法上优先权的本义。这种划分既考虑了优先权历史渊源的相延性，便于从制度层面规范优先权，又有利于全面系统地了解优先权。鉴于经过数千年历史演变，民法上的优先权有其特定内涵，世界各国民法对此已形成通说，因此不可对其作随意的扩大或限制解释，目前这一观点被多数学者接受。由此，本文即围绕最后一种观点探讨优先权的性质问题。

三、优先权性质之探讨

（一）优先权性质的理论分歧

提及优先权的法律性质，法学界至今未有定论。正是因为对其定性远比认识它还要困难，其又被喻为“难以开垦的法律领地”。但厘清优先权的性质却是在立法上安排优先权制度的第一步。对优先权性质的不同认识造成了各国对优先权的立法模式之不同选择。目前在我国则主要存在非权利说、债权说、债权物权化说与物权说等四种学说。

1. 非权利说

非权利说可细分为两种观点，其一为特殊效力说，其二为清偿顺序说。两种观点的共同点在于，都认为优先权不是一项权利。根据特殊效力说，优先权被认为是特殊债权的一种特殊效力，也即优先受偿力。譬如，德国民法认为优先权是特殊债权所具有的一种效力。而根据清偿顺序说，优先权则是特殊债权之间的清偿顺序。基于以上认识，包括我国在内的许多国家皆在《民事诉讼法》、《企业破产法》等程序法中，将优先权的内容从债权清偿顺序的角度予以规定。❶

2. 债权说

债权说认为优先权是债权，理由在于：第一，根据罗马法的传统，优先权只是对人诉讼的优先权，债权人只是可以获得优先顺位而受清偿，其本身并非物权。第二，出于交易安全的考虑，否认优先权具有物权性本质，因为倘若赋予优先权以物权效力，那么追及权的行使势必会影响市场交易的安全性。第三，否认优先权具有物权性的理由还来自于对标的物的考虑。通常物权是以直接就物享有利益为内容的排他性权利，因此物权之标的仅限于物，且该物必须具有独立性和特定性，而根据《法国民法典》的规定优先权却可以存在于未来、不确定的物上。

3. 债权物权化说

债权物权化说认为优先权是基于政策上的特殊考量，赋予某些特种债权或其他权利的一种特殊效力，旨在保障该权利能够比普通债权优先实现。❷ 优先权不是以一类权利的形式单独存在的，仅是对某些权利法律效力的加强，其性质并未完全脱离其所强化的权利本身的性质。但同时特种债权的性质与特点也因为被法律赋予其优先受偿效力而与普通债权有相当差异，具有了物权的某些效力特点。鉴于优先权既不能归于普通债权也与典型担保物权的特性有所差异，由此可以将其定位为准担保物权。

4. 物权说

肯定优先权为担保物权的学说，其中以法国和日本为代表，认为优先受偿性作为物权的基本效力是区分物权与债权的重要标志。债权

---

❶ 韩静："优先权基本理论新探"，载《东南大学学报：哲学社会科学版》2008 年第 2 期。

❷ 刘保玉："试论优先权在我国物权法上的取舍"，载《河南省政法管理干部学院学报》2005 年第 5 期。

是一种相对权，不具有排他性和优先受偿效力；债权的平等性使其不因其成立的先后顺序而在效力上有所差别。由此，法律上赋予某些特种债权以优先受偿的效力的同时，无疑肯定了该项请求权具有物权的性质。

（二）优先权性质之再思考

从以上我国学者对优先权本质属性的不同认识可以看出尽管我国学术界对优先权属性的认识分歧明显，但其争议的焦点还在于三个问题：一是优先权是否为一项单独的权利；二是优先权若是一项权利，是实体性抑或是程序性权利；三是若为实体性权利，为何种性质的权利。以下笔者围绕这三个问题，对优先权的性质进行揭露。

1. 优先权是否为一项单独权利

笔者认为优先权是一项单独的权利而不是权利的效力或顺位。何谓权利？权利就是法律规则预设的条件实现的情况下，由代表着社会和国家预约性意见的法律规则所承认的，一定的主体对某种行为的三种状态——做、暂时不做或永久放弃——作自由选择并付诸行动时，他人的不可阻碍、不可侵犯性。简而言之，权利即法律所承认的主体行为的正当性。我们知道，关于权利的本质，历来存在不同的学说，比如，德国学者萨维尼主张意思说，德国著名学者耶林提倡利益说，而德国学者梅克尔则提出了法力说。以上关于权利本质的不同学说恰从一个侧面反映了权利本质的多元性。权利的本质是由多方面的属性构成的，但对于一项权利来讲，必须有一些最基本的要素存在，也称为权利的构成要素。这些要素包括：（1）自由意思；（2）利益；（3）社会法律保障；（4）社会和国家对主体的利益及其追求利益行为选择的赞同。申言之，首先，权利的本质应从人的本质上去寻找，而人的本质则是自由意志，包括主体可以按个人意志去行使或放弃某种权利，不受外来的干预或威胁。其次，一项权利的存在必须以利益为内容。需要注意的是这里并不是说利益就等于权利，而是说在自由意思的基础上，权利的本质可定位于正当利益，或追求正当利益行为的合理依据。再次，权利作为意思之力是本源性的，法律之力仅是权利的形式。法律的功用在于而且必须在于保护基于自由的权利，使之真实确保，亦即成为法律之力。[1] 最后，法律保护一定主体依自由意志的行为不受干扰和侵犯，其实也表明了社会和国家对其赞同的态度。由此可知，权利的四个构成要素是彼此相互关联的。由此，分析优先权可知，首先，优先权体现了民事主体的自由意志，优先权的权利主体享有行使与否以及如何行使等一系列自主选择权。其次，法律赋予民事主体以优先权，使该债权人享有一种受法律所保护的债权清偿顺位利益，而这种顺位利益又与债权人的债权能否最终实现密切相关。再次，优先权受法律的保护，当优先权的行使受到外来侵犯时，权利人可以立马诉请法律予以保障。最后，法律对优先权的直接规定，以及在优先权受到侵犯时予以救济都体现了社会和国家对主体的利益及其追求利益行为选择的赞同。综合观之，优先权完全具备权利的构成要素，笔者认为优先权是一项权利。

2. 优先权是一项权利，是实体性抑或是程序性权利

通过之前的论述已知，优先权是一项单独的权利。至于它是一项实体性权利抑或是程序性权利，笔者认为首先必须从实体性权利和程序性权利的区分来考察。一项权利的设定是否会直接地影响当事人之间法律关系的实质内容，是区分权利究竟为实体性权利还是程序性权利的关键。倘若当事人之间的法律关系因之设定受到了实质性的影响，此乃实体性权利。那么何谓对法律关系产生了实质性影响呢？我们知道，法律关系有三大要素，即主体、客体和内容。那么倘若影响了这三大要素的任何一个都可谓是实质性影响。譬如用益物权的设定，一方面使用益物权人对他人之物得为占有、使用、收益；另一方面使得该物所有人之权利受其限制，双方之间原有的法律关系发生了实质性的变化。反之，则为程序性权利。譬如申请回避的权利，其设定和行使本身并不会直接影响当事人之间的法律关系的内容。据此，可以认定优先权为实体性权利。以特别优先权为例，其权利客体特定，使得优先权人可以占有支配债务人的特定动产或不动产，并就其价值优先受偿。毋庸置疑，该权利内容的加入，改变了当事人之间的原有法律关系，对原债权债务关系构成了实质性的影响。另外，我们

[1] 张俊浩：《民法学原理》（上册），中国政法大学出版社2000年第3版，第67页。

还可以从权利产生的时间上去考察一项权利究竟为实体性权利还是程序性权利。优先权是当特定债权出现时，就依法产生了，只是其实现才可诉请司法程序。而与之不同，程序性权利一般是在诉讼程序启动后，才开始产生，并随着程序的结束而消灭。由此可见，优先权是实体性权利而非程序性权利。

3. 优先权为实体性权利，但为何种性质的权利

众所周知，民法中一种常见的权利分类方法就是以权利的标的是否具有财产价值为标准，将民事权利划分为财产权和非财产权。其中，财产权是指以财产利益为内容，直接体现财产利益的民事权利。而近代财产权又以物权和债权作为其两大支柱，从而形成了财产法的二元架构。在此，优先权作为一项实体性权利，属于财产权自不待言。但究竟为何种财产权则莫衷一是。我们知道，在民法体系中，严格区分物权和债权源于以罗马法为基础的潘德克吞体系。降至近世，物权和债权已是十分巩固且界定明确的概念。两者的区分体现为：

第一，物权人对物的支配是直接的，而债权人对物的支配是间接的。物权人无需其他人的配合而可以直接支配物；相反，债权人则必须通过请求特定义务人为或者不为一定行为，从而实现权利。

第二，物权具有排他性，债权具有平等性。在同一物上不能成立两个以上内容相同的物权，但对债务人可以成立两个以上内容相同的债权。

第三，客体不同。物权的客体一般为物，且要求是特定的、独立的物；而在法律上，债权的客体被抽象为一定的行为。

第四，物权是“绝对权”，债权是“相对权”。物权是得对一切人主张的权利，对第三人有对抗力；而债权则是仅对特定的人即债务人得请求为特定行为的权利。

尽管在20世纪70年代，随着不动产租赁权、经过假登记的买受人的债权等价于物权和债权之间的权利日益增多，引发了对于“直接支配性”、“排他性”等基本概念及其相互关系的怀疑论，甚至是对“财产秩序”这一基本结构的认识。但是我们应当认识到，无论什么样的分类都无法避免流动性权利的存在，因此，怀疑论并不能推翻物权债权区分论。下面从物权和债权区分的关键，即支配性、排他性以

及优先性几方面来初步阐释优先权为何种性质。

（1）优先权的支配性。物权通常被定义为，权利主体直接支配物并享受其利益而具有排他性的权利。支配性是物权的核心和灵魂，也是区分一项权利是债权抑或是物权的关键。在阐释优先权是否具备支配性之前，我们需要对物权的支配性有所了解。首先，我们深谙作为物权客体的物天然具备两种价值，即使用价值和交换价值。由此物权的支配性也表现在两个方面，即对使用价值的支配以及对交换价值的支配。通常对物的使用价值的支配表现得比较直观，因为使用价值的支配需要借助于占有这一形式，而相形之下，对物的交换价值的支配就表现得非直观了。以最典型的抵押权为例，抵押权的享有不以占有为要件，它的物权支配性注重的不是对抵押物的实体控制，而是追求支配物的交换价值从而实现债务清偿。同理，优先权系指可以对债务人的特定财产或者总财产的交换价值排它地优先受偿，并且不需要借助于债务人的给付行为，得以自己的意思而享受物之利益。这无疑体现了优先权的支配性。另外，优先权的追及效力也是权利主体对于权利客体支配力的表现形式之一。同时，优先权的享有人可以通过一定的法律程序，扣押及拍卖债务人财产，从而构成对债务人财产法律命运的一种决定。而这种决定在一定程度上也显示了权利主体对权利客体的支配力之所在。因此，正如我们不能因为担保物权的支配特征不及所有权和用益物权的支配特征表现得那样明显，就否认其物权性；我们在面对优先权的支配性存在与否这一问题的态度也应该是予以承认的。

（2）优先权的排他性。物权的排他性是其支配性的补充和延伸。排他性，首先意味着排除他人干预、侵害而占有或享有特定客体物的能力。其次，物权的排他性要求在特定物上不能同时存在两个或两个以上内容相互排斥的物权；在存在多种权利的情形下，必须确定顺位。我们知道，任何一种受法律保护的权利均具有不可侵性，债权和物权一样，都具有第一层意义上的排他性；所以在对物权与债权进行比较时，此时我们所说的排他性是指第二层意义上的排他性，这主要包括特定性和位次性两方面内容。优先权具有位次性，自不待言。在此，我们需要思考的问题是优先权的特定性。物权的特定性是指物权客体的特定化，也即一物一权主义。就特别优先权而言，其客体为特定的动产或不动产，当然具有特定性。而一般优先权的客体是债务人不特定的总财产，如何体现其特定性？对此，史尚宽先生曾指出，通常物权客体须于成立时特定，而担保物权则以于实行时特定为已足。因为考究物权标的物特定化的目的，即在于满足物权人的支配权，用益物权和所有权以物之使用收益为内容，故以对标的物的有形支配为必要，借其存在而获取利益，所以此种物权的客体在成立时就必须特定化，才能满足物权人的利益；而担保物权，唯以取得该物所保有的交换价值为目的，以特定事由出现或者债务人到期不清偿债务的情况下通过将担保物拍卖等方式取得的价金，优先清偿被担保债权为内容，担保物权存在时无价值取得可言，故无需对其作有形的支配，其价值之取得借其消灭，即实行时而实现。在此最为典型的例子要属浮动抵押权。同理，一般优先权的特定性也是以优先权实行时债务人的总财产的价值之特定来体现的。

（3）优先权的优先性。尽管有学者主张物权优先性的说法不一定准确，但在目前，大多数学者仍认为物权具有优先性。物权的优先性可分为单一说和双重说。其中，单一说主张物权的优先性仅指物权优先于债权的效力，或仅指物权间的优先效力。双重说则认为物权优先性不仅指物权优先于债权之效力，同时也包括物权相互之间的效力。目前，双重效力说为通说。但不论按何种学说考察，优先权都具有优先性。一方面，与普通债权相比较，优先权在效力上具有优先性；另一方面，在优先权内部，不同的优先权效力强弱不同，而且一般优先权和经过登记的不动产优先权，在效力上优先于包括抵押权在内的一般担保物权。由此足以证明优先权的优先性。

（三）优先权物权性质之确定

结合以上的论述，现在我们至少不能否认优先权自身所具有的上述物权特性。但优先权的性质之所以存在如此大的争议，足以可见优先权性质到底如何并非一个显而易见的问题。下面，笔者欲在上文得出的初步判断的基础上，进一步强化大家对优先权是物权的信心，确切地说是消除现实存在的一些疑惑。我们知道优先权除了具备以上证明的物权特性之外，还具有其自身的特点，而这些特点往往又是使大家质疑其物权性的主要原因。这些特点包括：其一，优先权的设定基于法律的直接规定，不能由当事人任意创设；其二，优先权无需以占有或者登记作为公示要件；其三，优先权的顺位由法律直接规定，不参照时间在先权利在先的物权原则。

对于以上特性和典型物权存在差异的事实，笔者认为：首先，优先权因法律的直接规定而产生，就这一特点我们并不需要进行过多的探讨，因为这并不违背任何一项物权的基本原则。当然我亦不认同“这一特点反映了物权法定原则”的观点；因为，何谓物权法定？物权法定就是物权的种类和内容由法律明确规定，不容许当事人任意创设物权，而非排除当事人的意思自治。优先权的特殊之处就在于它完全取决于法律的规定，而非我们一般意义上所说的物权法定，但这一点也是情理之中的，毕竟优先权的设立首先考虑的就是公共利益而非个人利益。其次，优先权无需以占有或登记作为公示要件。初看这一特征似乎明显与物权公示原则背道相驰，对此本人赞同从物权公示原则的本身去思考这一冲突。众所周知，所谓物权公示原则，系指物权变动之际，必须有一定之公示方法，表现其变动，始能发生一定法律效果之原则。物权公示的作用有两点：第一，为了防止第三人遭受损害、保护交易安全，是为其消极意义；第二，为了确认物权变动之法律效果，是为其积极意义。物权需要公示，是物权的绝对性效力所决定的，物权之得失变更唯具有足以从外部辨认之表征，方可使其法律关系透明，从而避免第三人遭受损害，保护交易安全。换言之，公示的目的即在于使人知，占有和登记只是物权公示的一种方式或者手段。不容否认，基于法律规定而产生的优先权，法律规定本身就具有公开该物权并使他人知晓的作用，甚至可以说这种作用明显强于占有和登记。[1] 但同时我们也应该看到法律直接规定而无需以占有或登记作为公示要件本身确实存在缺陷，即不能有效防止第三人在交易中遭受损害。由此，笔者认为优先权这一特殊之处，的确难以完成物权公示的消极作用。但也不能证明优先权和物权公示原则水火不容，两者事实上也有协调的可能。最后，关于优先权的顺位由法律直接规定。

---

[1] 参见申卫星：“我国优先权制度立法研究”，载《法学评论》1997 年第 6 期。

对此，笔者认为优先权这一特点，并不影响其成为一种物权，因为时间在先权利在先这一确定物权顺位的规则，并非物权的一项基本原则，而且规则的目的即在于建立一种确定物权顺位的秩序，定分之争，避免不必要的纠纷。鉴于优先权保护的利益的特殊性，其顺位由法律直接规定，完全合情合理。综上所述，笔者认为优先权是一种独立的权利，是实体性权利，是物权性质的权利。

四、结语

考察世界各主要国家和地区的立法，不难发现自罗马法创设优先权制度以来，他们都在其法律体系中或落实了优先权制度的具体内容或形成了一系列替代性规则。由此可见，对建立优先权制度的社会需求是现实存在的。本文围绕笔者所认同的优先权的概念，就文章开篇提出的问题进行了分析说明，论证了优先权的物权性质。本人认为尽管《物权法》最终舍弃了优先权制度，但随着市场经济的不断发展，基于特殊的社会关系保护的需要，我国对优先权制度的立法研究必将更加深入，将完整的优先权制度付诸立法也指日可待。

制度探索

论我国房屋租赁登记制度的转型

崔丽丽*

摘 要 随着房屋租赁市场的不断发展，对承租人的特殊保护与对第三人交易安全保护之间的冲突日益凸显，为了寻求对两者保护的平衡，即在给予承租人特殊保护的同时，还要考虑到保护第三人的交易安全，进而维护社会交易秩序的稳定，迫切需要完善我国房屋租赁登记制度。但我国现行的房屋租赁登记备案制度被赋予了浓厚的行政色彩，更像是一种行政管理手段，不能在民事领域中影响当事人的权利义务关系，因而不能起到对当事人办理房屋租赁登记的激励作用，导致现实生活中房屋登记率明显低下。因此本文即是笔者针对将我国房屋租赁登记制度由行政领域转向民事领域的必要性问题进行探讨，并对我国房屋租赁登记制度在民事领域的适用中需注意的几个问题进行梳理。

关键词 房屋租赁 登记 买卖不破租赁 优先购买权

一、房屋租赁登记制度概述

（一）房屋租赁登记制度概念及目的

房屋租赁登记制度是指房屋出租人与承租人基于意思自治签订房屋租赁合同之后，经到房屋租赁登记机关予以登记后，承租人即享有某种对抗物权的效力的制度。

房屋租赁登记制度是立法者为了在房屋租赁关系中实现保护承租人的合法权益的同时，兼顾保护其他利害关系人如买卖不破租赁和承租人优先购买权中的买受人的利益，不仅实现对承租人因长期占有使用房屋而形成的民事法律关系的尊重，保障承租人生活的安定，而且在一定程度上保护利害关系人之利益，进而保障交易秩序的稳定。

（二）房屋租赁登记的效力

房屋租赁登记旨在起到公示作用，从而赋予承租人之对抗相关权

* 崔丽丽，中央财经大学2010级民商法学硕士研究生。

利人之对抗力。因此，房屋租赁登记应为承租人依法享有特殊的受保护权利（对抗力）的必要条件，而不是房屋租赁合同生效的必要条件。因为房屋租赁合同为出租人与承租人双方当事人意思自治的结果，并且法律并未规定房屋租赁登记作为房屋租赁合同效力的必要条件，因此合同生效与否与房屋租赁登记无关。

（三）相关概念之租赁权的性质

有关房屋租赁权的法律性质，主要有以下几种观点：

1. 债权说

学说认为，承租人对房屋只具有使用收益权，并非物权之直接支配权，故租赁权本身仍属债权。这一学说认为，租赁权不能对抗第三人，不利于维护交易的安定性，尤其是不利于保护房屋租赁之承租人，所以大多数国家立法不采。

2. 物权说

此学说认为，租赁权属于对物支配的一种物权。租赁权乃占有租赁物而为使用收益，不为物的支配，而此支配权实为租赁权之本体，至于承租人所有其他权利，皆不过为由此本体所生之效果而已。承租人对房屋的使用收益权是对物的支配权，出租人和第三人都不得侵害。

3. 债权物权化说

此学说认为租赁权仍属于债权，但法律为强化其效力，使之物权化。即租赁权包括两种权能，一为本于债权契约之租赁契约而发生请求出租人应将租赁物合于使用收益状态之单纯债权（第一次的权能）；二为基于契约发生租赁关系，为使用收益之租赁物的支配权（第二次权能）。法律上强化租赁权表现为买卖不破租赁制度，承租人优先购买权等。[1]

笔者赞同第三种观点——租赁权乃债权之物权化，租赁权本身仍为基于租赁合同产生的债权，而立法者基于一定的价值取向强化租赁权之债权效力，赋予承租人债权击破物权的效力，从而寻求保护承租

[1] 转引自戚兆岳：《不动产租赁法律制度研究》，法律出版社2009年版，第136～140页。

人与相关利害关系人之间利益的平衡。

二、典型国家及地区相关立法例

（一）有关“买卖不破租赁”的规定

笔者通过对各国有关“买卖不破租赁”立法例进行比较、研究，得出如下结论：

第一，各国除韩国民法在物权编部分规定租赁权外，其他各国民法都在债权部分规定租赁。而英美法国家则尊重其传统以判例法或单独的成文法确认不动产租赁权为一项独立的财产权。

第二，德国、法国、日本、韩国等大陆法系国家均侧重保护承租人而使租赁权物权化。其中尤以韩国最为明显，直接将租赁权作为物权规定，从而具有绝对的对抗第三人的效力。法国和德国民法都以受让人承受租赁期约为原则，而未设房屋租赁登记制度的规定。日本民法以完成租赁登记为限，赋予不动产租赁人对抗第三人之效力。瑞士虽然在解释上被认为是偏向保护承租人，但其适用仍以不当然约束受让人为原则，其对当事人间租赁契约的干预最为温和。英美法国家则直接确定不动产租赁权的对世效力，本质上类似于大陆法国家的物权效力。

另外，我国台湾地区民法虽然没有要求房屋租赁登记，但是其《土地法》第 102 条规定，“租用基地建筑房屋，应由出租人与承租人于契约成立后二个月内，声请该管市县地政机关为地上权之登记”。因地上权登记将租赁权视为物权保护。

（二）有关“承租人优先购买权”的规定

承租人优先购买权是优先购买权的一种，各国及地区在立法上对承租人优先购买权的态度并不是统一的。其中《德国民法典》以及我国台湾地区土地法对其均有较为完备的规定。德国法上住宅承租人享有的法定先买权也仅具债权效力。我国台湾地区承租人的优先承买权具有物权效力，然而我国台湾地区立法政策与立法背景与大陆不同，我国台湾地区土地为私有制，承租人优先承买权的客体为土地。而对于房屋承租人的法定优先购买权，我国台湾地区“民法”上未作规定。并不可因此而认为大陆房屋承租人先购买权也具有物权性。

笔者认为为了保障交易安全，应该对不同的地区、交易客体施以不同的立法政策，我国的法定承租人优先购买权要赋予其物权效力，首先要实现公示制度，表现为房屋租赁登记制度，使得第三人能够通过查询知悉租赁事实，只有达到此条件承租人才享有可以对抗第三人的物权效力。

三、我国房屋租赁登记备案制度相关规定

由于我国现行的房屋租赁登记备案制度具有浓重的行政主义色彩，与上述典型国家与地区民法中的房屋租赁登记制度是截然不同的，其仅单纯地作为一种行政管理手段，而没有很好地保护承租人及房屋租赁利害关系人的合法权益，从而使房屋登记备案制度在实践中不能得到有效地执行。以下对我国有关房屋租赁登记制度的典型法律法规及内容进行了列举：

（一）法律

《中华人民共和国城市房地产管理法》（2009年修正）

第五十四条　房屋租赁，出租人和承租人应当签订书面租赁合同，约定租赁期限、租赁用途、租赁价格、修缮责任等条款，以及双方的其他权利和义务，并向房产管理部门登记备案。

（二）司法解释

2009年7月30日最高人民法院发布的《关于审理城镇房屋租赁合同纠纷案件具体应用法律若干问题的解释》

第四条　当事人以房屋租赁合同未按照法律、行政法规规定办理登记备案手续为由，请求确认合同无效的，人民法院不予支持。

当事人约定以办理登记备案手续为房屋租赁合同生效条件的，从其约定。但当事人一方已经履行主要义务，对方接受的除外。

（三）行政法规

1990年5月19日国务院令第55号发布的《中华人民共和国城镇国有土地使用权出让和转让暂行条例》

第三十一条　土地使用权和地上建筑物、其他附着物出租，出租人应当依照规定办理登记。

（四）规章

1. 1995 年建设部颁布的《城市房屋租赁管理办法》

第三章第十三条到第十八条单独规定了“租赁登记”。

2. 2010 年 12 月 1 日住房和城乡建设部发布的《商品房屋租赁管理办法》

第十四条到第二十条规定了房屋租赁登记制度。

第十四条　房屋租赁合同订立后三十日内，房屋租赁当事人应当到租赁房屋所在地直辖市、市、县人民政府建设（房地产）主管部门办理房屋租赁登记备案。

房屋租赁当事人可以书面委托他人办理房屋租赁登记备案。

另外，我国《物权法》、《合同法》、《民法通则》及一些地方性法规也有一些关于租赁登记的规定，在此不再一一列举。由以上规定可以看出，我国现存的房屋租赁登记制度具有严重的行政管理色彩，并且只作为倡导性规定，而缺乏相应的效力规定。

四、我国房屋租赁登记制度转型之必要性分析

基于租赁权的性质不论是债权物权化还是用益物权，本质上都是应给予其物权保护，就其物权效力部分应适用物权公示公信制度。对于物权公示公信制度，动产物权公示方法为占有，不动产物权公示方法为登记。而房屋租赁问题涉及房屋占有和使用权问题，一般无法通过占有来达到公示效果；而且通过登记进行公示能够对交易安全起到更好的保护效果，因为相比于交付，登记具有更规范的操作程序，同时国家登记机关的参与使得这种公示更具有可信性。但由于我国房屋租赁登记备案制度行政色彩浓厚，严重脱离民事领域中的适用，对租赁合同双方当事人没有履行登记义务的激励机制，使得其在实践中是很难得到执行的。于是，如何实现我国房屋租赁登记制度由行政管理领域向民事领域的转型成为当今房屋租赁登记制度的迫切问题，即将房屋租赁登记作为承租权对抗相关权利人的必要条件，而并非房屋租赁合同生效的必要条件以增强其登记的积极性。以下通过对房屋租赁民事领域中的具体法律问题来分析房屋租赁登记制度的必要性。

（一）租赁对抗抵押

《物权法》第190条规定："订立抵押合同前抵押财产已出租的，原租赁关系不受该抵押权的影响。抵押权设立后抵押财产出租的，该租赁关系不得对抗已登记的抵押权。"

根据《物权法》的上述规定，租赁能否对抗抵押权的判断标准有两个时间点，分别如下：

1. 租赁能对抗抵押

"订立抵押合同前抵押财产已出租的，原租赁关系不受该抵押权的影响。"此即为租赁对抗抵押权的条件。其以"订立抵押合同"作为判断房屋租赁与抵押的先后顺序的基点，只要房屋租赁合同成立在抵押合同成立之前，则房屋承租人在之后的房屋抵押合同订立后，租赁合同不受抵押权影响。此种情况下，抵押合同不分登记与否，只要是发生在房屋出租之后就产生租赁对抗抵押的效力。显然此规定的目的是为了更好地保护承租人的利益，使其基于租赁合同的权利义务不受之后的抵押权的影响。由于房屋抵押权采登记生效主义，抵押权人为了保护自己的利益，往往积极主动地办理抵押权登记，从而使抵押合同成立时间的确定得以解决；但是对于租赁合同订立时间的确定却很难，因为法律并没有规定房屋租赁登记对租赁合同权利义务关系产生的影响，从而使租赁合同双方不会积极地办理租赁登记，使得房屋租赁合同成立时间无法确定，这就给出租人和承租人通过非法手段倒签合同订立时间来对抗善意人留下空间。

笔者认为房屋租赁登记制度在民法领域的完善，能够使得租赁合同订立时间得以清晰地被第三人所知悉，在双方订立的房屋租赁合同履行房屋租赁登记的前提下，起到保护承租人合法权益的目的；在双方订立的房屋租赁合同未履行房屋租赁登记时，为防止出租人与承租人恶意串通行为，承租人不得以此来对抗善意抵押权人。

2. 租赁不能对抗抵押

"抵押权设立后抵押财产出租的，该租赁关系不得对抗已登记的抵押权。"此即为租赁不得对抗抵押的条件。如果抵押权成立并以登记，之后成立的租赁合同的承租人不得以其租赁合同对抗之前的抵押权。此立法之目的是以抵押权登记作为分界点，在保护承租人利益与保护房屋善意买受人之利益之间进行权衡，试图找到一个平衡点。如果房屋出租人在将其房屋出租之前已将房屋抵押出去并办理登记，已经履行了公示义务，之后承租人租赁房屋能够或者应当能够知悉房屋已抵押之情况，而由于自己疏忽而未知悉的，应由自己承担此不利后果，而不应该由已订立抵押合同并履行登记义务的善意并无过错的抵押权人承担租赁对抗抵押的不利后果。

同时，如果房屋抵押合同订立但未履行登记义务的抵押权人，由于抵押合同未生效，不享有抵押权，且第三人不能通过查询信息了解抵押情况，此种情况应归属于出租人和抵押权人过错，为保护无过错承租人利益应承认其租赁对抗抵押的权利。

但以上规定，仍应确定租赁合同成立时间，这就又回到如何完善我国房屋租赁登记制度在民事领域的适用问题了。我国《物权法》对这两种情况的规定，更加侧重对抵押合同的产生或生效来进行界定，而忽视了较之更加难以确定的租赁合同成立时间。抵押权人根本无法通过查询信息知悉房屋租赁情况，出租人与承租人之间完全可以事后达成选择对双方都有利的时间补定或重新起草租赁合同，很显然不利于对抵押权人的保护，不利于社会交易秩序的稳定，这就需要一种机制来制约恶意损害之行为，房屋租赁登记恰恰能发挥这种作用，既能保护承租人合法权益，又能限制承租人恶意行为从而保障抵押权人的合法权益，从而有利于鼓励进行房屋交易。因此，笔者认为可以将房屋租赁登记作为承租人对抗房屋抵押权的必要条件，未经登记则无此对抗效力。

（二）买卖不破租赁

我国《合同法》第 229 条规定，租赁物在租赁期间发生所有权变动的，不影响租赁合同的效力。《商品房屋租赁管理办法》第 12 条规定，房屋租赁期间内，因赠与、析产、继承或者买卖转让房屋的，原房屋租赁合同继续有效。这些规定都体现了所有权转移不破租赁原则。王泽鉴先生也说过：“所谓买卖不破租赁，严格言之，应称为所有权转移不破租赁，转移所有权之原因行为，不限于买卖，亦可为赠与、互易或合伙之出资。”实际上上述抵押权的实现最终也会导致所有权之变动，但为了强调租赁对抗抵押之重要性而将其单列出来，另外在此笔者只讨论买卖不破租赁问题，对于赠与等所有权变动之复杂性暂不予分析。

买卖不破租赁原则涉及的权利义务人包括出租人、承租人和买受人，涉及的权利义务关系有出租人与承租人之间的租赁合同关系和出租人与买受人之间的买卖合同关系。其中承租人的基于租赁合同享有的对房屋的占有权和使用权来对抗买受人的所有权，之所以承认物权此时让位于租赁权，立法者为了更好地保护承租人的合法权益，保障其居住环境的稳定，从而牺牲所有权人部分利益。受让人基于买卖不破租赁原则，必须承受原房屋所有人与承租人之间的租赁权利义务，这对于善意受让人来说无疑是不公平的，而且由此造成的损失只能依合同责任向出租人请求赔偿。但基于房价处于不稳定的现状，受让人往往无法从出让人那里获得由于无法实现所有权权能造成的损失的赔偿。

更为重要的是由于房屋租赁没有相应的公示制度，使得受让人在订立合同时无法知晓房屋已出租的情况。虽然受让人实地考察可在一定程度上避免不知情情况的发生，但是不能排除无法通过实际考察发现实情的情况出现；并且如果出租人恶意隐瞒房屋已出租之情况或出租人与承租人恶意串通隐瞒房屋已出租的，此种情况下对受让人极为不利。

笔者认为买卖不破租赁制度在保护承租人的同时，要在一定条件下保护受让人的利益，从而实现二者保护之间的平衡。房屋租赁登记制度在民事私法领域中的运用，即规定房屋租赁合同经登记后，承租人才可基于此租赁合同对抗之后成立的买卖合同的买受人。这就使得承租人认为必要时积极选择登记，以免以后纠纷发生，进而保护受让人之利益。

（三）承租人优先购买权

《合同法》第 230 条规定，出租人出卖租赁房屋的，应当在出卖之前的合理期限内通知承租人，承租人享有以同等条件优先购买的权利。《商品房屋租赁管理办法》第 13 条规定，房屋租赁期间出租人出售租赁房屋的，应当在出售前合理期限内通知承租人，承租人在同等条件下有优先购买权。立法者赋予承租人同等条件下的优先购买权，旨在保护承租人生活的稳定，也利于房屋租赁关系的顺利过渡和消灭。

然而另一方面，承租人优先购买权的行使对善意受让人之所有权的冲击更大，此时善意受让人面临着与买卖不破租赁中的善意受让人相同的境遇，即无法通过查询信息，在订立买卖房屋合同之前知悉房屋已抵押之情况，从而使其在耗费一定交易成本之后，因承租人由优先购买权的突袭而毁于一旦。此时受让人只能向出租人主张合同责任，赔偿明显不足，法律又没有规定像商品房买卖司法解释规定的，出让人故意隐瞒房屋已抵押而应承担的双倍赔偿责任，这就使受让人处于危险地位，不利于交易安全。因此笔者认为将房屋租赁登记引入承租人优先权制度之中是必要的，规定承租人只有选择租赁登记后，才可向买受人主张优先购买权，从而保障买受人之交易地位。

另外，有关承租人优先购买权中的房屋租赁登记制度，笔者认为应注意承租人主张优先购买权的时间界定问题。我国法律规定，出租人出卖租赁房屋的，应在出卖之前的合理期限内通知承租人。此处规定的“在出卖之前”作为一个时间的分界点，应理解为在出租人与买受人之房屋买卖合同成立之前，即如果出租人与善意买受人已订立了房屋买卖合同，此时即使有出租人的通知或履行房屋租赁登记义务，承租人也不得向受让人主张同等条件下的优先购买权。此时如果还承认承租人的优先购买权，则难免有过于保护承租人之嫌，不利于对受让人的保护，况且承租人完全可以依买卖不破租赁制度来对抗受让人。

有人认为承租人优先购买权可以通过预告登记制度取得对抗效力。预告登记制度作为物权法中一项重要而特殊的登记制度，在保障当事人权利、维护不动产物权关系稳定以及交易安全等方面均有重要意义。持此种观点的人认为，承租人优先购买权可以借鉴预告登记制度，使这项权利能更好地保护承租人的利益。并提出可以将我国租赁合同的登记备案作为承租人优先购买权的预告登记内容，这样不仅对于当事人尤其是承租人更好地履行登记备案的义务起到激励作用，也能起到公示效果，使第三人更好地了解出卖房屋上的权利状况，对交易后果作出合理预期，保证了交易的便捷和安全。笔者认为，将房屋租赁纳入预告登记之中，首先对于现行我国预告登记范围之狭窄的情况下，无论是理论上还是实践时间上都有一定的困难；并且对于将房屋租赁赋予预告登记之保护在登记成本和可行性上是否合理还有待讨论。而直接将房屋租赁登记制度引入民事领域赋予其一定的对抗效力，在现行法律制度的规定下不失为一种合理的选择。

综上，为了保护承租人的居住条件的稳定，保护房屋更好地发挥其使用价值，我国现行法律法规赋予承租人“租赁对抗抵押”，“买卖不破租赁”及“承租人优先购买”权等以特殊保护，从而使得承租人对出租人的债权相对于抵押权、物权等具有优先效力。但是在一定程度上牺牲了房屋其他相关权利人的利益。为了保护交易秩序的稳定，应该将我国房屋租赁登记制度转向民事领域，用民法规则来保护与规制房屋租赁相关权利人之合法权益，从而将本属于民事领域的房屋租赁登记制度交给私法而非公法管理。

五、我国房屋租赁登记制度需注意的几个问题

（一）登记范围

由于房屋租赁登记制度的适用，在一定程度上增加了房屋租赁双方当事人的负担。不仅包括登记所带来的时间成本、经济成本的增加，还包括因为没有及时登记所带来的不利后果。在现实生活中房屋租赁交易已非常普遍，而且房屋租赁合同的期限一般也较短，特别是是在城市，由于人口的流动性较强，很多房屋租赁合同的期限都是短期限的。而这种短期的租赁中，承租人的权利受到严重侵犯的现象较少，而且一旦发生承租人的合法权益受侵犯之现象，则当事人可通过协商或赔偿方式解决。

笔者认为，对买卖不破租赁、租赁对抗抵押和承租人优先购买权中的房屋租赁登记范围，可以根据房屋租赁的期限来界定。可以参考《合同法》第215条的规定：“租赁期限六个月以上的，应当采用书面形式。当事人未采用书面形式的，视为不定期租赁。”将6个月作为分界线，如果期限在6个月以下则可以不进行登记即具有对抗效力；期限在6个月以上则需登记才具有对抗效力。

之所以这样规定是因为考虑到登记成本和侧重保护承租人利益，

在较短期限的租赁合同中，即使在未进行房屋租赁登记之情形下承租人行使对抗力，由于期限在6个月以下，受让人和抵押权人的利益不会因等待租赁关系之消灭而受到严重影响，其只是受让人和抵押权人丧失暂时占有权和使用权，并非所有权，而且受让方也完全可通过协商或补偿来解决相关权利冲突之问题。但对于较长期限的房屋租赁合同，若承租人不经房屋租赁登记而行使对抗力，则很可能使受让人和抵押权人之利益受到严重损害。

（二）申请主体

首先房屋租赁登记是依当事人的申请而启动的，因此，申请主体设置合理与否关系到房屋租赁登记制度的贯彻力。如何规制申请主体成为房屋租赁登记制度的一个重要问题。

《商品房屋租赁管理办法》第14条规定："房屋租赁合同订立后三十日内，房屋租赁当事人应当到租赁房屋所在地直辖市、市、县人民政府建设（房地产）主管部门办理房屋租赁登记备案。房屋租赁当事人可以书面委托他人办理租赁登记备案。"可见我国现行房屋登记备案制度规定的申请主体为房屋租赁合同当事人，并可书面委托他人办理登记。立法规定之所以要求当事人共同申请，主要目的在于保障当事人所提交登记资料的真实性，进而保障登记的准确性。可见仍具有行政管理之色彩。但实践中，双方当事人很难达成进行房屋租赁登记的合意，特别是出租人，由于房屋租赁登记制度是为了保护承租人之对抗力的有效适用，往往对出租人并没有好处，出租人一般不愿浪费成本办理登记；而赋予承租人以单独申请登记权，则有可能出现承租人恶意骗取登记以损害出租人利益之情况出现。

因此，笔者认为应允许当事人一方持有房屋租赁合同到登记机关进行申请，但需另一方进行确认，登记机关才可进行登记。对于拒绝确认的一方当事人，可以由登记机关采取相应的处罚措施。

（三）登记信息查询制度

构建房屋租赁合同的目的就是为了达到公示的目的，使得第三人了解到房屋租赁与否的情况，从而决定交易与否。因此只在登记机关进行了房屋租赁登记还不能达到公示制效果，还必须保证房屋租赁登记信息得到有效的查询，使第三人知悉。由于我国现在的房屋租赁登记制度本质上是一种行政管理手段，很少甚至根本就没有涉及房屋租赁登记信息查询制度。

笔者认为，房屋租赁制度的建立要求相应的房屋租赁登记信息查询制度以保障其效力。因此，一方面要保障相关权利人查询登记信息的权利，另一方面要严格限制查询主体资格，以免对侵犯出租人和承租人之隐私。[1] 查询既要符合保护交易安全的目的，也要不被利用来实现其他非法目的。我国《物权法》规定权利人、利害关系人可以申请查询、复制登记资料。其中权利人，是指对登记的不动产已享有所有权或他物权的人。利害关系人，是指与被登记的不动产有一定现实利益关系，并有可能因登记结果而影响其利益存在或实现的人。借鉴这一规定，房屋租赁登记的查询主体，也应为权利人、利害关系人，这里的权利人应当是房屋租赁关系的当事人，即出租人与承租人。而利害关系人，则为与房屋租赁登记具有现实利益关系之人，如买卖不破租赁与承租人优先购买权情况下的买受人和租赁对抗抵押权的抵押权人等。

（四）收费问题

我国法律法规关于房屋租赁登记收费问题没有统一的规定，但各地规章作出了相应的收费规定。收费标准主要有三种：一是按套收费或按件收费；二是按租赁面积；三是以租金为基础按一定比例收取。[2] 各地不同的收费标准，也导致收费数额的不统一。加上登记费之高昂，使当事人不得不选择规避房屋租赁登记，这就使得我国房屋租赁登记备案率低下。有人认为，房屋租赁登记应实行登记免费原则，登记成本完全由国家财政支出，从而提高当事人登记之积极性，但这种做法会在一定程度上使国家财政负担加重。笔者认为，我国法律应对房屋租赁登记收费标准作出统一的规定，并且寻求登记成本由政府财政负担与当事人负担之间的平衡，从而既不会给国家财政支出到来较

---

[1] 参见“北京大学房地产研究中心网”，http：//crel. law. pku. edu. cn/article _ view. asp? id＝86，最后访问时间：2012 年 6 月 20 日；参见李朝晖：“论房屋租赁合同登记备案制度的立法价值目标”，载《广西社会科学》2008 年第 2 期。

[2] 参见“北京大学房地产研究中心网”，http：//crel. law. pku. edu. cn/article _ view. asp? id＝86，最后访问时间：2012 年 6 月 20 日。

大负担，也能提高当事人进行房屋租赁登记的积极性。

六、结语

综上所述，我国房屋租赁登记制度应该由行政管理领域转向民事领域，只有这样才能真正地实现其自身价值，保障租赁对抗抵押、买卖不破租赁及承租人优先购买权等制度的有效适用，进而达到保护承租人和利害关系人的合法权益之平衡，保护社会交易秩序的稳定。因此，如何构建我国新型的房屋租赁登记制度成为迫切需要解决的问题，需要我们进一步理论与实践的研究与分析，在结合我国的法律制度状况和文化传统的基础上，充分借鉴其他国家和地区的先进经验，来弥补我国房屋租赁登记制度制度的不足。

上市公司委托贷款信息披露情况研究

邹一民*

摘　要　目前沪深两市上市公司从事委托贷款的现象已经愈演愈烈，而委托贷款具有很高的风险，很容易危害上市公司和投资者的利益，但是我国目前的证券市场信息披露制度无法约束上市公司对此作出充分披露。本文对我国上市公司从事委托贷款业务和委托贷款信息披露的情况进行分析，并对建立上市公司委托贷款业务信息披露制度提出了自己的建议。

关键词　上市公司　委托贷款　信息披露

自2000年央行发出《关于商业银行开办委托贷款业务有关问题的通知》后，委托贷款这一融资形式得到了迅速的发展，但其对上市公司及其股东而言的高风险也显现出来。

近年来，在政府宏观调控从紧、企业资金紧张的情况下，一些现金充裕的上市公司开始将富余资金通过委托贷款的方式借贷给需要资金的企业。数据显示，今年以来，沪深两市共有136家上市公司发布委托贷款公告共268份，涉及委托理财金额超过400亿元；这些委托贷款年利率最低的为12%，最高则达到24.5%，远高于一些上市公司做实业的回报率。[1] 比如时代出版于2011年8月29日发布公告称：公司与交通银行安徽省分行签署委托贷款总协议，将自有资金6000万元委托交通银行安徽省分行贷款，委托贷款年利率高达24.5%。

上市公司委托贷款数额巨大，利率较高，债权是否可以顺利实现、是否设立抵押、抵押物价值等情况披露不足，不仅可能损害政府宏观调控的效果，加剧受控行业的投资过热，同时也可能损害上市公

* 邹一民，中央财经大学法学院2010级国际法学硕士研究生。

[1] 苏渝：《上市公司委托理财是邪路》，扬子晚报网，http：//www.yangtse.com/system/2012/12/17/015582369.shtml，最后访问时间：2012年12月22日。

司投资者的利益。因此，加强对上市公司委托贷款的信息披露等制度的研究具有重要的现实意义。

一、委托贷款的性质和作用

委托贷款是指由政府部门、企事业单位及个人等委托人提供资金，由商业银行（即受托人）根据委托人确定的贷款对象、用途、金额、期限、利率等代为发放、监督使用并协助收回的贷款。

与其他融资渠道相比，委托贷款对借款企业和个人的限制较少，对借款企业的经营状况、信息披露无硬性要求。当前政府实行的紧缩政策使许多企业贷款困难，2011 年至今，股市的持续低迷更加剧了企业融资困难的状况，通过委托贷款在公司间进行借贷，有助于提高资金流动和使用效率。

对于委托贷款方，委托贷款为其提供了一种回报率较高的投资理财方式，可以拓宽富余资金的投资渠道，获得较高的资金回报。由于大部分民营企业和房地产公司很难通过银行贷款的方式从银行获得贷款，资金富裕的一方拥有较高的卖方地位，这就使得委托贷款方可以约定高利率，从中获得远高于银行同期存款利息的利息收入。同时，委托贷款为委托人特别是集团公司的现金管理也提供了便捷方式：一方面，可实现其对资金管理的需求，集团公司可以利用现有网络和银行发放委托贷款的合法资格，控制集团内部资金流向，调剂余缺，提高资金效益；另一方面，允许企业内部子公司之间互相调剂无息资金，可以有效降低部分企业的融资成本。

对于接受委托贷款方，委托贷款满足了其融资渠道多元化的需求，能获得有效的资金支持，及时解决企业经营发展中的资金短缺困难。从上市公司委托贷款现状来看，接受委托贷款方多为房地产企业、矿业企业和地方政府融资平台，这主要因为这些企业或平台需要大量资金投入。同时，银行贷款和股权融资受限，发债需要一定的程序和时间且成功率不高，通过接受其他公司（特别是其控股股东或其他关联方）的委托贷款，就成为目前资金需求大的企业获得资金的一个重要途径。

委托贷款的参与者包括委托人（委托贷款方）、借款人（接受委托贷款方）、受托人以及担保人。在委托贷款业务中，受托人（银行、信托公司、证券公司等）只收取手续费，不拆借资金，不为委托人介绍借款人，不接受借款用途不明确和没有指定借款人的委托贷款，不承担贷款损失风险。委托贷款利率不得超过央行规定的贷款利率浮动的上下限。这就是说，银行在委托贷款业务中只做见证，不担风险，一旦贷款无法收回，坏账风险将由委托人自己承担。正常业务中，委托方必须有丰富的市场信息和经验判断，现实中的委托方的社会关系和社会资源成为选择标准，这造成选择中存在很大的局限性，同时由于借款人经营行为的不确定性、经济环境或借款人自身的因素，借款人的财务和经营情况并不能预见，这使得贷款风险总是困扰着委托方。[1]

借款人为了缓解现金流压力，不得不接受高额的委托贷款利息。目前市面上的委托贷款利息有的高达 24.5%，远高出银行同期贷款利息率，当借款人的利润率不能达到委托贷款的利息率时，委托贷款借入资金必将给企业带来沉重的利息负担，增大了双方企业的财务风险。

二、我国目前上市公司委托贷款信息披露法律规定、操作现状和案例分析

我国目前法律法规并未对上市公司委托贷款事项的信息披露作出直接规定，但是根据《上市公司信息披露管理办法》第 30 条的规定，公司的重大投资行为和重大的购置财产的决定；公司订立重要合同，可能对公司的资产、负债、权益和经营成果产生重要影响等事项属于可能对上市公司证券及其衍生品种交易价格产生较大影响的重大事件，投资者尚未得知时，上市公司应当立即披露，说明事件的起因、目前的状态和可能产生的影响。

而委托贷款作为一种数额大、风险高的交易，很可能属于公司的“重大投资行为”，公司签订的委托贷款合同也很可能构成《上市公司

---

[1] 王本哲、邵志桑：“上市公司委托贷款，蜜糖还是鸩酒”，载《财务与会计理财版》2008 年 10 月刊，第 11～12 页。

信息披露管理办法》第30条第三款规定的可能对公司的资产、负债权益和经营成果产生重要影响的“重大合同”。因此，虽然我国相关法律法规并未直接规定上市公司应当对委托贷款事项作出披露，但上市公司应当对自己委托贷款交易中达到《上市公司信息披露管理办法》第30条规定的标准的作出及时披露。

而中国证监会于2012年9月19日发布的《公开发行证券的公司信息披露内容与格式准则第2号——年度报告的内容与格式（2012年修订）》（证监会公告［2012］22号）第21条第五款（2）规定：如公司有委托贷款事项，应当披露委托贷款借款人、借款用途、抵押物或担保人，以及展期、逾期或诉讼事项及风险应对措施。但是这个文件层级较低，且规范对象仅为公司年报中对委托贷款事项的披露，对委托贷款信息披露的推进力度不够大。

我国目前上市公司委托贷款的现状是：

（一）涉及上市公司数量多，放贷总量大

根据上海证券交易所资本市场研究所年报专题小组于2012年8月7日发布的《沪市上市公司2011年委托理财和委托贷款情况分析》，沪市上市公司2011年度委托贷款的年初余额为643.83亿元，借方发生额为860.14亿元，贷方发生额为416.43亿元，年末余额为1087.54亿元。[1] 而截至2012年12月中旬，本年度两市共有136家上市公司发布委托贷款公告共268份，涉及委托理财金额超过400亿元。[2]

（二）部分上市公司盈利中委托贷款利息收入占比过多

自2011年以来，有部分上市公司的委托贷款收益构成了其净利润的重要部分，典型例子为一向以发放委托贷款闻名的宁波波导股份有限公司（波导股份）。根据该公司2011年度报告测算，其对外委托贷款收入占到了净利润的37.5%，而该公司2012年前三季度报告显

---

[1] 上海证券交易所资本市场研究所年报专题小组：《沪市上市公司2011年委托理财和委托贷款情况分析》，第1页，http://www.sse.com.cn/cs/zhs/xxfw/research/research/research20120810g.pdf，最后访问时间：2012年12月22日。

[2] 苏渝：《上市公司委托理财是邪路》，扬子晚报网，http://www.yangtse.com/system/2012/12/17/015582369.shtml，最后访问时间：2012年12月22日。

示，其在2012年前三季度实现净利润5838万元，其中对外委托贷款取得的收益达982万元，贡献率高达16.8%。

而香溢融通控股集团股份有限公司（香溢融通）2012年前三季度报告显示，1—9月份公司实现归属于上市公司股东的净利润约8390万元，而公司对外委托贷款取得的收益高达8028万元，委托贷款收入对公司净利润的贡献率达到了惊人的95.7%。

更加耸人听闻的是，部分上市公司甚至通过委托贷款收入实现了扭亏为盈或者缩小了亏损幅度。

以浙江新安化工集团股份有限公司（新安股份）为例，该公司前三季度报告显示，该公司1—9月份净利润770万元，同期对外委托贷款收入却高达3374万元。

与新安股份类似的是京投银泰股份有限公司（京投银泰），根据其前三季度报告，该公司前三季度净利润为−1.9亿元，同期委托贷款收入6046万元。

（三）委托贷款多流向高风险领域

上述上交所报告称："由于目前并没有要求披露委托理财和委托贷款资金的用途，因此无法获知委托贷款资金的具体去向。根据借款人的名称，可以初步判断部分资金进入了高风险领域，该领域以房地产业居多，可能也有小部分属于急需资金的非房地产性中小企业。一般来说，高风险总与高收益伴存，资金的风险性大体可以从收取的高利率来加以判断。截至2011年年末，在44家贷给独立第三方企业的134.43亿元委托贷款中，委托贷款利率超过10%的合计金额为63.79亿元，占总余额的47.45%。"[1]

除房地产外，还有部分委托贷款流向了目前风险较大的地方融资平台。2012年5月11日，江苏鹿港科技股份有限公司（鹿港科技）发布委托贷款公告。称公司委托兴业银行张家港支行向张家港金茂投资发展有限公司（下称"金茂投资"）贷款2亿元。委托贷款期限为

[1] 上海证券交易所资本市场研究所年报专题小组：《沪市上市公司2011年委托理财和委托贷款情况分析》，第7页，http：//www.sse.com.cn/cs/zhs/xxfw/research/research/research20120810g.pdf，最后访问时间：2012年12月22日。

12 个月，委托贷款利率为年息 10%。公告披露，该笔委托贷款用于金茂投资流动资金周转，不做其他项目投资使用。

金茂投资即是张家港市的地方融资平台，主营包括房地产开发、经营，以及对授权范围内公有资产经营、管理和城市基础设施建设。公开资料显示，该公司为张家港市国资委下属的国有独资公司，代表市国资委行使出资人职权。

据统计，仅 2012 年上半年，就有洽洽食品（002557. SZ）、常山股份（000158. SZ）、华兰生物（002007. SZ）、新安股份（600596. SH）等多家上市公司在今年向公司注册所在地的地方融资平台进行委托贷款，贷款金额大多在 1 亿—2 亿元，年利率在 10%上下浮动。❶

地方融资平台也是一个风险较高的领域，2011 年年底，银监会主席尚福林曾在内部会议上警告称，未来三年内有 35%的平台贷款到期，地方平台即将面临一个偿债高峰，而一些平台项目的贷款条件和偿债能力先天不足，已出现在建项目后续建设资金和还贷资金无着落的局面。❷

（四）委托贷款回款压力大，逾期、展期情况严重

受民间借贷危机和 2012 年经济形势的影响，有的上市公司先前发放的委托贷款已出现了逾期、展期、债权转让甚至诉讼等情况，委托贷款风险已有所展现，其中，浙江新安化工集团股份有限公司（新安股份）和香溢融通控股集团股份有限公司（香溢融通）最为典型。

2012 年 8 月 29 日，浙江新安化工集团股份有限公司公告称，2011 年 8 月 12 日，公司与长安国际信托有限公司签署了向浙江正路工贸集团有限公司（下称“正路集团”）发放 4500 万元流动资金贷款的信托合同，但该笔贷款出现逾期，为保障公司利益，浙江新安化工

---

❶ 徐明徽：“借道上市公司数亿委托贷款流向地方融资平台”，载《第一财经日报》2012 年 6 月 8 日，来源：http：//www. yicai. com/news/2012/06/1795803. html，最后访问时间：2012 年 12 月 22 日。

❷ 徐明徽：“借道上市公司数亿委托贷款流向地方融资平台”，载《第一财经日报》2012 年 6 月 8 日，来源：http：//www. yicai. com/news/2012/06/1795803. html，最后访问时间：2012 年 12 月 22 日。

集团股份有限公司已委托长安国际信托有限公司向法院申请强制执行。2012年8月28日，浙江省金华市中级人民法院送达《执行裁定书》，称已对正路工贸集团有限公司用于贷款抵押担保的3351.04平方米商业物业（原评估价值9570万元）进行查封。

2012年8月31日，香溢融通控股集团股份有限公司发布半年报，称其与杭州京庐实业有限公司、上海星裕置业有限公司、杭州现代联合投资有限公司等企业之间的委托贷款逾期，公司贷款类资产中正常类项目从年初的89.02%下降到83.73%；可疑类项目从年初的9.98%上升到15.31%，部分客户出现资金流紧张情况，潜在风险隐现。

该公司半年报同时披露，2010年12月10日，该公司控股子公司浙江香溢金联有限公司委托银行向浙江大宋控股集团有限公司（以下简称：大宋集团）发放2000万元贷款，借款期限2010年12月10日—2011年6月7日，后展期至2011年9月7日，借款利息18%/年；同日，该公司控股子公司浙江香溢担保有限公司委托银行向大宋控股发放3000万元贷款，借款期限2010年12月10日—2011年6月7日，后展期至2011年9月7日，借款利息18%/年。上述委托贷款抵押物均为绍兴阳明华都西区（三期）土地使用权共16666.67平方米，以及大宋集团下属子公司浙江诗韵江南房地产开发有限公司开发的位于湖州南浔的大宋世茂名流小区共6540.35平方米营业房第二顺位抵押。截至该公告披露日，大宋集团尚未归还借款。

目前，大宋集团不动产被当地政府管制，扣除已被司法查封的房源，可供销售房源非常有限。大宋阳明华都工程项目得到政府重点保障，目前所有房屋销售回款需全部用于工程建设，即便如此，工程项目仍因缺乏现金流支撑进度缓慢。大宋集团所欠我公司借款只能等待该工程完工、实现销售才能逐步归还。该公司债权实现时间尚难确定。

2012年9月28日，香溢融通控股集团股份有限公司发布《关于业务诉讼的公告》，称公司于2011年1月6日通过平安银行宁波分行向东方巨龙投资发展（杭州）有限公司发放5000万元委托贷款，贷款期限为一年，2012年1月4日，该笔贷款展期至2012年7月5日，到期后借款方仍无法归还，香溢融通已委托平安银行宁波分行进行起诉。

2012年12月10日，香溢融通控股集团股份有限公司发布《关于委托贷款业务延长借款期限的公告》，称2011年6月3日，公司控股子公司浙江香溢租赁有限公司通过中国银行股份有限公司宁波海曙支行向南通麦之香实业有限公司发放5500万元委托贷款，借款期限为2011年6月9日—2012年6月8日，2012年6月7日，经协商，上述委托贷款展期至2012年12月7日，截至2012年12月7日，南通麦之香归还贷款660万元，剩余贷款为4940万元。2012年12月7日，公司决定将该4840万元委托贷款借款期限延长至2013年6月6日。

（五）委托贷款信息披露不足

根据《证券法》和《上市公司信息披露管理办法》的规定，上市公司提供重大委托贷款的，应该属于公司应该及时披露的信息。但是目前并没有多少上市公司严格地对其涉及的委托贷款事项进行披露，通过查阅近来上市公司的公告，笔者发现，上市公司只是对委托贷款中构成关联交易的部分进行了较为详细的披露，其他不构成关联交易的委托贷款看似有披露，但是仔细读来仍经不起推敲。

以上文提及的时代出版传媒股份有限公司2011年8月29日公告的委托贷款事项为例，该临时公告仅作出了如下表述：

“2011年8月23日，公司与交通银行安徽省分行签署委托贷款总协议，公司将自有资金6000万元委托交通银行安徽省分行贷款，委托贷款期1年（自委托贷款手续完成、委托贷款发放之日起计算），委托贷款年利率为24.5%，按季付息。本次委托贷款以土地为抵押物，股权为质押物。”

这种简单的公告并未提及该项委托贷款的贷款人、具体抵押物的情况以及该笔委托贷款对公司经营的影响、贷款回收前景等问题，完全起不到向股东提示风险的作用。

事实上，部分上市公司对委托贷款事项的不充分信息披露，已经对股东的知情权和潜在经济利益造成了损害。

以上文提及的香溢融通与大宋集团之间委托贷款事项为例，香溢融通对大宋集团的委托贷款发生于2010年12月10日，但是，贷款发生之时香溢融通并未就贷款事宜作出任何公告。香溢融通对此次委托贷款的第一次披露出现在公司2011年中报中，而此时，大宋集团已经逾期未归还，而对于该笔贷款的具体细节，抵押资产的相关评估资料，大宋集团归属权是否被转让等信息，香溢融通都未在2011年中报中提及，而是等到2012年半年报公布时才在半年报“其他重大事项的说明”中简单介绍了该委托贷款情况。

如上文所述，根据《上市公司信息披露管理办法》的规定，上市公司提供重大委托贷款的，应该属于公司应及时披露的信息。香溢融通公司不予披露，与法规不符。

目前，香溢融通已成上市公司放贷专业户。该公司2012年前三季度报告显示，报告期内其贷款类资产余额为11.5亿元，占总资产比重近五成，且如上文所述，该公司委托贷款收入对公司净利润的贡献率达到了惊人的95.7%，称该公司已成为以委托贷款业务为主业的企业一点不为过。

与香溢融通巨大的委托贷款业务量不相符的是，其对委托贷款事项的披露严重不足，查阅该公司在制定披露媒体上的公告可知，其于2010年开展多项的委托贷款业务并未及时进行披露，而其在2011年进行的委托贷款公告均语焉不详，且此时该公司关于委托贷款的公告已经以贷款展期公告和业务诉讼公告为主，股东知情权和潜在经济利益已然受到损害。

虽然目前有关法规要求上市公司对委托贷款事项进行披露，但并未就披露的格式、披露内容的详细程度进行规定，这也就造成了上市公司在披露时不规范、不详尽的现象出现。

在笔者查阅的10家上市公司2010年至2012年年底之间涉及委托贷款的公告中，[1] 披露最全面的是浙江闰土股份在2011年1月28日就子公司浙江迪邦化工有限公司为浙江帝科机床制造有限公司提供9000万元委托贷款的披露。

---

[1] 这10家上市公司为：时代出版（600551）、香溢融通（600830）、波导股份（600130）、京投银泰（600683）、新安股份（600596）、闰土股份（002440）、爱建股份（600643）、冀中能源（000937）、西山煤电（000983）、鹿港科技（601599）。

其公告内容如下：

重要内容提示

委托人：浙江迪邦化工有限公司（简称："迪邦化工"）

委托贷款金融机构：中国银行股份有限公司上虞支行（简称："中国银行上虞支行"）

借款人：浙江帝科机床制造有限公司（简称："浙江帝科"）

委托贷款金额：人民币 9000 万元整

期限：自 2011 年 1 月 26 日至 2012 年 1 月 25 日

利率：年利率 12%

一、委托贷款概述

公司控股子公司迪邦化工委托中国银行上虞支行贷款玖仟万元给浙江帝科，用于其流动资金周转。委托贷款期限为一年，自 2011 年 1 月 26 日至 2012 年 1 月 25 日，委托贷款利率为年利率 12%。本次贷款经双方协商可提前归还。

本次贷款由东营里奥置业有限公司和山东里奥工具有限公司提供连带保证责任担保。东营里奥置业有限公司注册资本 5000 万元，截至 2010 年 12 月 31 日（未经审计）该公司总资产 33211.39 万元，净资产 11897.87 万元。山东里奥工具有限公司注册资本 2100 万元，截至 2010 年 12 月 31 日（未经审计）该公司总资产 5378 万元，净资产 2058.75 万元。同时，公司控股股东阮加根承诺以持有的上市公司股份 1000 万股股票作为浙江帝科向迪邦化工还款的保证。

公司董事会认为收回该笔贷款风险较小并可以控制。

本项委托贷款不构成关联交易。不需要提交股东大会审议。

二、借款人基本情况

1. 公司名称：浙江帝科机床制造有限公司

2. 住所：上虞市谢塘工业功能区

3. 法定代表人：吴志芳

4. 注册资本：肆仟贰佰万香港元

实收资本：肆仟贰佰万香港元

5. 经营范围：制造：中央空调通风管道清洗、消毒检测用的机器人及专用机床；销售：自产产品。（法律、行政法规禁止或须经审

批的除外）

6. 该公司股东为帝科有限公司和上虞市柏恩锯业有限公司，其中帝科有限公司持股85.71%。

7. 该公司2010年12月31日（未经审计）总资产7361.82万元，净资产6162.74万元，2010年1至12月营业收入7503.37万元，净利润1548.16万元。

三、委托贷款的主要内容

1. 贷款金额

合同项下贷款为委托贷款，贷款金额为人民币9000万元整。

2. 贷款用途

合同项下贷款用于资金周转。

3. 期限

合同项下期限自2011年1月26日至2012年1月25日。

4. 利率及利息的计付：

合同项下利率：年利率12%，按季度结息。

5. 贷款的偿还

合同项下贷款的偿还：到期日一次性全部偿还。

6. 担保

合同项下委托贷款东营里奥置业有限公司和山东里奥工具有限公司作连带责任保证。

四、董事会意见：

1. 委托贷款的目的

委托贷款的目的是提高资金使用效率，为本公司获得部分利息收入。

2. 存在的风险

借款人信誉良好，不会影响委托贷款的按时偿还，并且有东营里奥置业有限公司和山东里奥工具有限公司担保，所以我们认为收回该笔贷款风险较小并可以控制。

3. 对公司的影响

子公司迪邦化工在保证生产经营所需资金的情况下，利用自有资金通过委托银行贷款给浙江帝科，可提高资金使用效率，并获得部分利息收入。

五、独立董事意见

鉴于子公司迪邦化工资金充裕，在保证生产经营所需资金的情况下，利用自有资金通过委托中国银行上虞支行贷款给浙江帝科，可提高资金使用效率；借款人信誉良好，不会影响委托贷款的按时偿还，而且本次贷款由东营里奥置业有限公司和山东里奥工具有限公司作连带责任保证，所以我们认为收回该笔贷款风险较小并可以控制；该委托贷款事项符合相关规定，未损害公司及股东的利益，其决策程序合法、有效。同意该委托贷款方案。

六、保荐机构意见

浙江帝科 2010 年净利润为 1 548.16 万元，本次委托贷款完成后，浙江帝科资产负债率将达到 62%左右，预计需要为本次委托贷款支付的利息为 1 080 万元，浙江帝科将来可能存在一定的偿债压力。

本次委托贷款事项已履行的决策程序符合有关法规和《公司章程》的规定，不存在损害公司和全体股东利益的行为。

综上所述，海通证券对闰土股份控股子公司迪邦化工本次向浙江帝科提供委托贷款事项无异议。

七、截至目前公司累计委托贷款（含本次委托贷款金额 9000 万元）的金额为 9000 万元，占最近一期经审计净资产 113 789.74 万元的 7.9%。

八、公司无委托贷款逾期情况。”

由其披露内容可见，浙江闰土股份在公告中对委托贷款的数额、利率、期限进行了披露，还就借款人、贷款人的工商资料以及最近一期财务报表主要数据进行了披露，并且详细介绍了借贷双方为此次委托贷款设置的担保，并且记载了公司董事会和独立董事对该笔借款的意见，在目前国内上市公司进行的委托贷款信息披露中，已经算是相当详尽了。

不过，以上公告内容仍有重要的不足，借贷双方为该笔委托贷款设置的担保方式为连带保证和上市公司股权担保，但是并未披露设置担保的上市公司股权的市价，其担保能力不明，而且公司在公告中仅仅提及“公司控股股东阮加根承诺以持有的上市公司股份 1000 万股股票作为浙江帝科向迪邦化工还款的保证”，而公告备查文件目录中并未提及该项担保的担保合同，说明此项保证很可能只是口头承诺，证明难度大，万一出现纠纷很难得到履行。

（六）委托贷款很容易被用于利益输送

类似香溢融通、ST 波导这样的上市公司，其以前主营业务并非金融业务，公司并没有建立起商业银行那样严格的风险内控制度，也缺乏金融监管机构的监管，对贷款的审核也并不严格，也不注意维持公司贷款类资产比例，很容易被公司高管和具体业务人员钻空子，利用公司资金放“人情贷”，而不认真对借款人的偿债能力进行审核，也不要求借款人提供足够担保。在这样的情形下，利用委托贷款进行利益输送便成为可能，这也给上市公司和投资者带来了巨大的风险。

同时，根据《沪市上市公司 2011 年委托理财和委托贷款情况分析》，目前上交所上市公司所进行的委托贷款大多发生在关联企业之间，2011 年全年，上交所上市公司委托贷款给其控制的全资、控股子公司及其下属公司以及参股子公司、联（合）营公司的发生额和余额分别为 707.13 亿元和 945.42 亿元，分别占发生总额的 82.21%和 86.93%。[1] 如此密集的关联交易，如果缺乏强制信息披露制度，很容易被上市公司用来在关联企业之间输送利益，损害股东利益。

三、对我国上市公司委托贷款信息披露制度构建的建议

如上文所述，我国目前并无直接关于上市公司委托贷款信息披露的法律规定，仅靠《上市公司信息披露管理办法》第 30 条的规定又无法保证上市公司对重大委托贷款事宜作出适当披露。而在整体融资困难的大环境下，上市公司从事委托贷款的情形愈演愈烈，在缺乏适当监管的情况下，上市公司大量的委托贷款可能会造成贷款逾期、上市公司利益受损、高管通过委托贷款的方式进行利益输送，侵害上市

---

[1] 上海证券交易所资本市场研究所年报专题小组：《沪市上市公司 2011 年委托理财和委托贷款情况分析》，第 4 页，http://www.sse.com.cn/cs/zhs/xxfw/research/research/research20120810g.pdf，访问日期：2012 年 12 月 22 日。

公司和投资者利益等情况。因此，应当建议证监会专门就上市公司委托贷款事宜出台部门规章进行规制。

按照笔者的设想，证监会出台的部门规章应当注意以下几点：

（一）对委托贷款的披露门槛作出规定

大额的委托贷款和小额多笔委托贷款都有可能严重损害上市公司的利益。因此，应当规定一个门槛数额，要求上市公司必须对达到门槛数额的委托贷款进行披露，同时应当规定上市公司委托贷款总余额不得超过公司净资产的某一固定比例。如果超过这一比例，则上市公司就应当对其所有委托贷款事项作出披露，以此防止上市公司通过缩减单笔委托贷款的规模、多次放贷的方式规避信息披露义务。

（二）对委托贷款披露的具体内容作出详细规定

如上文所述，目前我国并未对上市公司委托贷款信息披露的具体内容作出详细规定。证监会应该规定上市公司在对委托贷款事项作出披露时，要详细披露委托贷款的数额、利率、期限，资金用途、借款人的工商资料以及最近一期财务报表主要数据和目前大概营业状况，并且详细介绍借贷双方为此次借贷设置的担保，担保人的担保能力、担保物的物上权利状况、担保物的公允价值、市价等情况，并在信息披露公告中记载公司股东会或董事会和独立董事对该笔借款的意见，公司控股股东、董事、监事等高级管理人员与借款人没有较密切联系的，应当在公告中作出承诺，否则，应当将该笔委托贷款作为关联交易事项进行披露。

（三）要求大量从事委托贷款业务的公司建立贷款风险防范机制

对于波导股份、香溢融通这样实际上以委托贷款业务为主业的上市公司，为了防范贷款风险，应当要求其在公司内部建立贷款风险防范机制。首先，应当对如何识别“以委托贷款为主业”的上市公司作出规定，例如规定公司在一定会计期间内委托贷款收益达到公司净利润的一定比例，即认为公司是“以委托贷款为主业”的公司，或者可以称为“主要依靠委托贷款盈利”的公司。其次，对于这样的公司，应当要求其尽快建立起与商业银行相仿的贷款审批制度、约定一定规模以上的委托贷款应当由临时股东会作出决议、约定高级管理人员决定委托贷款事项的额度限制等各种风险防范措施，并向上市公司所在地证券监督派出机构进行备案和定期报告。

（四）要求上市公司建立委托贷款跟踪披露制度

委托贷款合同成立后，还可能因为借款人盈利能力下降、遭遇重大诉讼、偿债能力下降、担保物价值大幅减少、破产保护等事项影响到债权的履行，给上市公司和投资者带来损失。因此，应当要求上市公司对可能影响委托贷款债权履行的情况进行及时披露，以保护投资者的知情权。

（五）建立上市公司委托贷款信息披露的警告和惩戒制度

从目前的情况看，上市公司对委托贷款信息披露并不重视，而没有警告和惩戒措施的规章只能是纸老虎。因此，应当规定由证券监督管理机构或证券交易所依据上市公司违反委托贷款信息披露义务的严重程度而进行不同级别的警告或惩戒，以此督促上市公司履行其披露义务。

我国大陆地区保荐人制度的完善

张 超*

摘 要 我国大陆地区确立保荐人制度的深层原因，是国际证券发行上市审核制度发展趋势和我国证券市场监管理念转变的双重体现。但实证分析表明，目前这一制度还存在很多问题，如保荐人的职责过多，难以全面落实；保荐人独立性程度较低；保荐机构内控制度不健全；保荐机构和其他证券服务机构职责划分不清等。从香港和国际上的相关经验来看，有必要分解保荐人的角色，提高保荐人的独立性，完善保荐机构的内控制度，以及厘清保荐机构与其他中介机构的责任并适当扩大证监会的处罚权。

关键词 证券发行上市审核制度 保荐人制度

一、我国证券发行上市审核制度的演变——保荐人制度的确立

自20世纪90年代我国证券市场建立以来，我国证券发行上市审核方式先后经历了“地方审批制”、“额度指标管理制”、“家数指标管理制”和“通道制”，直到2004年，我国借鉴国外的经验，才从香港引入了保荐人制度。

（一）20世纪90年代末——审批制下的“地方审批”阶段

20世纪90年代末，我国上海证券交易所和深圳证券交易所相继成立，我国的证券市场刚刚起步。为了与当时国家的计划经济体制相适应，并防止刚刚建立的证券市场出现较大风险，地方政府严格限制证券市场的规模，并对之进行严格监管，未经地方监管机构批准，禁止发行证券。❶

---

* 张超，中央财经大学法学院2012级法律硕士（法学）研究生。

❶ 1990年11月27日实施的《上海市证券交易管理办法》第7条规定：“凡在本市发行证券，必须取得证券主管机关批准，未经批准，禁止发行证券。”1991年6月15日实施的《深圳市股票发行与交易暂行管理办法》第13条规定：“凡在本市发行证券，必须取得证券主管机关审查批准。”

（二）1993—1995年——审批制下的“额度指标管理”阶段

1993年，以国务院颁布《股票发行与交易暂行条例》为标志，我国的证券发行与交易审批制度进入了“额度指标管理”阶段。企业首先需要按照隶属关系，向地方政府或者中央企业主管部门提出申请，地方政府或者中央企业主管部门提出申请初审通过的，再报证券监督管理委员会[1]进行复审。通过复审，方可发行股票。

（三）1996—2000年——审批制下的“家数指标管理”阶段

国务院证券委发布的《关于1996年全国证券期货工作安排意见》确立了“家数指标管理”制度。由国家计委、证券委共同确立证券发行总规模，分配给地方限报的企业家数，审批模式上，依旧由地方预选，证监会审批。

（四）2001—2003年——核准制下的“通道制”阶段

1999年，《证券法》的颁布实施拉开了我国证券发行上市核准制的序幕。《证券法》第15条规定：“国务院证券管理机构依照法定条件负责核准股票发行申请。”2000年颁布的《股票发行审核程序》，确立了“通道制”的推荐模式。通道制的弊端在于：效率低下，上市公司质量无法保障，不利于证券公司竞争机制的建立，以及发行监管机制换汤不换药，监管者并没有建立起严肃的申报机制。[2]

（五）2004年至今——核准制下的“保荐人制”阶段

保荐制度作为证券业一项基本制度，是在20世纪末、本世纪初才被引入市场的。它最早出现在英国，创始时是为了帮助新兴的中小企业，为其提供上市的机会。[3] 保荐人制度就是由保荐人负责发行人的上市推荐和辅导，核实公司发行文件与上市文件中所载资料的真实、准确和完整，协助发行人建立严格的信息披露制度，并承担风险责任，在公司上市后的规定时间限制内，继续协助公司建立规范的法人治理结构，督促公司遵守上市规定，完成招股计划中所提的标准，

---

[1] 国务院证券委员会是全国证券市场的主管机构，对全国的证券市场进行统一管理，负责向地方分配可以发行的证券额度；中国证券监督管理委员会是证券委的监督管理执行机构，负责对证券发行与交易的具体活动进行管理和监督。

[2] 张莉鑫：“保荐人之路通往何处”，载《金融法苑》2005年总第67期。

[3] 赵泽：“论证券法中保荐人的职责”，载《法制与社会》2010年总第35期。

并对上市公司的信息披露承担连带责任等一系列规定和安排。[1]

2004年《证券发行上市保荐制度暂行办法》（以下简称《暂行办法》）的生效，标志着我国大陆地区证券发行上市保荐人制度的确立。2008年，《证券发行上市保荐制度管理办法》（以下简称《管理办法》）取代了《暂行办法》，《管理办法》强调保荐机构应加强对保荐过程的控制管理，对保荐人的管理和监管措施都进一步增强，要求保荐人建立严格的内控制度。2009年，证监会又对《管理办法》进行了轻微修订，保荐人对首次公开发行股票并上市的公司的持续督导时间根据是在主板上市抑或创业板上市而有所区别。至此，我国证券发行上市的保荐人制度得到初步完善。

二、保荐人制度在我国大陆地区确立的原因

保荐人制度在我国大陆地区的确立，既符合国际上证券发行上市审核制度从审批制向注册制转变的大趋势，也体现了我国证券市场监管理念从行政分权向市场分权的转变。

（一）国际上证券发行上市审核方式的发展趋势——从审批制到注册制

证券发行上市的审核方式可以分为审批制、核准制和注册制。在这三种制度下，监管机构对证券市场的干预程度依次递减，但其有效运作所要求的证券市场成熟度却依次增加。

在审批制下，由监管机构来确定资本市场上证券的额度并作出相应的配置，对申请发行上市的企业进行形式审查和实质审查，主要依靠行政权力控制资本市场的有效运行。这种方式在短期内有利于提高效率，但不利于市场竞争，长期还容易导致腐败、寻租。注册制下，资本市场的供需由市场调节，监管机构制定一定的标准，由符合条件的企业自行申请，监管机构进行形式审查，如果监管机构没有提出相反意见，经过一段时间后自动生效。注册制有利于激励市场竞争，但对市场的透明度和投资者的素质要求较高，依赖强有力的信息披露制

[1] 梁万泉："我国证券市场保荐人制度存在的问题及改革思路"，载《改革与战略》2011年第8期。

度。核准制是介于审批制和注册制之间的制度，监管机构对申请上市的企业在核准方面仍然保存着较强的行政权力，但是不再强制配置资本市场的证券额度。

通常，在资本市场发展的初期或者欠发达地区，采取审批制；而在资本市场发展的成熟阶段，各国则按照本国资本市场的历史背景和现实需要，选择注册制或者核准制。目前，世界范围内，采用注册制的典型代表是美国；德国根据证券申请发行或者上市的状况不同，采取注册制和审批制相结合的制度。英国、中国的香港和台湾地区采用的是核准制。中国大陆地区的证券市场建立于 20 世纪 80 年代末 90 年代初期，与发达国家相比起步较晚，先后经历了审批制和核准制。从发达国家的经验可以看出，中国证券发行上市审核方式的转变是符合历史发展的趋势的，保荐人制度则是这转变中的过渡措施，它既能够解决审批制效力低下的问题，又可以防范直接采纳注册制可能带来的市场风险。如果该制度能合理运行，充分的市场竞争将实现优质的企业和优质的保荐机构的双向选择，使具有潜力的企业能够上市募集资金；保荐人制度相比于“额度制”、“通道制”，还将大大缩短申请人在发行上市审核中的等待时间，有助于提高效率；保荐机构作为证券发行上市审核的第一审查人，还有助于分担相关审核部门的工作负担，节省出更多的行政力量对证券市场进行监督管理。

（二）我国证券监管理念的转变——从行政分权到市场分权

我国证券发行上市审核制度变迁的根本原因是证券监管理念的发展。我国香港大学经济与金融学院教授许成钢认为，我国 20 世纪 90 年代的证券监管是向地方分权的行政治理。[1] 清华大学法学院教授沈朝晖则提出了与之相对的“金融监管的市场分权理论”。沈教授认为，配额制的取消使得地方金融分权理论的制度基础不再存在，中央监管层再造一个承接行政许可权力的受权主体——保荐人。新时期的“监管分权”不是地方分权，而是向市场中介组织分权。简言之，演变过程是从“地区竞争”到“保荐人之间的竞争”，以及从“行政治理”

---

[1] 参见许成钢：“政治集权下的地方经济分权与中国改革”，载《从权威到民主：可持续发展的政治经济学》，中信出版社 2008 年版，第 185～203 页。

到“契约治理‘混搭’行政治理”。[1]

从理论上讲，我国证券治理模式从行政分权到市场分权模式的转变，是与我国从计划经济体制到市场经济体制的转变相适应的。从宏观历史和全球视野的角度，证券市场从初具规模到逐渐成熟，必然伴随着监管的规范化、制度化、市场化和去行政化。

保荐人制度的引入，是我国证券发行上市审核制度发展的一个重要举措，彻底废除了国务院证券机构对证券市场的额度限制，企业可以根据自身的需求决定是否上市，有助于减轻证券市场上的供求不对称现象。同时，强化了相关主体的信息披露义务，有助于建立一个高效、透明的市场。无论我国目前实行的核准制是从审批制到注册制的过渡，抑或是我国证券发行审核制度的终点，保荐人制度都是开启市场化证券治理之门的一把钥匙。虽然，我国目前的保荐人制度还不完善，但笔者认为，现阶段我国采取保荐人制度是必要的。

三、我国大陆地区保荐人制度的运行效果

目前，我国大陆地区保荐人制度运行的社会效果在一定程度上引起了争议，认为该制度利大于弊和持相反观点的人士各占一方。笔者认为，保荐人制度运行的总体效果是积极的，但也有一定的负面效果。

（一）保荐人制度运行的积极社会效果

截至2012年2月，我国的保荐人制度已经运行8年，目前共有保荐机构74个，保荐代表人2070名。自保荐制度实施以来，券商、上市公司和投资者的行为都得到了规范，营造了良好的市场环境。具体来说，券商为了获得保荐人资格，需要完善公司治理结构，建立一支合格的保荐代表人队伍，严格遵守相关规定，并规范业务流程。在筛选拟上市的公司时，券商不能只从经济利益出发，还要更多地考虑拟上市公司的资质，因为公司上市后，保荐人仍然承担先前的保荐责任；对于上市公司，上市公司的董事和高级管理人员在经营管理公司

[1] 沈朝晖：“监管的市场分权理论与演化中的行政治理——从中国证监会与保荐人的法律关系切入”，载《中外法学》2011年第4期。

时，需重视公司的内部控制制度，规范公司按照现代企业制度的要求运行，以满足保荐程序中信息披露及时和完整的要求；对于投资者，通过保荐人披露上市公司的信息，可以减少投资者搜集和甄别信息的成本，增加投资的信心，减弱投资风险。❶

（二）保荐人制度运行的消极社会效果

保荐人制度运行的过程中也暴露出了很多问题，突出表现为保荐人的诚信问题以及某些保荐人业务能力不足。这些主观因素和客观因素共同作用的结果是，2004 年以来，保荐人不诚信的事件时有发生：江苏琼花上市时保荐人故意隐瞒了国债委托投资事宜；光大证券保荐宝钛股份上市时欠缺独立性；科达股份上市前被大股东控股子公司借用 2.9 亿元巨资，但保荐人却未对此进行信息披露。此类事件的频发，使保荐人制度的有效性在一定程度上受到了社会公众的质疑。为此，我国证监会根据不同时期保荐人制度运行的状况，采取了宽严适度的监管措施。

根据证监会保荐信用监管系统的相关信息：2004 年，我国刚刚实行保荐制度时，保荐机构的运行还不甚规范，证监会对保荐机构和保荐代表人采取的监管措施比较多，共 10 例，类型主要是谈话提醒和监管谈话这类较轻的措施；2005 年至 2009 年，证监会对相关主体的监管较为宽松，采取的监管措施较少；2010 年起，证监会加大了对相关主体的监管力度，监管措施数量明显增加，而且监管措施的类型主要是一定期间内拒绝接受相关主体的推荐、出具警示函甚至撤销资格。特别的是，2007 年，证监会采取的监管措施为零，这不仅与证监会相对宽松的监管有关，还与该年股市良好的行情密不可分。2008 年 9 月底，由于我国 A 股市场受到国际金融危机的冲击、国内经济增速剧减的背景下，股指连续大幅下挫，基本丧失了股市所具有的融资功能，所以，监管部门不得不暂停 IPO 的审批和放行。直到 2009 年 7 月，我国才重启 IPO，❷ 在该年度剩下的时间内，只有三个

❶ 参见张戡、刘怡："保荐人制度研究"，载《武汉大学学报》2004 年第 3 期。

❷ IPO 重启 — MBA 智库百科，来源于 http：//wiki. mbalib. com/wiki/IPO%E9%87%8D%E5%90%AF，最后访问时间：2012 年 12 月 19 日。

保荐机构的相关人员被证监会采取了监管措施。

表 1 2004 年—2011 年证监会对保荐机构和保荐代表人的监管措施汇总表

措施/年份	谈话提醒	监管谈话	3 个月决绝受理推荐	6 个月决绝受理推荐	12 个月决绝受理推荐	出具警示函	撤销资格	共计
2004 年	9	1	0	0	0	0	0	10
2005 年	2	0	0	0	0	0	0	2
2006 年	5	0	1	2	0	0	0	8
2007 年	0	0	0	0	0	0	0	0
2008 年	4	0	2	0	0	0	0	6
2009 年	0	0	0	0	1	0	2	3
2010 年	0	4	0	0	3	5	0	12
2011 年	0	2	2	0	0	9	2	15
小结	20	7	5	2	4	14	4	56
比例	36%	13%	9%	4%	7%	25%	7%	100%

资料来源：根据证监会网站资料整理

四、我国大陆地区保荐人制度存在的问题

现阶段，我国保荐人制度存在以下问题：第一，保荐人的职责过多，难以全面落实；第二，保荐人独立性要求程度低；第三，保荐机构的内部控制制度不健全；第四，保荐机构和其他证券服务机构责任划分不清。

（一）保荐人的职责过多，难以全面落实

2004 年，我国大陆地区引入保荐人制度时以香港当时的制度为蓝本，由保荐人单独承担上市申请人的辅导、推荐和持续督导的责任。2005 年，香港的保荐人制度进行了大规模修改，将原保荐人的角色一分为三，由保荐人、合规顾问和独立财务顾问共同辅助证券发行上市工作。但我国大陆地区 2008 年发布的《证券发行上市保荐制

度管理办法》依然沿用了香港原来的机制，没有对保荐人的角色进行划分。

根据现行制度，我国保荐人在企业上市之前承担着尽职调查、辅导和推荐的义务，上市后承担两年（主板）或者三年（创业板）的持续督导责任。这样的制度设计存在两个主要问题：第一，保荐人的职责过多，而且对保荐人的素质要求不同——尽职调查主要要求保荐人进行商业判断，包括调查企业的经营能力、财务状况、公司结构和发展前景；持续督导主要要求保荐人进行法律判断——判断企业上市后的运作是否符合法律规定。二者的共性仅在于保荐人都需要忠实勤勉，并履行信息披露义务。第二，法定的持续督导期间结束后，市场上没有专业机构继续督导上市公司的运作。

我国保荐人职责的制度安排与国际上的通行做法也不同。在英国的另类投资市场（Alternative Investment Market，AIM）保荐人是“终身制”的，保荐人持续督导上市公司没有时间限制，只是在公司上市后，督导的义务重心转移到了合规监管。在马来西亚，持续督导责任是由上市保荐人和保荐人共同完成的。在发行人上市后的一年内，上市保荐人继续履行保荐职责，一年后由另外的保荐人（也可以是原上市保荐人）接替。这种“接力式”的保荐人制度考虑到了上市申请阶段和上市后阶段中介机构所扮演的不同角色。[1]

（二）保荐人独立性要求程度低

我国的保荐人制度对保荐人的独立性程度要求较低。《暂行办法》和《管理办法》中都没有明文规定保荐人的独立性问题。《暂行办法》第35条规定了禁止担任保荐人的情形：保荐人和发行人之间持股控股比例达到7%，保荐人的主要任职人员与发行人有雇佣关系或者利益关系，或者保荐机构为发行人提供担保。该规定事实上构成了关于保荐人独立性的规定，但可以看出，该规定十分简陋，不能涵盖判断保荐人独立与否的大部分情形。《管理办法》第43条又对原35条进行了重大修改，不仅取消了后两种情形，而且将原来的“绝对禁止”

---

[1] 谈萧：“保荐人制度：单保还是多保”，载《证券市场导报》2005年第4期。

修改为“有条件的保荐”。[1] 新的规定与香港“申请人可以有多名保荐人，但至少一名保荐人应是独立的”一致。但是，香港对保荐人的独立性判断标准非常完善，[2] 我国在没有建立完善的独立性判断标准的情况下就放宽非独立证券商担任保荐人的条件，会使得保荐人和发行人之间的利益关系更为复杂，影响证券市场的透明度。

（三）保荐机构的内部控制制度不健全

保荐机构的内部控制制度是保荐业务风险防范的第一道关口，良好的内部控制制度能够降低保荐机构运营的风险，并有利于提高保荐业务的质量。一套良好的内控制度应当是一个完善的体系，覆盖保荐机构内部的各个部门，贯穿保荐业务的整个流程。具体措施包括：对发行人的尽职调查、辅导和持续督导；对上市申请文件的内部核查；对保荐代表人的培训和监督等。

根据《管理办法》的相关规定，保荐机构的保荐业务负责人、内核负责人负责监督、执行保荐业务各项制度并承担相应的责任。如果内部控制制度、内部核查制度、持续督导制度、保荐工作底稿制度、尽职调查制度未有效执行，证监会可以根据情节，暂停保荐机构资格3至6个月，或者撤销其保荐机构资格，并可以责令保荐机构更换保荐业务负责人、内核负责人。

内控制度不健全是导致我国保荐业存在各种问题的关键因素。目前，证监会已经发布了具体的规范性文件，指导保荐机构完善内部控

---

[1] 《暂行办法》第35条规定：“存在下列可能影响公正履行保荐职责情形的，保荐机构不得推荐发行人证券发行上市：（一）保荐机构及其大股东、实际控制人、重要关联方持有发行人的股份合计超过百分之七；（二）发行人持有或者控制保荐机构股份超过百分之七；（三）保荐机构的保荐代表人或者董事、监事、经理、其他高级管理人员拥有发行人权益、在发行人任职等可能影响公正履行保荐职责的情形；（四）保荐机构及其大股东、实际控制人、重要关联方为发行人提供担保或融资。”《管理办法》第43条规定：“保荐机构及其控股股东、实际控制人、重要关联方持有发行人的股份合计超过7%，或者发行人持有、控制保荐机构的股份超过7%的，保荐机构在推荐发行人证券发行上市时，应联合一家无关联保荐机构共同履行保荐职责，且该无关联保荐机构为第一保荐机构。”

[2] 香港交易所证券上市规则与指引，《主板上市规则》第三章3A.07和《创业板上市规则》第六章6A.07各列举了10项保荐人不独立的情形，内容详细明确。来源于香港交易所网站：http://www.hkex.com.hk/chi/rulesreg/listrules/rulesandguidelines_c.htm，最后访问时间：2012年12月19日。

制制度、内部核查制度、持续督导制度、保荐工作底稿制度、尽职调查制度，但还没有针对保荐机构的内部控制指引。2011 年 6 月，中国证监会发布了《保荐业务内部控制指引》（征求意见稿），向社会公开征求意见。征求意见稿明确了立项、尽职调查、内核、发行审核、定价与销售、上市保荐、持续督导等保荐业务各阶段的制度建设与内部控制的具体要求，[1] 但也有学者认为，当前保荐业务内控体系有一种倾向，即期望提高保荐机构内控水平，从源头上遏制股市外部风险，但保荐机构没有能力做到这一点。因此，当前保荐机构应当重视保荐业务中的风险，规范业务流程中的关键点，从而优化股票市场的交易环境，而非试图从源头上消灭风险。[2]

（四）保荐机构和其他证券服务机构责任划分不清

根据《暂行办法》的相关规定，[3] 保荐人应当对其他中介机构提供的材料的真实性、准确性和完整性进行实质上的判断，并且，当上述材料出现问题时，保荐人也要承担相应的责任。这种实质性审查的要求并不适当，而且在实践中也难以做到。首先，保荐机构中从事具体保荐工作的是保荐代表人，保代表荐人是通过保荐人资格考试选拔的，对尽职调查和持续督导业务具有专业知识和技能的人员，但他们在法律、审计等领域的专业知识和技能并不能胜任对其他中介机构（律师事务所、会计师事务所等）出具的报告的实质审查；其次，在证券发行上市的过程中，之所以将不同职能的中介服务机构相互独立，主要目的就在于让各种机构各司其职、各展所

[1] 《证监会颁保荐内控指引，关键节点全覆盖》，来源于新华网：http://news.xinhuanet.com/fortune/2011—06/22/c_121566794.htm，最后访问时间：2011 年 6 月 22 日。

[2] 参见刘晓忠：《保荐业务内控应“控”之有度》，来源于证券时报网：http://epaper.stcn.com/paper/zqsb/html/2011—06/24/content_282156.htm，最后访问时间：2011 年 6 月 22 日。

[3] 《暂行办法》第 24 条规定，保荐机构对发行人公开发行募集文件中有中介机构及其签名人员出具专业意见的内容，应当进行审慎核查，对发行人提供的资料和披露的内容进行独立判断。保荐机构所作的判断与中介机构的专业意见存在重大差异的，应当对有关事项进行调查、复核，并可聘请其他中介机构提供专业服务。第 25 条规定，保荐人应当承诺，其有充分理由确信与其他中介机构发表的意见不存在实质性差异。

长。如果让一个机构对另一个机构的业务结论进行低效的审查，不仅有悖于前述初衷，还将导致资源的浪费，甚至各个机构之间的责任划分不清。

《管理办法》的第29条和第33条，对上述内容进行了文字上的修改，主要是结合了《尽职调查工作指引》的规定，引入了“尽职调查”这一内容，但要求保荐人对专业机构出具的文件进行实质性审查的精神并没有改变。保荐人仍然要对其他中介机构提供的资料进行二次评估，并且承担相应的责任。

五、完善我国大陆地区保荐人制度的建议

（一）分解保荐人的角色

在分解保荐人角色方面，可以借鉴香港的经验，将保荐人的一部分角色分给合规顾问和独立财务顾问承担。保荐人负责对新申请上市的公司在上市前进行推荐和辅导，合规顾问负责申请人上市之后的持续督导，独立财务顾问则负责审查发行人上市后的重大交易和安排。三种主体分别在各自的职能范围内承担相应的责任。

表2　香港保荐人、合规顾问和独立财务顾问的职责的对比

机构	职责	
	相同	不同
保荐人	向联交所作出承诺： 1. 遵守适用于其的上市规则 2. 在交易所上市科或者上市委员会进行的尽职调查中与其合作。 （此外，保荐人还应当承诺呈交给交易所的所有材料真实、准确、完整。）	◎ 紧密参与新申请上市文件的准备工作 ◎ 对拟申请上市公司进行合理尽职审查（具体要求参见联交所上市规则《第二项应用指引》） ◎ 根据尽职审查结果向联交所作出相关声明
合规顾问		◎ 只需在发行人要求下提供意见及指引 ◎ 上市发行人须在指定情况下（例如在刊发公告前）及时咨询合规顾问，及在必要时向其征求意见 ◎ 合规顾问必须向发行人提供恰当的指引意见
独立财务顾问		◎ 采取一切合理步骤以信赖： ① 所需作出的声明有合理根据 ② 无理由相信所依赖的任何资料不真实或遗漏重要事实

目前，我国大陆地区已经存在独立的财务顾问。[1] 上市公司并购重组活动涉及公开发行股票的，应当按照有关规定聘请具有保荐资格的证券公司从事相关业务。[2] 但是，法律并没有规定，在上市公司公开发行股票涉及重大资产重组、合并、分立、股份回购等业务时，是否必须聘请财务顾问。笔者认为，当分解保荐人角色时，应当完善关于我国独立财务顾问的相关规范，保障保荐人和独立财务顾问职责的有效配合。此外，证监会对财务顾问进行资格许可管理，中国证券业协会对其进行自律管理。

此外，设置合规顾问的角色，合规顾问主要负责控制上市公司活动的法律风险。从企业上市之日起，由合规顾问持续督导其合法、稳健的运行，持续提供有关合规事宜的意见，包括有关上市规则的合规及企业管治事宜的意见。当上市公司向社会发布公告或者进行其他重大事项之前，都应当主动咨询合规顾问的意见。此外，合规顾问的督导义务不设置年限。

（二）提高保荐机构的独立性

目前，我国大陆地区的法律允许非独立保荐人联合一个独立的保荐人共同承担保荐工作。《管理办法》为保荐人独立性的判断标准设立了上限：保荐机构及其控股股东、实际控制人、重要关联方持有发行人的股份合计不得超过7%；发行人持有、控制保荐机构的股份不得超过7%。如果超过了这个比例，那么保荐人则是不独立的。然而，这两条标准在界定保荐人独立性的问题上显然是不足的，因为保荐机构和拟上市公司或已经上市的公司之间可能存在各种复杂的投资关系，这非常容易导致他们的利益一致化，难以保障保荐人尽职勤勉地履行职责。笔者认为，应当细化关于保荐机构的独立性规则，详细列举保荐人不独立的情形，并引入香港保荐人的承诺和声明制度，要

---

[1] 《上市公司并购重组财务顾问业务管理办法》第2条规定，上市公司并购重组财务顾问业务是指为上市公司的收购、重大资产重组、合并、分立、股份回购等对上市公司股权结构、资产和负债、收入和利润等具有重大影响的并购重组活动提供交易估值、方案设计、出具专业意见等专业服务。第9条收购人进行上市公司的收购，应当聘请在中国注册的具有从事财务顾问业务资格的专业机构担任财务顾问。财务顾问应当保持独立性。

[2] 《上市公司并购重组财务顾问业务管理办法》第18条。

求保荐人主动声明影响其独立性的其他事由。

（三）完善保荐机构的内控机制

根据《证券法》第125条的规定，证监会对证券公司进行业务管理，证券公司可以根据注册资产的数额有选择性地经营相关业务。因此，完善保荐机构的内控机制，首先要健全证券公司的内部隔离机制，将保荐、承销业务和证券自营等业务有效隔离，防止券商利用保荐机构的身份牟取不正当利益。其次，要健全保荐业务的内部控制，在立项、尽职调查、内核、发行审核、定价与销售、上市保荐、持续督导等各个阶段严格把关，建立健全保荐业务管理制度、操作规范和内部监督核查体系，加强保荐业务经营中的风险识别、评价和管理，确保对保荐业务质量和风险进行有效控制所采取的制度安排、组织体系和控制措施。

（四）厘清保荐机构和其他中介机构的责任

保荐机构与其他中介机构之间的责任划分，可以分为“保荐人牵头责任”模式和“区分责任”模式。前者主要由保荐人承担上市申请文件信息的真实性、准确性和完整性的责任，实行这样的责任制度的国家和地区主要有英国、德国和中国香港；后者则要求保荐人和其他中介机构分别承担其在证券发行上市过程中的责任，典型代表是美国。美国“区分责任”模式的基础，部分地源于美国证券法律体系授予美国证监会（SEC）针对各类市场参与主体进行监管的广泛权力，包括向违反证券法者发出停止侵害令、向地区法院提起民事诉讼等（例如《证券法》第20（d）条、《证券交易法》第21条等）。[1]

目前，我国证券中介机构职责划分采取的是“保荐人牵头责任”模式，对于其他专家出具的意见，保荐人应当有充分理由确信与其他中介机构发表的意见不存在实质性差异，否则，保荐人也要承担相应的责任。这种模式不利于从事证券发行上市服务业务的会计师事务所和律师事务所等中介服务机构恪尽职守，因为保荐人对它们责任的分担将大大降低它们的违法成本。

---

[1] 郭雳：“证券市场中介机构的法律职责配置”，载《南京农业大学学报（社会科学版）》2011年第1期。

此外，我国证监会对会计师事务所和律师事务所等证券中介服务机构的监管处罚权力仍显不足：现阶段，我国对证券发行上市过程中的中介机构实行多头管理。形式上，证监会、财政部和司法部共同管理相关的机构；但实质上，证监会的监管属于一线监管，只有当证监会确定相关的中介结构有责任时，才联合财务部或者司法部进行对该机构的具体处罚。根据相关规定，财政部和证监会对会计师事务所的证券资格进行监管，建立诚信档案，并可以对会计师事务所、负责人、直接负责的主管人员和其他直接责任人员采取监管措施。[1] 对从事证券业务的律师事务所和律师的处罚则主要依据《证券法》和《律师法》。[2] 可见，虽然证监会有权监督证券发行上市的全过程，但证监会并不能够直接对相关的违法人员进行处罚，这将影响到证券中介服务机构对证监会相关规定的执行情况。

综上，笔者认为，应当将“保荐人牵头责任”模式转换为“区分责任”模式，提高各中介服务机构的责任意识，严格遵守相关规定，履行各自的职责。此外，还应当赋予证监会充分的权力来制定约束其他证券中介服务机构的详细规则，并加大证监会对中介机构的处罚权。只有这样才能强化证监会发布的规范性文件的效力，提高证监会对证券中介服务机构的威慑力。

---

[1] 参见《关于会计师事务所从事证券期货相关业务的通知》“六、会计师事务所证券资格的监管”。

[2] 参见《律师事务所从事证券法律业务管理办法》第六章“法律责任”。

排污税的可行性分析及法律制度构想

孙瑜晨*

摘 要 我国实行多年的排污费制度减缓了环境恶化的速度，但不能改变环境恶化的程度。现行排污费制度存在征收标准低、征收范围有限、收缴成本高、法律位阶低等缺陷，逐步构建并完善排污税制度有利于克服其存在的局限性。通过对德、法、荷兰的污染税制度的比较研究，本文提出了我国排污税主体、税率税基、管辖权和收入归属的划分、税款的使用和管理等若干方面的制度构想。将来，我国应当逐步建立排污税和排污权交易并存的二元格局。

关键词 排污费制度 排污税 制度构建 环境税

改革开放以来，中国的经济高速发展，人们的物质生活得到极大的丰富和提高，但也带来一系列环境污染问题。当人类活动带来的污染影响超过环境系统自身的承受力时，就爆发了生态危机。对于污染物的防治，在中国主要是依靠排污费制度。但由于排污费制度自身的局限以及约束力不足，一些主要污染物的排放量长年呈现持平趋势，❶ 环境污染问题依然令人堪忧。《2011 年中国环境状况公报》指出，全国地表水总体为轻度污染，湖泊富营养化问题仍旧严峻。❷ 改良现有制度或者寻找一种更有效的法律制度成为了我们的突破口。从国外排污税的成功实践来看，排污税具有更强的约束力、更宽泛的课税范围、更高的透明度以及更科学的程序性，排污税逐渐进入了公众视野，因此开展排污“费”改“税”的理论研究有了一定现实意义。

* 孙瑜晨，中央财经大学法学院 2012 级法律硕士（非法学）研究生。

❶ 数据参考《全国环境统计公报（2007—2011）》。

❷ 中营养状态、轻度富营养状态和中度富营养状态的湖泊（水库）比例分别为 46.2%、46.1%和 7.7%。与上年相比，鄱阳湖、洞庭湖和大明湖由轻度富营养状态好转为中营养状态。国家环境保护总局《全国环境统计公报（2011）》。

排污税费主要对水、大气和固体垃圾征收，鉴于我国水排污费制度实行多年，本文主要在现行水排污费的基础上研究水排污税。通过对排污费局限性的分析，借鉴国外排污税制度，本文探究了排污税的可行性并提出法律制度构想。

一、征收排污税的可行性探讨

（一）对排污费制度的评价

环境资源具有“公共物品”属性，任何人都可以平等均量地消费之，从中获益而不用支付对价。每个人在消耗环境资源过程中使他人遭受了额外的成本，而这部分强加给他人的成本并没有得到当事人的补偿时，就会产生外部性。解决外部性的问题主要依靠内部化来解决，由消费者自己承担自己行为产生的外部费用，从而弥补私人成本和社会成本的差额。为了使这种外部不经济性内部化，就必须让污染者负担这部分差额，即污染者付费原则（polluter-pays principle）。排污费就是基于该原则而提出的一项以间接经济干预为手段的制度。我们可以笼统地把我国排污费制度划分为三个阶段：1979 年《环境保护法（试行）》提出的排污超标收费制度，1984 年《水污染防治法》规定的排污超标收费和排污即收费并存，2003 年《排污费征收标准管理办法》初步建立我国的总量收费制度。从排污费在我国实施 20 多年的实践来看，尽管排污费取得一定效果，减缓了环境污染的进度，并在筹集治污资金方面发挥重要作用，却难以改善环境污染的程度，让研究者不得不重新评价这项制度。

1. 排污费征收标准偏低

为了起到经济激励作用，排污费的征收额度应当与污染者自己行为造成的污染的平均边际处理成本要大致相当。平均边际处理成本是社会为消减该污染物的单位量所需要消耗的“必要劳动时间”。[1] 按照这一理论来看，我国的排污费标准远低于边际处理成本。例如，我国对污水每一污染当量的收费单价为 0.7 元，对全国排污单位 11412 套废水处理设施的调研数据进行边际处理成本的计

[1] 金瑞林：《环境与资源保护法》，北京大学出版社 2009 年版，第 3 页。

算，得出的结果为污水的每一污染当量收费单价应该大于或等于1.32元。[1] 如果排污费高于污染治理成本，选择支付排污费企业的产品成本就会升高，从而导致企业自身的市场竞争力下降；但是如果排污费远远低于排污治理费用，出于对自身利益的考量，企业就会选择宁愿排污而不进行污染控制及治理。我国2003年修正后的排污费征收标准，尽管比旧标准高，但仍难以发挥排污费经济杠杆的作用。

2. 排污费征收范围有限

我国目前的排污费为单因子收费和多因子收费并存，单因子收费是指单个排污口径含有多种污染物时，只对收费额最高者征收排污费，如果对多种污染物都征收排污费则为多因子收费制度。企业可以改进生产工艺，尽可能选择多种原料，通过多种类型污染物质的混合排放来实现逃避缴费的目的。显然从环境保护的功能上看，多因子收费更具合理性。但目前，我国名义上的多因子收费实际上为双因子收费或三因子收费，《排污费征收标准计算方法》规定，对每一排放口排污费的污染物种类数，最多不超过3项。很多类型的污染物都没有计入征费范围。其次依据现行的排污费制度，缴费主体主要限定在单位和个体工商户，不涉及个人。个人的污染行为由于点散面广、监测难度高，对环境造成巨大损害，而排污费制度对这种“微小行为的暴行”显得无能为力。[2] 再次，排污费应费对象主要集中在大中城市的企业，集中对第一、第二产业收费；但对乡镇企业、小型企业收费力度不足，对第三产业排污费收缴存在盲区。而事实上，很多乡镇企业、小型企业缺乏管理和技术，污染程度高而经济效益低。[3] 最后，收费项目涵盖面不足，放射性物质等高损害性污染物均不在征收项目之列。

---

[1] 张岩：《我国排污税收制度实施的可行性分析》，吉林大学2006年硕士学位论文。

[2] 每个人对环境造成的损害是微不足道的，但这种微小行为的集合会造成巨大的破坏，经济学上被称为“微小行为的暴行”。

[3] 计金标：“税收政策与和谐社会建设：从就业、资源利用和环境保护角度的思考”，载《中国法学会财税法学研究会2007年会暨第五届全国财税法学学术研讨会论文集》，2007年。

3. 排污费收缴成本较高

一次排污费的完整收缴包括申报、审核、核定、征收、缴纳五个程序环节，不同环节需要处理大量的信息量，耗费人力和财力。排污费的征收与环保部门对污染排放的核定密切相关，这部分工作消耗了绝大一部分成本，实属理所应当。但除此之外的一些繁琐程序不仅造成排污费收缴成本的增加，而且效率低。例如，按照现行排污费的征收程序，相关部门需要每月或每季向排污者送达排污申报核定通知书和排污费缴纳通知书。如果排污者不按期缴纳排污费，相关部门还需要送达排污费限期缴纳通知书和行政处罚告知书。环保单位通常采用邮寄的方式每月或每季向大大小小的排污单位送达。由此可见，光送达通知书一项环节就需要付出高昂的物力和财力，其他环节的成本自不待言。

4. 排污收费制度法律地位和强制力偏低

排污费制度具有了税收的国家主体性、公共目的性、政权依托性、单方强制性、无偿征收性、标准确定性六个特性，尽管在征收管理上以“费”的形式进行，但实质上是一种准税、变相税。而现行制度将排污费定为行政收费，行政收费法律位阶和强制力远低于税收。排污费的征收程序以企业自主申报为起点。一些地区环保主管部门工作集中于重污染企业的申报登记上，而忽视了中小型污染企业，因此谎报、漏报现象有了可乘之机。很多企业被动申报，提交的申报数据真实性和准确性存疑。这种现象的产生根源在于排污费是一种行政收费，行政主体有义务告知缴费人收费依据，行政相对人不承担收费依据的举证责任；而纳税人则有如实申报确定计税依据的相关信息的义务，要承担计税依据的举证责任。[1] 如果由排污者承担如实申报计税/费依据的举证责任，将大大减少拒绝申报、被动申报或不实申报现象发生的可能。目前，我国很多地方排污费普遍存在不能足额征收的问题。排污费的征收环节缺少有效的法律保障是其症结所在。作为一项行政收费，排污者违反规定少缴、漏缴、拒缴排污费，一般会受

---

[1] 靳东升、龚辉文：“排污费改税的历史必然性及其方案选择”，载《地方财政研究》2010 年 9 期。

到罚款的行政处罚，实例中很少有企业受到“停产停业整顿”的处罚方式。如果将之改为一项税收制度，那么当事人少缴、漏缴、拒缴税款的违法行为将受到税收征管法的处罚，税务机关可以作出扣押、查封纳税人的财物等保全措施和变卖纳税人财产等强制执行措施。

5. 其他弊端

除了上述不足外，还存在以下问题：(1) 现行排污费制度对于超标排污的有关规定存在弊端。超标排污者对超标排污行为只需缴纳超标排污费，承担一定的经济补偿责任而不承担行政法律责任，仅当其不缴纳超标排污费时才承担行政法律责任。这样的规定有使超标排污行为成为“合法行为”之嫌。(2) 现行排污费制度缺乏有效监督机制。不少地区有截留、挪用、挤占排污费专项资金等问题，这部分资金主要被用于环境部门的人员经费。[1] 排污费由环保部门征收、列入环保部门的专项资金、再由环保部门使用，没有第三者的制约和监督，使得这种自己部门以费养人的现象难于监督。我国排污费的监督主要依赖于《排污费征收工作稽查办法》，稽查办法属于部门规章，法律位阶偏低，难以发挥作用。(3) 受地方保护主义影响严重。很多地方政府“以经济建设为唯一中心”的片面发展观成为阻碍排污费征收的最大障碍，政府为了提高企业竞争力，发展地方经济，对企业排污行为置之不管，协商收费、人情收费的现象大量存在。

综上，排污费改为排污税具有历史必然性，逐步构建并完善排污税制度有利于克服现行排污费存在局限性。随着公民环保意识的提高和废费改税的财政背景下，推行排污税是大势所趋。

(二) 排污税的理论基础

排污税是典型的环境税。环境税这个概念在理论界已经探讨多年，尽管我国至今没有法律意义上的环境税，但资源税、城乡维护建设费、增值税等似乎已经具备了环境税的雏形。经济合作与发展组织对环境税作如下定义：为了实现环境保护的特定目的而设计的税收，或者设计的初衷并没有包含环境保护的目的，但对环境有一定影响，

[1] 王飞、孙利荣：“山西：环保资金被迫‘以费养人’”，载《中国青年报》2005年9月3日。

可以为了环境原因而增加、修改或减少的税收。[1] 根据这个定义，不妨将环境税分为标准环境税和派生环境税。无疑，排污税是一种典型的标准环境税。20 世纪初，福利经济学家庇古提出根据污染所造成的危害程度对排污者征税，这种税被称为“庇古税”，可以视为现代环境税之滥觞。

经济学者认为市场机制是调节资源配置的最佳方式，但由于环境这种准公共物品的特殊性，那只“看不见的手”就会出现失灵。因而，对环境资源的消费不能依靠市场下的个人决策来解决，必须由政府公共政策介入。环境税就是一项政府间接的经济干预手段，它通过“看得见的手”改变污染者的成本，来抑制污染者的污染行为，减少或消除污染。排污税的开征一方面能够减少或消除污染排放，达到减缓环境恶化和改善环境的目的；另一方面，在保证国家税收平衡的前提下，排污税开征带来的增加，可以减轻现行税制对资本和劳动带来的负担，实现双重红利。[2]

（三）外国水污染税制度的比较研究

当代以来，很多发达国家控制环境污染的经济干预手段，由排污费进入了排污税、排污权交易更高级的阶段，如美国、德国、日本、法国、荷兰等。下文主要分析了德国、荷兰和法国的水污染税制度，以期对我国排污税的建立有所裨益。

1. 德国的废水税研究

目前，经济合作与发展组织（OECD）中大部分成员国对污染水的行为开始征税，其中以德国最为典型。德国出台了比较完善的《废水纳税法》，对我国可持续发展战略下的税制构建有一定启示。德国废水法的征税范围比较广泛，各种生产污水、生活污水、不清洁雨水、聚集的废水等都可列入征税范围，比我国污水排污费的征收范围要广。德国废水税的纳税人为废水排放者，而我国污水排污费的缴费

---

[1] 王金南等：“中国环境税收政策框架设计与实施战略”，载《环境经济杂志》2006 年第 9 期。

[2] 保罗·萨缪尔森、威廉·诺德豪斯：《经济学》（第十七版），萧深译，人民邮电出版社 2004 年版。

主体限于向环境排放污水的单位和个体工商户，而个人不属于缴费主体。在德国，不管是单位还是个人都负有纳税申报义务。税率方面，德国采用定额税率，开征第一年的税率为每个污染单位 12 马克，往后逐年升高，污染单位相当于一个居民一年的污染。[1] 与之相类似，荷兰对污染物的计算采用“人口当量”，人口当量相当于一个居民一年排入水域的污染数量。而我国对污染物的排污费计算引入了“污染当量”这个概念，[2] 相比之下人口当量显得更直观，便于普通民众监督。《废水纳税法》规定该税主要由州征收，由此可见德国废水税之税权划分予地方，是地方独享税。同时也是一种目的税，税款坚持“专款专用”原则，主要用于治理水污染以及节约水资源的各项措施。

2. 荷兰的水污染税评价

在荷兰，水污染税是政府对向地表水及水净化厂直接或间接排放废弃物、污染物和有毒物质的任何单位与个人所征收的一种税。荷兰的水污染税制度的特色主要体现在分税制和税收的征管部门设定上。荷兰地表水污染协定规定，污染全国性水系的缴纳中央税，污染非全国性水系的缴纳地方税。[3] 故而，荷兰的水污染税为中央和地方共享税。水污染税主要由 30 个水资源管理委员会代表政府向各地区排污的单位与个人的征收，实行差别税率，不同水资源管理委员根据不同流域的特点规定不同的税率。[4] 水资源管理委员会由各区域代表中不同利益的单位代表、用户代表以及国家任命的代表组成，难以协调甚至相互对抗的利益冲突都会同时存在，这样将会起到监督和相互制约作用。

3. 法国的水污染税评价[5]

法国水污染税的主体具有自己的特点。首先，纳税主体分为两

---

[1] 张炳淳：“德国《废水纳税法》评介”，载《现代企业》2010 年第 11 期。

[2] 某种污染物的污染当量等于该污染物的排放量（千克）与该污染物的污染当量值之比。

[3] 沈琳、韩葱慧、李佶：“国外保护水资源财税政策的简介与启示”，载《涉外税务》2009 年第 3 期。

[4] 沈琳、韩葱慧、李佶：“国外保护水资源财税政策的简介与启示”，载《涉外税务》2009 年第 3 期。

[5] 孙漪璇：“国外水污染税制度比较及构建我国水污染税制的设想”，载《济宁学院学报》2008 年第 4 期。

类：家庭纳税人和非家庭纳税人。非家庭纳税人是指日排污量相当于200人/日排污量的单位或个人。作这样的区分，是因为法国采取两种纳税方式。非家庭纳税人的纳税方式是政府对每个排污口进行测算，根据排污量计算相应的税率和应征税款；对于家庭纳税人，纳税方式是以水费附加的方式交纳。其次，征税主体为水利管理局，在法国每一个流域或流域群都设有一个流域委员会和水利管理局。法国的流域委员会组成人员大体与荷兰的水资源管理委员会相同，但其职责主要是税基和税率的制定，而税款的征收由水利管理局执行。

4. 对我国的启示

通过对以上三个国家的水污染税的比较研究，我们可以得到几点启示。第一，外国的水污染税纳税主体广泛，既包括单位，也包括个人。第二，外国的水污染税的征收主体具有本土色彩，征管机构由不同人员组成，彼此之间存在制约和监督。而我国的排污费主要依靠环保部门来实现，难于监督和实现公正。第三，外国水污染税征管程序简单易行，成本较低。第四，税收的使用遵循“专款专用”原则。为了使环境税收专项用于污染治理，很多国家都建立了完善的环保基金制度，基本一项或几项环境税收会对应一项环保基金，如美国的关闭责任基金，其资金来源于向合格的有害废弃物处理设施接纳到的所有有害废弃物的征税。[1] 各项环保基金还建立相应的管理、使用和监督体系。

二、我国排污税的制度构想

（一）主体要素的设计

在税收法律关系中享受权利和承担义务的当事人称为税法上的主体，包括征税主体和纳税主体两方面。

1. 纳税主体的设计

现行的排污费制度规定缴费主体为单位和个体工商户。有研究者认为，试行排污税以后，纳税主体还应当限于单位和个体工商户。单位和个体工商户的排污行为是为了追求经济利益，应当课以排污税；

---

[1] 参见《美国环境法手册》，第499页。

而居民的污水排放行为是生活所必需，况且我国居民要缴纳污水处理费，对其开征排污税难免有双重收费之嫌。然而，随着我国城市化进程的加快，城市生活污水的排放量已经接近资源容纳力的底线，北京地区生活污水排放量为工业污水排放量的3倍。[1] 排污税应当将个人的排污行为纳入规制范围，如果对这种微小行为的暴行置之不管，必然对环境造成更大的损害。再者，污水处理费和排污税是两个截然不同的概念，污水处理费一般包含在水价中并由自来水厂征收，用于维护污水集中处理设施，并不是居民对其排污行为支付的费用。很多地区对缴纳污水处理费的居民不再征收排污费，这显然就放任了居民的排污行为。推行排污税正是一个契机，可以将除单位和个体工商户外的个人也列为纳税主体，对中华人民共和国境内的一切单位和个人的排污行为征税，全面体现污染者付费原则。居民的排污税的纳税方式可以借鉴法国，以水费附加的方式计征。

2. 征税主体的设计

征税主体的确定是排污税制度设计所需要突破的最大难点。费和税区别之一在于税收由税务机关征收，而费则由除税务机关以外的行政部门来征收，因此排污税的征税主体应当为税务机关。但是目前来看，排污税的征收需要依靠专门人员和专门技术对污染物进行监测和计量，税务机关并不具备开征排污税的技术力量。有研究者建议由环境保护行政主管部门内的相对独立部门代为行使排污税的征管权。尽管这种做法能解决排污税征收过程中的技术问题，但也有很多弊端，如不利于税务的监管、造成税费不分的局面。笔者认为，应当由税务机关作为征税主体，环保机关提供污染监测数据等计税信息，以部门协作的方式征收。在今后的改革中，环境保护部门应当逐渐建立排污者和排污对象的数据资料库，定期对排污者排放的污染物进行环境监测、定期对污染物排放单位进行抽查或排查、定期统计符合税收优惠的排污企业的排污改良状况，确保数据资料库的更新和完善，税务机关在此基础上计征税款。随着社会发展进步，国家对一些特殊行业也

[1] 韩振宇："中国2020年城市生活污水排放量预测及淡水资源财富GDP指标的建立"，载《环境科学研究》第18卷第5期。

开始征税，税务机关与其他不同部门之间合作征收税款的实践已经在高科技领域的税收征管方面展开。再者，社会保障费的征收对排污税部门协作的征收模式提供了重要借鉴：社保部门对社保费缴费单位和个人应缴的社保费进行计算并将数据传送给地税局，地税部门按照社保部门传送的应征数据进行社保费征收。因此，部门协作征收排污税具备可行性和合理性。为了使这种跨部门的征管协作机制高效运转，我们还应当逐步建立排污税征管人员的交叉培训机制：对税务工作人员进行相关环保技术培训，对环保工作人员进行相关税法知识培训，还应当逐步建立环境税收会计制度。[1]

（二）税基、税率的设计

税基的设计主要有两种方式：从量计征和从价计征。从量计征就是以污染物的排放量作为计税依据，从价计征主要是按污染企业的生产价值作为计税依据。通过自身排污技术设备的改进，一些生产量巨大的现代化企业的排污量反而要低于一些传统的中小型企业，因此我们应当采取从量计征的方式。为了方便税务部门和环境保护部门之间的协作，税率的设计应当注意简单易行、便于操作。目前一些国家采取定额税率，排污者应纳税额＝废物排放量＊单位税额。但这样的税率设定就弱化了排污税对超标排污行为的惩罚功能，造成排污者的排污程度与税负不相适应。笔者认为应当采用超额累进税率，将废水中有害物质的浓度按大小划分为若干等级，每级由低到高规定相应的税率。在税率水平的设计上，最理想的税率应当大致等同于因单位污染而产生的单位社会边际成本。政府征收的排污税收入一方面能满足政府用于污染治理的支出，另一方面能弥补其他个体因排污行为而受到的损害。环境污染是一个随时在变化的问题，因此排污税的税率不能固定，应当根据不同时期污染防治状况而做适当调整。此外我国各地区环境条件、人口密度、经济水平、污染治理成本等存在差别，税率的设计兼顾各地区水污染税率的差异性。

（三）排污税管辖权和收入归属的设定

我国实行分税制以来，将税收划分中央税、地方税、中央地方共

[1] 李传轩：《环境税法律制度研究》，华东政法大学 2006 年博士学位论文。

享税。排污税的收入划分上存在分歧，有学者认为排污税应当划为地方税，理由为环境资源地域性强，应当由地方政府自行投入资金进行污染治理。[1] 但是很多污染都属于跨区域污染，特别是流域污染，这些污染问题需要中央统一协调来治理，中央应当获得一定比例的税收。因此排污税应当属于一种中央地方共享税，具体由地方税务机关征收。在收入分配，笔者认为还应当借鉴现行排污费的划分标准，即地方划分 90%，中央划分 10%。

（四）排污税的使用方式

在排污税收的使用方式上，目前大部分国家通行的做法是专款专用。专款专用方式有一定优越性，如该方式能够将征收的税款专门用于环境项目，极大发挥环境保护功能，而且专款专用的方式透明公开，易于社会监督。无疑，我国排污税的使用方式应当为专款专用。在排污税的使用上，法国、荷兰等国家都通过环境保护专项基金来实现专款专用，如法国的每一项环境税收入几乎都形成了相应的环境保护基金。环境保护基金可以由代表不同利益的各方代表组成管理委员会，充分发挥制约监督机制。因此，我国应当在由排污费收入形成的环境保护专项资金的基础上进行一定改革，形成污染防治专项基金。污染防治专项基金的资金来源为排污税收入。在基金管理上，笔者比较赞同“双重管理结构”的观点。由财政部门、税务部门和环保部门共同组成的管理委员会，负责决策基金的专项预算与决算工作；其次是设立污染防治专项基金作为具体的管理机构，负责基金的管理运用工作。[2]

三、展望

现行排污费的局限性决定了排污费改税的必然性，排污税具有深厚的理论基础，此外发达国家排污税的成功实践为我国提供了制度借鉴，进一步支持了本文对排污税的可行性论证。现在关于排污税的研究日渐成熟，并走向体系化，但并不是说建立一套完善的排污税制度

---

[1] 张炳淳：“生态税收法律制度简论”，载《河北法学》2006 年第 11 期。

[2] 李传轩：《环境税法律制度研究》，华东政法大学 2006 年博士学位论文。

就可以一劳永逸，作为一项环境税其自身存在弊端。不妨举这样一个例子予以说明：由于污染物 A 的损害性要高于污染物 B，为了限制某厂 A 物质的排放量，政府对 A 物质的排放行为课以重税。客观上减少了污染物 A 的排放，但在客观上却“鼓励”了企业排放污染物 B 的行为。尽管我们的税目范围会逐渐扩大，但不能穷尽所有的污染物类型，总会发生抑制此排污行为而变相鼓励彼排污行为的现象。法国政府出于柴油比汽油较为清洁的考虑，对柴油油征收的税费要比汽油低很多，因此，汽车厂商纷纷推出柴油发动机的小型汽车以减少税收成本，而这样政策带来的激励效果是消极的，因为柴油与汽油之间的税收差别过高反而导致了更多柴油车的使用，造成了更大程度的污染。[1] 产生这种问题的根源在于：环境税收制度在污染物总量控制上存在不足。发达国家目前采取排污税收和排污权交易制度并存的双轨机制来控制环境污染，因为排污权交易制度一方面能刺激经济，另一方面在总量控制上具有极大优势。排污权交易制度根据特定区域的环境质量要求，确定一定时期内污染物的排放总量，在此基础上，通过颁发许可证的方式分配排污指标，并允许指标在市场上交易。[2] 排污费制度在我国的改革变迁也应该遵循这样的规律：逐渐改革为排污税制度，并朝着排污税和排污权交易制度并存的二元格局发展。当然，费改税并不意味着生搬硬套，任何制度的改革都应当与该国的国情相适应。

另者，排污税和污染税是两个相互区别的概念，排污税是对排污行为征收的税收，它强调的是末端治理；而污染税的涵义要宽泛得多，即包括对排污行为征收的税费，还包括对污染产品的消费行为、污染原料选择行为、污染产品生产行为、污染产品的处置行为征收的税收。从环境学的角度讲，污染税更能实现环境保护的功能。在现行的排污费改为排污税之后，我们可以尝试建立污染税，与产品生产流程相结合，将应税对象扩大到污染产生的源头，标本

---

[1] 邓尧：《环境税法律制度比较研究》，西南政法大学 2008 年硕士学位论文。

[2] 李挚萍：《环境法的新发展——管制与民主互动》，北京人民法院出版社 2006 年版，第 114 页。

兼治。从这个意义上讲，污染税是一种更理想的环境税收模型。最后，需要说明的是，排污费改税不可一蹴而就，应当循行渐进。排污税的改革应当兼顾环境保护和国家的发展，首先可以将重点污染源或跨区域污染列为课税对象，由点到面，再到全局，最终使排污税覆盖所有排污行为。

关于经济审判庭的思考

马澎英*

摘　要　本文通过介绍金融司法的现状，剖析最高人民法院撤销经济审判庭的理由，并对撤销理由提出笔者的质疑，从而探寻经济审判庭存在的必要性与可行性，提出重建经济审判庭的初步构想。希望本文的写作能有利于经济审判庭的重新建立，丰富经济审判庭的理论内容，对我国经济环境以及整体经济发展带来积极影响。

关键词　经济审判庭　撤销　重建　大民事审判格局

一、由金融司法现状引发的思考

伴随金融市场的不断开放和金融产品的不断创新，许多新情况、新问题不断涌现，也就是说，在五花八门的金融创新跃跃欲试的同时，形式各异的金融纠纷也层出不穷，这使得金融市场的司法需求日渐增多，原设于民事审判第二庭内的专项合议庭审判模式已无法适应金融市场规模化、专业化发展的要求。

于是，2008 年 11 月 13 日，国内首个金融审判庭在上海浦东新区法院宣布成立，但全称是民事审判第六庭（金融审判庭）；而 2009 年 6 月 28 日，上海市高级人民法院和上海第一、第二中级人民法院金融审判庭正式成立，在揭牌仪式现场，细心者发现牌匾上写的是“金融审判庭”，并没有像首个金融审判庭那样位于括号之中隶属于民事审判第六庭。目前，上海法院金融审判庭已经形成了“1＋2＋5”框架，即在高院、2 个中院以及 5 个基层法院都已设立了金融审判庭。为了加强对金融审判专业人才的培养，加快建设一支既懂法律又懂金融的复合型法官队伍，上海法院分层次对金融庭的法官进行了相

* 马澎英，中央财经大学法学院 2012 级经济法学硕士研究生。

关专业知识培训，并与一些专业院系建立了长效合作培训机制，对金融庭所有法官进行相关金融、债券、期货等方面专业知识的滚动培训。继上海首开先河之后，全国各地法院陆续开始试点设立金融审判庭，专门审理金融纠纷案件。例如：重庆市渝中区金融审判庭于2010年7月1日成立，是西部地区首个金融审判庭；青岛市黄岛区人民法院在对金融案件进行充分调研和论证的基础上，于2010年8月9日率先在全市基层法院中成立了金融法庭；河南省从2011年3月1日在郑州市中级人民法院成立金融审判庭至今，率先实现了金融审判庭在三级法院中的全面覆盖；温州鹿城区人民法院于2012年5月25日成立了浙江省首个金融审判庭，通过金融专家陪审员参与审判来提高审判质量、效率和专业性。此外，还有消费者权益保护巡回法庭、环境保护法庭、劳动者权益保护法庭、旅游法庭等，笔者就不一一列举了。

举不胜举、丰富多彩的金融司法让笔者不禁质疑、不断思考：当初，最高人民法院为什么要撤销经济审判庭？有合法或者充分的撤销的理由吗？重新建立经济审判庭是否具备必要性和可行性？如果具备，又该如何重建呢？面对这些问题，笔者试图以上述金融司法现状为切入点，剖析最高人民法院撤销经济审判庭的理由，探寻经济审判庭存在的必要性与可行性，并提出重建经济审判庭的初步构想。

二、对撤销经济审判庭理由的质疑

经济审判及其程序运作本来应当是经济法实施的一个重要层面，是经济法功能释放的基本渠道，[1] 但最高人民法院却于2000年的机构改革中撤销了经济审判庭。对此，原最高人民法院副院长祝铭山提出：高级、中级人民法院的机构设置，要与最高人民法院的机构设置基本相对应；基层法院要从符合全面开展审判工作的实际出发设置机构。[2] 此次机构改革工作在2000年年底基本完成。然而，一些法官

---

[1] 颜运秋：“经济审判庭变易的理性分析”，载《法商研究》2001年第2期。

[2] 祝铭山：“在最高人民法院机构改革新闻发布会上的讲话”，载《人民法院报》2000年8月9日，转引自邢会强：“重提经济审判庭的设立”，载《法商研究》2009年第2期。

和学者通过发表谈话和文章，大造舆论，为撤销经济审判庭的错误进行辩护，提出了许多所谓的“理由”。[1] 一石击起千层浪，经济审判庭的撤销引起了学界的激烈争论，至今余波未了。笔者也对此次撤销经济审判的一些理由产生了质疑。

1. 对撤销经济审判庭合法性的质疑

首先，我国《宪法》第5条规定：“一切法律、行政法规和地方性法规都不得同宪法相抵触。一切国家机关和武装力量、各政党和社会团体、各企业事业组织都必须遵守宪法和法律。”宪法是国家的根本大法，最高人民法院作为国家机关，必须以宪法为根本的活动准则，必须在宪法和法律规定的范围内活动。

其次，《人民法院组织法》是1979年由全国人民代表大会制定的，是一部“基本法律”。1983年，全国人民代表大会对《人民法院组织法》进行了修改，修改后第19条规定了基层人民法院可以设刑事审判庭、民事审判庭和经济审判庭。第24、27条分别规定了中级、高级和最高级人民法院设刑事审判庭、民事审判庭、经济审判庭，根据需要可以设其他审判庭。从以上条款中可以看出，《人民法院组织法》中明确规定了最高、高级和中级人民法院设经济审判庭，基层人民法院可以设经济审判庭。1986年和2006年又分别做了修改，但两次修改都没有对人民法院经济审判庭的设立作任何修改，所以上述规定仍然是现行有效的。

最后，即使说现行的《人民法院组织法》中关于经济审判庭的设立的规定真的存在问题，也不能直接违反现行规定，而应当先按照法定程序修改《人民法院组织法》，再按照新的法律规定撤销经济审判庭。因此，即使是享有法律解释权的最高人民法院也不能违反宪法和其他相关法律来撤销经济审判庭。那些为最高人民法院撤销经济审判庭进行辩护的法官和学者，知其违法而为之辩护，此乃错上加错。

2. 对“使审判庭与三大法律体系相对应”的质疑

经济法是一个独立的部门法已经被经济法学界所认同，即使是非

---

[1] 杨紫烜：“遵守《人民法院组织法》重建经济审判庭”，载《“国家协调论”与经济法学》，北京大学出版社2010年版，第331页。

经济法领域的重要学者，也逐渐承认了经济法的独立部门法地位，❶但仍然有少数学者否认经济法的独立地位。最高人民法院撤销经济审判庭，公开的理由是，建立大民事格局能够“使审判庭与我国现行三大法律体系相对应，机构设置更规范，布局更合理”。但是真正的法理上的考虑是要否认经济法的地位。❷ 一部法律是否是一个独立的法律部门，是否具有独立地位，主要看它是否有自己独特的调整对象，只有存在自己独立的调整对象，才能构成一个独立的部门法，而经济法有自己独立的调整对象，当然是一个独立的法律部门，而且在整个法律体系有自己独立的地位，并发挥着日益重要的作用，其独立地位是毋庸置疑的。此外，“使审判庭与我国现行三大法律体系相对应，机构设置更规范，布局更合理”，这是一个貌似合理但实际上并不合理的理由，难道“民事、刑事、行政三大审判体系”与“民事诉讼、刑事诉讼、行政诉讼三大法律体系”就真的是一一对应的关系吗？显然不是！诉讼法与人民法院的内部机构设置并非严谨的一一对应，而是一种复杂的交叉的对应关系，用三大诉讼法体系来划分法庭的职能、决定法庭的设置是不科学的，重建经济审判庭自然也就不存在扰乱法院内设机构的科学布局的问题。

在我国，取消经济审判庭是与建设有中国特色社会主义司法制度的目标相悖的。❸ 重建经济审判庭，走出“大民事审判格局”，则是走出法院发挥其能动性的第一步。❹ 笔者在一开始谈到我国金融司法的现状时，就介绍了举不胜举、丰富多彩的金融司法，可见，法院内部的业务机构的设置早就突破民事、刑事、行政审判庭三分天下的布局，但法律并没有对这些各具特色的审判庭进行规范，既有的“大民事审判格局”装不下日益增加的新生事物，却束缚着经济审判庭的发展，反而使法院内部的机构设置混乱。如此，为何不突破传统的思维

---

❶ 张守文：《经济法学》，中国人民大学出版社 2008 年版，第 41 页。

❷ 金朝武：“论经济审判庭的撤销与经济法的地位”，资料来源于北大法律信息网：http：//article. chinalawinfo. com/article _ print. asp? articleid＝25085，最后访问时间为：2012 年 12 月 20 日。

❸ 管斌：“第八届全国经济法理论研讨会综述”，载《法商研究》2001 年第 2 期。

❹ 邢会强：“重提经济审判庭的设立”，载《法商研究》2009 年第 2 期。

和理念，重建经济审判庭，将其规范化，从而使法院的内部机构设置科学健全？

3. 对“经济审判庭是计划经济的产物”的质疑

经济的改革和发展需要法律手段来保障。为适应党和国家工作重点转移的需要，全国各级法院在1979年以后开始逐步设立经济审判庭，经济审判成为人民法院一项新的审判业务。[1] 那么，经济审判庭究竟是“计划之子”还是“改革产物”？经济审判庭从建立到撤销，再到如今的呼唤重新建立，30多年，争议从未停止。有人认为，经济审判庭是计划经济的产物，它审判的是当时计划经济时期的经济纠纷；也有人认为，经济审判庭是改革的产物，1979年诞生于改革的大潮兴起，并伴随着我国从计划经济过渡到市场经济的整个过程。

在杨紫烜教授看来，历史的发展表明：在我国实行计划经济体制的时候，根本就没有经济审判庭；我国的经济审判庭是在党的十一届三中全会以后，是在计划经济体制开始向社会主义市场经济体制过渡的时候产生的，是为了适应改革开放的产物。以经济审判庭“是计划经济体制的产物”这种违反事实的观点作为撤销经济审判庭的所谓的“理由”，是站不住的。[2] 笔者比较认同杨紫烜教授的观点，即经济审判庭是改革的产物，而非计划之子。

三、重建经济审判庭的必要性与可行性

（一）重建经济审判庭的必要性

如今是否有必要重新建立经济审判庭？关于这个问题，学界并未达成共识，主要有两派：一派属于“重建派”，认为重新建立经济审判庭是完全有必要的；另一派属于“反重建派”，认为没有必要重新建立经济审判庭。

---

[1] 山东省高级人民法院民二庭研究室：“审列工作必须适应和服务经济建设——对改革开放以来经济建设与经济审判互动过程的回顾与思考”，载《调查研究》，第16页。

[2] 杨紫烜：“遵守《人民法院组织法》重建经济审判庭”，载《“国家协调论”与经济法学》，北京大学出版社2010年版，第334页。

1. “重建派”的代表观点

属于“重建派”的杨紫烜教授认为完全有必要重新建立经济审判庭。他认为鉴于经济法是独立的法律部门，而且在司法实践中违反经济法的案件与日俱增。因此，应该设立实施经济法的审批机构，以利于提高其适用实体法的专门化水平，提高审判人员的专业化水平，提高办案效率和办案质量，为经济法的实施提供可靠的司法保障，推动经济社会的发展。❶ 颜运秋教授认为，经济冲突的特殊性、经济法的独立性和经济诉讼目的的公益性决定了经济审判庭仍有存在的必要。❷ 邢会强教授也认为经济审判庭的法官，除了具备法律知识外，还应具备相应的税务、金融、财务、会计等经济学方面的知识。这些知识应不仅仅是从书本上学来的，还应该是在税务或金融机构实践过、工作后而升华得到的。❸ 类似金融、税务等纠纷的案件具有很强的专业性，比较复杂，这就需要审判人员具有很强的专业知识，否则，有些案件法院就没有能力受理；只有重新建立经济审判庭，配备专业化的审判人员，才能有助于法院受理、审理案件，保护公民的合法权益。

2. “反重建派”的代表观点

属于“反重建派”的佟强教授却不认为有必要重新建立经济审判庭。他虽然支持司法专业化，但主张专业化应该是指案件的审理到法庭之后，在“大民事”、“大刑事”的基础之上的进一步细化分工，让法官们专业化，而完全没有必要专门成立一个“庭”，法院在面对“行民交叉”等疑难杂症时可以采取类似医院“会诊”的方式——合议庭。他认为：“我们要的是司法机构设置‘最恰当’，而不是‘最全面’。恢复经济庭，从某种意义上讲，是成本大幅增加，效益并没有大幅增加，而且，还有副作用。”❹

---

❶ 杨紫烜：“遵守《人民法院组织法》重建经济审判庭”，载《“国家协调论”与经济法学》，北京大学出版社 2010 年版，第 335 页。

❷ 管斌：“第八届全国经济法理论研讨会综述”，载《法商研究》2001 年第 2 期。

❸ 邢会强：“重提经济审判庭的设立”，载《法商研究》2009 年第 2 期。

❹ 刘长：“经济审判庭重设之声再起”，载《民主与法制时报》2009 年 8 月 3 日第 A01 版，第 3 页。

3. 笔者的思考

笔者比较赞同“重建派”的观点：经济法的独立性、可诉性、现代性等都呼吁经济审判庭的重新建立。

首先，“反重建派”所谓的用“会诊来解决疑难杂症”的思想本身是没有问题的，但这并不足以否认重建经济审判庭的必要性，反而论证了重建经济审判庭的必要性。我们暂且把民事纠纷比作内科，行政纠纷比作外科，经济纠纷比作神经科。众所周知，医院的“会诊”是需要各个相关科室的专家来会诊的。病人去医院看病，先看内科，发现还需要开刀，这个时候内科和外科的医生就需要会诊，会诊期间，病人神经上也出了问题，怎么办？申请神经科的一起来会诊。这就相当于：一个原告去法院起诉，民事审判庭受理后发现这个案件是刑民交叉的疑难案件，需要采取“合议庭”的方式，然后合议期间又发现涉及经济法当中的反垄断法，牵涉到一些专业化的复杂问题，而此时，法院内设机构中没有经济审判庭，更没有专业化的经济案件审判人员，找谁合议？搬外援，请经济法学者来解决？医生行医是需要资格证的，同样，法官审案也是需要资格证的，不可能一遇到问题就去搬外援，所以非常有必要重建经济审判庭。

其次，“反重建派”认为恢复经济庭，会使成本大幅增加，效益并没有大幅增加，而且，还有副作用。“重建派”并没有呼吁一定要回到“那个年代”，同样做了社会成本方面的考虑，经济审判庭为社会效益的创收是远远大于其成本的增加的。

再者，金融司法现状已经出现了诸多的经济审判庭，基层人民法院有，中级、高级人民法院也有，但并不是每个省市的中级、高级人民法院均有经济审判庭，尤其是目前我国最高人民法院仍然没有经济审判庭，一旦当事人对法院的判决不服或者出现重大经济纠纷时，当事人将投诉无门。法谚云“无救济则无权利”，虽然经济司法不是唯一的救济路径，却是最主要的和最好的救济方式。[1]

最后，“经济基础决定上层建筑，上层建筑为经济基础服务，并

[1] 张新艳：“构建我国经济诉讼制度”，载《河南商业高等专科学校学报》2006 年第 1 期。

反作用于经济基础”。人民法院作为上层建筑的重要组成部分，是由社会主义经济基础决定，并为这一经济基础服务的。本文一开始介绍的金融司法的现状就足以充分印证“经济基础决定上层建筑”这一科学论断；经济审判庭通过审理经济纠纷案件来调节社会经济关系，保护各类市场主体的合法权益，为推动市场经济的健康有效发展，提供了充分有力的司法保障和法律服务，从而维护了良好的市场经济秩序，为经济建设作出了积极的贡献，体现了“上层建筑反作用于经济基础”。由此可以看出，经济审判庭的存在是由经济的发展所决定的，经济发展离不开经济审判庭的服务，完全有必要重新建立经济审判庭。

应该说，我们要的司法机构的设置应当是“恰当”并且“全面”的，如此才能使法院的内部机构设立科学健全，为公民的合法权益伸张正义，为经济的发展保驾护航！

（二）重建经济审判庭的可行性

重建经济审判庭是完全有必要的，而且具有得天独厚的条件，具有一定的可行性。其一，经济审判工作的历史很短。自 1982 年建立经济审判庭至今才十几年的时间，相对于刑事审判和民事审判来讲，经济审判人员受传统方式的影响较小，易于摆脱旧的观念的束缚。同时对多年来形成的习惯做法也没有或者较少有“敝帚自珍”的感情。[1] 其二，经济纠纷案件比较复杂，其诉讼参与者大多数都具有较高的文化素质，适应能力较强，对于他们而言，与其在市场经济中暗渡陈仓的斗争，不如明火执仗的对簿公堂，依法竞争，维护合法权益。其三，随着教育的普及，教学质量的提高，我们国家的法律专业人才辈出，其中不乏经济法专业的，新生力量虽然缺乏实践经验，但年轻有为，思维活跃，视野开阔，容易接受新生事物并且勇于创新，更重要的是有杨紫烜等老一辈经济法学者的指引，这为重建经济审判庭提供了有利的条件。其四，上海、重庆、温州等地区的金融法庭等的率先创设，积累了一定的实践经验，为经济审判庭的重建提供了便

---

[1] 景汉朝、卢子娟：“经济审判方式改革若干问题研究”，载《法学研究》1997 年第 5 期。

利的条件。其五，国外很多国家都设有审理违反经济法的案件的审判机构，国际上也有独立的经济法院，这些为我国重新建立经济审判庭提供了很好的借鉴。

综上所述，重新建立经济审判庭具有一定的必要性，同时具备可行性，应当把经济审判庭的重建提到重要的议事日程上。

四、重建经济审判庭的初步构想

民法、商法在建立和维护自由、公平的市场竞争秩序方面的局限性，不可避免地出现了民法、商法不能调整的因政府干预所发生的社会关系，在调节机制上也出现了民法、商法不适应维护社会公共利益的需要。[1] 鉴于重新建立经济审判庭具有一定的必要性，同时具备可行性，我们应当思考如何重建经济审判庭，为大家营造一个公平竞争、规范有序的经济秩序。首当其冲，需要最高人民法院纠正其违反《人民法院组织法》撤销经济审判庭的错误，重建经济审判庭；并且，在由最高人民法院设置经济审判庭后，地方各级人民法院参照最高人民法院的机构设置进行调整。一些基层法院，行政诉讼案件很少，税务案件更少，这就没有必要单独设置税务法庭。[2]

此外，1979 年的不正确的经济审判庭的受案范围为后来的争论埋下了伏笔，需要重新确定新的经济审判庭的受案范围，其受理案件应当事关国家和社会公共经济权益，受害人是广大不特定的社会民众。当然，属于特定的私人权益之争、行政相对人对被告行政机关起诉的或者构成犯罪的，理应适用民事诉讼法、行政诉讼法或者刑事诉讼法的规定。颜运秋教授认为，只有当无直接利害关系的当事人或者国家授权的机构或组织为保障社会公共经济利益而起诉时，或者虽然是有直接利害关系的当事人但是不完全只是为了本人的权益而是为了社会公共经济权益起诉的，这种案件才可以界定为经济审判庭的受案范围。[3] 笔者是比较赞同这一观点的，明确经济审判的受案范围，并

---

[1] 王保树：《经济法原理》，社会科学文献出版社 1999 年版，第 65～66 页。

[2] 邢会强："重提经济审判庭的设立"，载《法商研究》2009 年第 2 期。

[3] 颜运秋："经济审判庭变易的理性分析"，载《法商研究》2001 年第 2 期。

采取切实措施贯彻实施，有助于提高审判工作的积极性以及办案的质量和效率。

重建经济审判庭，不只是为了保证经济纠纷案件的有效审理，更重要的意义在于对我国经济环境以及整体经济发展所带来的积极影响。建立专门的经济审判庭在降低市场交易成本、提升市场交易效率、维护市场经济稳定发展等方面都是有利的；同时也有助于遏制经济犯罪，实现经济的可持续发展。也唯有如此，人民法院才能更好地适应社会主义市场经济的发展和现代化建设的要求，搞好法律服务，并在实践中不断发展，与时俱进。

实践探究

“最高发院”的规制路径辨析

朱体正*

摘　要　类似于理发店“最高发院”这样的店堂招牌属于商业名称，应依据商业名称类法律法规予以规制，而不宜纳入广告法的规制范围，否则不仅导致适用法律的错误，也难免出现机械执法的尴尬。在以商业名称进行规制时，应注意法律规范的综合适用，通过对公序良俗原则等不确定概念或一般性条款的价值补充来填补法律的漏洞，从而实现对不规范商业名称的有效规制。

关键词　商业名称　招牌广告　法律规制　公序良俗　法律漏洞

为吸引眼球、招揽生意，上海市金山区一家理发店的店主突发奇想，“别出心裁”地挂出“最高发院”的招牌。近日，工商管理部门依法责令停止发布，随后，店主在工商执法人员的见证下自行拆除了招牌。工商管理部门认为，“最高发院”牌匾内容涉嫌违反《广告法》第7条第2款第（3）项：广告不得使用国家级、最高级、最佳等用语。执法人员迅速进行了调查取证，并依据《广告法》第39条规定，责令店主停止发布，并予以立案查处。

理发店挂此招牌，许是受同行启发，此前各地以“最高发院”、“人民发院”等为店名而遭围观围剿者不乏先例，故也算不上“别出心裁”。工商管理部门今次以《广告法》予以规制，击“七寸”于“最高”，令“发院”无所遁，看似稳准狠，却非无疑问，尤其是在这一个案中隐含着一些深层的普适性法律问题，值得反思和推敲。

一、商号类店招不宜以广告法规制

也许这则消息的读者都有这样一个疑问，那就是作为店堂名称的

---

* 朱体正，上海海事大学法学院讲师，法学博士。本文受上海海事大学科研基金项目（2008437）资助。

栾晓娜：“理发店挂‘最高发院’招牌被罚”，载《东方早报》2012年9月3日。

牌匾、招牌（以下简称店招）是否属于《广告法》中的“广告”？如果其不属于广告，那么《广告法》的相关条款对于本案而言就失去了法律适用的前提，也就谈不上相应的法律责任。对此，我国《广告法》并未明示，不过，从该法第2条第2款对“广告”的界定来看，其突出了商业广告通常所具备的有偿性、媒介性、营销性等特征：“本法所称广告，是指商品经营者或者服务提供者承担费用，通过一定媒介和形式直接或者间接地介绍自己所推销的商品或者所提供的服务的商业广告。”该款同时规定了广告法律关系的主体——广告主、广告经营者和广告发布者。不难看出，商业广告通常是广告主付费经由他人的媒介发布的，而类似理发店这样用于标识其经营字号的门头标牌虽然部分地也有广而告之的功能，但其主要是一种商业字号，而与主要以记载经营内容及商品质量或服务效果的商业广告还是有明显区别的。

在实践中，确实存在有的商业招牌尺幅较大，招牌内容不仅包含其商业字号而且还注有较为明确的经营内容乃至广告标语，还有的经营者将其招牌放在路边显眼处以招徕顾客，近乎或已然是一种招牌广告。针对工商行政执法中的这类疑问，国家工商行政管理局曾在《关于对企业招牌是否属于广告问题的答复》（〔1990〕第60号，以下简称《答复》）中明确指出：“招牌是广告宣传的一种媒体。企业（或事业单位）自己承担费用，为传递信息、树立形象、招徕顾客等进行自我宣传而制作的招牌，通常叫招牌广告，属于广告管理的范围。”但是，这并不足以说明所有的店堂招牌就得按照《广告法》进行规整：首先，上述《答复》的规制对象为“企业招牌”，而个体工商户（比如个人开的理发店）并不属于企业的范围。从维护公民经商自由的角度审视，不能将其类推适用于企业招牌加以规制。其次，退一步讲，即使可以规制，就店堂牌匾而言，也不能全部纳入广告的行列，因为有些招牌的内容可能是宣传自己的产品或服务项目，有的则只是店堂或企业的名称，还有的可能是兼而有之，或者是多个招牌分别载明不同的内容，但无论如何，仅记载或主要记载店堂（企业）名称的牌匾、招牌（尤其是常见的门头招牌）是难以划入广告之列的。

可以印证的是，《店堂广告管理暂行办法》（国家工商行政管理局

[1997] 第81号令，以下简称《办法》）虽于第2条规定“本办法所称店堂广告，是指利用店堂空间、设施发布的广告及在店堂建筑物控制地带发布的店堂牌匾广告”，但该办法第5条第1款又作例外规定，即仅以企业登记核准名称为内容的标牌、匾额并不需要经工商行政管理登记批准而设立。当时《办法》的制定机关国家工商局广告司也在关于该《办法》的适用指导意见中强调了这一点。[1] 这充分说明以记载店名为内容的店堂招牌与牌匾广告的不同，反映出《办法》在调整此类问题时更为合理和严谨。因此，不加区分地将商业招牌以广告类法律法规进行规制缺乏充分明确的法律依据。

退一步讲，即使可以将其纳入商业广告而依《广告法》进行规制，“最高发院”的招牌在适用《广告法》时也是有疑问的。执法部门认为，“最高发院”的招牌违反了第7条第2款第3项“广告不得使用国家级、最高级、最佳等用语”的规定，将规制重心放在“最高”上，在法律适用上似乎严丝合缝，但对“最高”修饰的“发院”却视而不见。在现代汉语中，理发店一般称为“发廊”、“美发店”等，或者径直称为“理发店”，而并无“发院”这样的说法，但有“法院”这一国家司法机关，故依通常理解，“最高发院”作为理发店的名称应系借用了对“最高（人民）法院”的谐音，从而达到一种新奇诙谐的营销效果，相当于文学创作中的“戏仿”。我们理解，执法部门将“最高发院”规制重心置于意在迎合《广告法》第7条第2款第3项的“最高”上，而回避了对“发院”一词的合规性判断，在执法艺术上倒也不失巧妙，但当我们把目光转向丰富多彩的现实生活时，便不难发现这种巧妙实质上隐含着机械执法的风险。比如，对于街面上或媒体报道中出现的与“最高发院”极其近似的“高等发院”、“人民发院”、“人民发愿”之类的理发店招牌，显然难以适用《广告法》第7条第2款第3项所规定的“广告不得使用国家级、最高级、最佳等用语”。

之所以会出现上述执法的尴尬，主要在于规制重心和法律适用的

---

[1] 国家工商局广告司：“关于《店堂广告管理办法》的适用”，载《工商行政管理》1998年第14期。

错位。在规制重心上，应是“发院”而非“最高”，换言之，只要抓住“发院”、“发愿”等作为理发店名称本身是否合法、妥当，无论其修饰语是“最高”还是“高等”抑或“人民”，均不影响对这一商业名称的合法性与否的基本判断，在执法依据上也才能以不变应万变，而免受相关法律字眼的诱惑，陷入机械执法的误区，进而导致法律适用的错位。在法律适用上，如前所述，适用广告法对商业名称类店招进行规制在法律依据上有所不足，因为这类店招从根本上讲乃是一种商业名称，其是否合法合规，理应依据商业名称类法律法规予以衡量和认定，而非搬用广告法的相关条款予以规制。商业名称与商业广告尽管有所联系，但二者还是有明显区别的。

二、商业名称的特点及其与商业广告的区别

以核准登记的商业名称为主要内容的标牌、匾额（商号类店堂牌匾），尤其是一些商业老字号标牌，虽然也有传递信息、树立形象、招徕顾客而自我宣传的作用，但它最主要的功能在于载明其店堂、企业的名称（或者简称为商号），因而是个体工商户、企业作为商主体而存续的基本人格标识，统称为商业名称。[1] 商主体因其商业名称而拥有商业名称权。

在商法学上，商业名称具有诸多属性。首先是其具有符号性和附属性。商业名称是一组由多项要素构成的文字符号，是商主体的外在人格标识。同时，商业名称作为表彰商主体人格的文字符号，虽然不同于商主体本身，具有一定的独立性，但其终极价值不在于符号本身即能指，而在于以能指引发所指及对象，从而激发商事信用和营销效应。所以，商业名称必须依附于一定的商主体而存在，具有附属性。其次，商业名称还具有唯一性、一致性和基本性。为了维护交易秩序和便于管理，法律一般规定一个商主体只能有一个商业名称，相比之下，商主体可以使用和注册多个商标，或进行多个冠名。商主体的印

[1] 在商法学上，一般认为，商号是商业名称中的字号，也是商业名称中的核心组成部分，故人们有时也以商号代指商业名称，如以“同仁堂”代指“中国北京同仁堂（集团）有限责任公司”。

章、银行账户、牌匾、信笺所使用的名称应当与登记注册的企业名称相同，保持一致性；从事商业、公共饮食、服务等行业的企业名称牌匾可适当简化，但应当报登记主管机关备案。商业名称是商主体设立和存续的不可或缺的基本要件之一，也往往是其他商业标识（如商标、商誉、冠名、股票名称等）衍生的基础。此外，商业名称具有营业性和财产性。商业名称是商主体从事营业的必备要件之一，而营业是以营利为目的，独立的、持续的、不间断的职业性经济活动，这就意味着商主体使用的商业名称不同于自然人以及其他非营利组织的姓名或名称，在商主体以其经营者或投资人的姓名作为商号的情况下，尤其是在银行账户、印章、信函签名等细节方面，必须区分开该名称是用于商事营业领域还是自然人民事生活领域。当然，商业名称的使用范围并不局限于商行为，在其他社会活动包括起诉、应诉等法律活动中也得使用。此外，商业名称一方面是商主体的人格标识，另一方面也具有财产性，可作价评估，是商主体的营业资产的重要组成部分，可以转让或授权其他商主体使用。[1]

商业名称的这些属性决定了其与商业广告存在明显的差异：首先，两者的功能不同。前者主要用于表明商主体的人格，以区分于其他商主体，如同自然人以其姓名而区分于其他自然人一般，而后者主要用于介绍自己所推销的商品或者所提供的服务。其次，两者的地位不同。二者在商主体的运营中均具有重要地位，但前者是商主体存续的基本标识，后者是在前者的基础上衍生出来的，对前者具有依附性。再次，两者的内容不同。前者主要是说明商主体的基本信息，其内容依次为商主体所在行政区划、商号（字号）、经营内容、组织形式，而后者则是介绍和提供商主体所提供的商品或服务的内容、质量等营销信息，借以激发或强化消费者的购买意识，往往也同时提供商主体的商业名称、通信方式等其他信息，在内容上明显较商业名称更为丰富和复杂。复次，两者的表现形式不同。前者通常是以名词短语的形式出现，其同时还常常伴以图案加以修饰或强调，在表现形式上与商标类似，而后者的表现方式则不拘一格，丰富多彩，按其媒介方

---

[1] 韩长印主编：《商法教程》，高等教育出版社 2012 年版，第 61 页。

式可分为印刷广告、电子广告、直邮广告、户外广告、销售现场广告、网络广告以及其他广告形式，并随社会经济和文化科技的发展而不断呈现出新的形式。最后，两者所处位置也有所不同。前者一般显示于工商登记、营业执照、店堂牌匾及对外宣传中，后者以其媒介方式而显示于各种载体，以便最大限度地推销其商品或服务。因此，基于商业名称和商业广告的功能及其他方面的上述区别，二者分别适用于不同的法律法规，前者所适用的应是以《个体工商户登记管理办法》、《企业名称登记管理办法》等商业名称类管理法规，而后者则应适用于《广告法》及其《实施细则》，以及各类专门性法规、规章。

据上所论，就“最高发院”这样的店招而言，以广告法予以规制在执法依据上显有不妥——尽管后者在相关条文中具有与被规制对象（“最高”）近乎一致禁止性用语“最高级”。❶ 如前所论，只有明确被规制对象的基本定位，才能抵制法律条文的字眼诱惑，才能避免机械执法的危险。或许正是由于商业标牌、匾额所载内容在实践中的多样性、复杂性，以至于《答复》本想对这一工商执法实践中的疑难问题予以澄清，但同时又不适当地扩张了《广告法》及相关法规的适用范围。在具体执法中，应以《办法》的立法意旨为准，何况《办法》较《答复》在行政立法形式上更为正式和规范，也具有更高的法律效力。

三、通过公序良俗原则的价值填充实现对不规范商业名称的有效规制

“最高发院”之类的商业名称之所以被禁止或查处，从媒体的报道来看，除了如上海有关工商部门认为是因其违反《广告法》相关规定之外，还有的认为是“发院”与“法院”相似度较高而违反规定。比如最近，福清市民张某近日在福清城区开了个美发店，也取了一个很有“创意”的名字“最高发院”，并且为此花了两千多元制作了一个大大的招牌挂了出去。但张某之后到福清市工商局进行注册登记时却卡了壳，由于名称不规范，无法通过注册登记审核，张某不得不为

❶ 同理，虽然商标也是用以标志其商品或服务独特性而招徕顾客的商业符号，但对它的规制只能是商标法，而非广告法。

理发店重新取了一个名字，早已做好的招牌也只能拆下重做。福清市工商局注册科工作人员介绍，该理发店作为以营利为目的的个体工商户，取名为“最高发院”，与国家机关“最高法院”相似度较高，违反了《企业名称登记管理规范》的相关规定，所以未予批准。[1]

与“法院”谐音而被查处是否合法、合理呢？从媒体报道来看，工商管理部门的主要执法依据是《个体工商户名称登记管理办法》第11条第5项、《企业名称登记管理规定》第9条第4项分别规定的个体工商户名称或企业名称不得含有“政党名称、党政军机关名称、群众组织名称、社团组织名称及其简称、部队番号”的内容和文字。实际上，“最高发院”的店名中并未使用“法院”这样的文字（何况严格说来，法院作为司法机关，并不属于上述禁止性规定中的“党政军机关名称”），也难说其有损于国家利益、社会利益，或可能对公众造成欺骗或误解。毕竟，以“发院”作为理发店的名称，虽然可能与惯常的理发店名称有异，但任何稍具生活常识的社会成员应当不难觉察到“最高发院”只是“最高法院”的谐音而已，理发店与人民法院之间无论是在外观、装潢还是在业务程序、社会性质等方面都有明显的差异，所以这样的店名一般不会招致人们的误解，也谈不上是对顾客的欺骗。

对于这样有争议的招牌，取缔还是默许，实际上并不是一个法律技术问题，更多的是一种价值判断和利弊权衡的问题。这些另类店名屡屡出现，说明此类创意的确受众广布，生命力十足。有些人可能会因为这类店名招牌蕴含的诙谐幽默趣味一笑了之，而不会真当回事，如果对其加以禁止，也许会招致执法过于严苛的非议，因为至少在目前的商业名称管理规范中对此并无明确的禁止性规定。但是，另一方面，人们同时又觉得这样的谐音店名多少有些不伦不类，不合常理，因而还是有必要对其加以规范和治理，但似乎又缺乏一个较为具体的执法依据。

综合考虑，一个较为可行的规制路径是，《个体工商户名称登记

---

[1] 林安镇、吴和平：“福清一家理发店取名‘最高发院’”，载《福州晚报》2012年11月6日第17版。

管理办法》第 11 条第 2 项规定，个体工商户名称不得含有违反社会公序良俗的内容和文字（值得注意的是，《企业名称登记管理规定》中尚未规定此种情形）。公序良俗作为一种包容性强、适用范围广的法律原则，“其作用在于弥补强行性和禁止性规定之不足，以禁止现行法上未作禁止规定的事项”，[1] 将其融入商业名称的禁止性规范，实际上在整条规范中发挥着具有一般性条款的兜底功能。同时，由于其内涵和外延较为模糊，尚需通过对这一原则的价值填充来弥补相应的法律漏洞。[2]

首先，“最高发院”这样的商业名称虽然难以划入《个体工商户名称登记管理办法》第 11 条第 5 项、《企业名称登记管理规定》第 9 条第 4 项分别规定的个体工商户名称或企业名称不得含有“政党名称、党政军机关名称、群众组织名称、社团组织名称及其简称、部队番号”的内容和文字，但是我们认为，所谓“党政军机关名称”中的“政”，是指“政府”，而“政府”本身实际上存在多种解释的可能，既可在狭义上指专司国家行政权力的各级人民政府及其下属部门，即“administration”，也可如英国《大众百科全书》在广义上泛指一切政权国家机关，包括立法机关、司法机关、行政机关以及一切公共机关（government）。如果以第二种含义理解，则作为司法机关之一的法院自然也在政府的范围之内，自然应当纳入上述商业名称管理法规中禁止性情形中的“党政军机关名称”的行列。“最高发院”使用了与“法院”谐音的语言文字，不符合国家通用语言文字的规范，不利于人民法院作为司法机关在国家社会中的权威性和严肃性，也不利于人们对理发店本身经营性质的准确认知，因此应予取缔。

其次，“最高发院”这样的店名，不是通用的语言文字，不利于人们尤其是青少年对通用语言文字的认知和使用。根据我国《国家通用语言文字法》第 14 条第 3 项、第 4 项的规定，招牌、广告用字、企业事业组织名称应当以国家通用语言文字为基本的用语用字。在现

---

[1] 梁慧星：“市场经济与公序良俗”，载《中国社会科学院研究生院学报》1993 年第 6 期。

[2] 梁慧星：《民法解释学》，中国政法大学出版社 1995 年版，第 296 页。

代汉语中，对于提供理发服务的店堂通常有“理发店”、“发廊”或者“美容美发店”等的称谓，而没有“发院”这样的词汇，结合其修饰语“最高（人民)”，其实际上不过是“最高（人民）法院”这一通用词语的谐音而生，并非国家和社会的通用语言文字，比如在《现代汉语词典》中并没有收录这样的词语，在人们的日常生活中极少有人使用这样的用语。也许正因为这样，这类店名才以鲜奇特赚足了人们的眼球。实际上，在一些省市颁布的《国家通用语言文字法》实施办法中已经有较为可取的规定，如《海南省实施〈中华人民共和国国家通用语言文字法〉办法》第 13 条规定“广告用字不得使用错别字、繁体字和已经废止的异体字、简化字，不得用谐音篡改成语”，再如《湖南省实施〈中华人民共和国国家通用语言文字法〉办法》第 14 条规定：“广告用语用字必须使用普通话和规范汉字。广告用字不得使用繁体字和已经废止的异体字、简化字，广告用词不得使用谐音字。”如果从规范制定的完善性角度来看，还应当将企业及其他组织的商业名称一并予以类似规定。

总之，“最高发院”作为店堂招牌的用语用字有违《国家通用语言文字法》的法律要求，也不符合《个体工商户名称登记管理办法》中的公序良俗原则，应依法予以禁止和取缔。通过对商业名称法规的法律解释和从语言文字的规范性入手对“最高发院”的店招规制，较之适用《广告法》中的“最高级”禁止性规范，在执法依据上更加具体和明确，在规制路径上更为合理和妥帖，也许不失为一个有力的规制理由。

随之而来的一个问题是，如此规制，是否意味着凡是不符合国家通用语言规范的店名都应取缔呢？比如，有人套用歌曲《快乐老家》的谐音为自己的餐馆取名为“筷乐老家”，还有很多类似的谐音店名、厂名，是否也应一概按照《国家通用语言文字法》予以取缔和禁止呢？再者，其模仿了《快乐老家》的歌曲名称，似有侵权之嫌。其实，衡量应否予以规制的尺度仍然要认真揣度现有商业名称类法律法规的适用范围及其解释空间。我们认为，“筷乐老家”这样的店名虽也不是国家通用的语言文字对饭店、餐厅的规范称谓，但除此之外并无显著的社会危害，不像“最高发院”一样与“党政军机关名称”存在明显的谐音，故在是否公序良俗的价值判断上应持较为宽容、缓和的态度，以符合自由、开放的市场经济取向。其次，关于是否涉嫌侵权，涉及著作权法的保护范围问题。“快乐老家”作为一个一般的作品名称或作品标题，其本身并不具有突出的独创性和可识别性，难以纳入《著作权法》的保护范围，这也是知识产权法上的一般认识。[1]

四、结语

通过以上对“最高发院”的规制路径的辨析可以看出，在工商行政执法中，对商号类招牌和广告类招牌应分别适用不同的法律法规予以规范，尽管二者在实践中可能不易区分，但这涉及基本的法律调整范围问题，因而还是应当尽可能地加以明确，再分别以商业名称类法律法规和广告类法律法规予以规制，才能保证法律适用的合法性、准确性。同时，在对商号类招牌进行规制时，应注意对法律规范的合理解释，通过对不确定概念和一般条款的价值补充来填补法律的漏洞——这些漏洞原本就是立法者为了满足社会经济的不断变化而赋予司法者、执法者“二度造法”的权力空间所在。

另外，对于经营者而言，奇特另类的店名或许在一定程度上有助于其在消费群体中的营销和传播。但另一方面，一些消费者可能会因为这些诙谐而不庄重的店名而对其“敬而远之”。也就是说，这些诙谐夸张的店名对于经营者来说不一定就是好事。商家的市场竞争力从根本上讲仍然来自于过硬的业务能力以及良好的社会信誉，而不是凭借花样翻新的商业符号博取一时的注意。

---

[1] 郑友德、喻玲：“作品标题的知识产权保护”，载《现代法学》2003年第2期。

论机动车交通事故损害赔偿案件中的配偶责任

杨菁菁*

摘　要　法律规范对于机动车交通事故损害赔偿案件中实际侵权人之配偶是否可以列为共同被告，与其一同承担赔偿责任这一问题并无相关规定。法院在实践中也并无统一做法。对于实际侵权人之配偶在交通事故损害赔偿中的责任，应当结合机动车交通事故责任主体“二元论”和夫妻共同债务理论对具体案情进行分析。若机动车的使用收益主体为家庭，则可认为该损害赔偿为家庭共同债务，配偶可以成为共同被告，承担连带责任；反之则配偶不承担责任。

关键词　夫妻共同债务　机动车交通事故责任主体　配偶责任

引例：2011年，受害人王某在骑自行车回家途中，与李某驾驶的小轿车发生碰撞，引起严重的交通事故。王某因伤势过重成为植物人。由于事故发生地未安装摄像头，也没有红绿灯，因此公安局交警大队依规定认定李某对本次事故负全部责任。随后，受害人王某之妻鲁某将李某、李某之夫杨某及保险公司告上法院，要求赔偿100余万元，一审法院支持鲁某的诉讼请求。李某、杨某不服一审判决结果，提起二审。二审中，两位上诉人认为杨某不是实际侵权行为人，不应作为被告，其被告主体资格不适格。但被上诉人鲁某则认为杨某系李某之夫，李某因交通事故产生的赔偿属于夫妻共同债务，应由李某和杨某两人共同承担。此外，经查明，发生交通事故的机动车登记于李某名下，事故发生于李某驾车回家期间，该机动车长期由李某驾驶，并没有特定的用途目的。同时，从事故发生至二审，李某和杨某尚处

* 杨菁菁，中央财经大学法学院2012级经济法学硕士研究生。

在婚姻存续期间，且二人并没有约定分别财产制。李某为某公司普通员工，杨某现为个体经营户，拥有一家小型工厂，两人有相对稳定的收入和固定的财产。

改革开放三十多年来，中国经济飞速增长，机动车保有量及机动车驾驶人数也呈现直线上升趋势。据有关数据统计，截至2012年6月底，全国机动车总保有量达2.33亿辆。其中，汽车1.14亿辆，摩托车1.03亿辆。全国机动车驾驶人达2.47亿人，其中汽车驾驶人1.86亿人。[1] 在这种趋势下，道路交通安全成为社会重点关注的问题之一。根据我国道路交通安全法等法律规范的规定，承担机动车交通事故赔偿责任的主体通常包括机动车驾驶人、机动车辆的所有人和保险公司，但在近几年的机动车交通事故损害赔偿的案例中，交通事故的受害者将实施侵权行为一方的配偶列为共同被告，要求其与侵权行为人一同承担损害赔偿的情况层出不穷。在前述案例中，杨某是否可以作为被告对交通事故的损害赔偿承担连带责任是本案争议的焦点，而由此引出的“机动车交通事故损害赔偿中配偶的责任应如何认定”则是实践中讨论的热点之一。目前，法律规范尚未对侵权行为人之配偶在机动车交通事故赔偿责任中是否应承担责任、承担何种责任等问题有明确规定，法院在实践操作中对于此类案件中配偶责任的认定、法律关系的辨析、相关情况的定性等仍存在难点和盲点。关于配偶在机动车交通事故中应承担的责任，应在充分理解夫妻共同承担债务的理论基础上，结合夫妻共同债务和交通事故责任主体对具体案件进行具体分析。

一、配偶为另一方承担债务的理论基础

婚姻是两人以共同生活、相互扶持为目的，以夫妻间权利义务为内容进行的结合。两人以婚姻的形式进行的结合，不但代表着双方在情感生活上的相互支持，同时也包括在经济生活中的相互帮助。根据法经济学的分析，婚姻中存在广泛的利益，通过男女分工，婚姻可以

---

[1] 凤凰网：《全国机动车保有量达2.33亿，5城超200万》，http：//auto.ifeng.com/xinwen/20120717/ 798271.shtml。

使家庭内外产生一种规模效益。[1]情感上的互慰和经济生活上的互助促使婚姻双方的身份和经济角色的双重一体化，这种一体化不但赋予婚姻双方享受婚姻带来的经济和情感双重效益的权利，也要求婚姻双方共同承担一起生活的成本和支出。[2]共同负担生活成本和支出即包括一方为另一方承担部分债务。婚姻中的一方为其配偶承担债务，即构成了夫妻共同债务。

但婚姻是两个具有独立人格的主体的共同结合，两个主体的独立人格并不因婚姻关系而消失，双方都享有完整的人格权、身体健康权，并有权利以自己的名义行使权利，从事某些事情或实施某些行为。因此，婚姻中的双方因对自身独立人格利益的支配所产生的债务或对不属于夫妻共同生活相互扶持所产生的债务应由自己单独承担，属于个人债务。

关于婚姻存续期间的某一债务系夫妻共同债务抑或个人债务的认定将直接决定这笔债务的责任主体是夫妻双方还是其中一方，责任执行财产的范围是夫妻共同财产还是一方财产。若认定某一债务为个人债务，由一方独自承担，则可能出现为了逃避债务，恶意转移财产至对方或第三方，由此导致债权人的损失赔偿及合法权益落不到实处。若认定某一债务为夫妻共同债务，由夫妻双方共同承担，相当于在该债务的实施上多添加了一层保障，降低了债务不可执行的风险，提高了债务的可执行度，有利于保障债权人的权益，使得债务能够得到充分偿还。但是在认定某一债务是夫妻共同债务还是个人债务时，应防止将所有债务都认定为夫妻共同债务，造成夫妻共同债务范围的扩大，从而损害婚姻中作为配偶一方的权益。

在前述案例中，受害人之妻鲁某将李某、杨某夫妇列为共同被告的初衷即为了得到充分的损害赔偿。本案中，鲁某主张的医疗费、护理费、交通费、误工费、精神损失抚慰金等共计 100 余万元，数额较

---

[1] ［英］安东尼·W. 丹尼斯、罗伯特．罗森：《结婚与离婚的法经济学分析》，王世贤译，法律出版社 2005 版，第 67 页。

[2] 吴亮亮："侵权损害赔偿中配偶责任之分析——闵某与崔某劳务合同纠纷案"，载《判例与研究》2011 年第 1 期。

大。实际侵权人李某作为某公司普通员工，可能存在偿还能力不足的风险。即使李某具有充分的偿还能力，也存在恶意转移财产等方式使得受害人及其家属得不到赔偿的风险。鲁某将李某之夫杨某列为共同被告就可以降低偿还不足的风险。

二、配偶在交通事故损害赔偿中的责任认定

关于实际侵权人之配偶在交通事故损害赔偿中的责任认定涉及配偶是否应承担责任；若承担责任，应承担何种责任两个方面的问题。对此，应结合夫妻共同债务的认定和交通事故责任主体认定两方面的内容进行综合考虑。

（一）夫妻共同债务的认定

夫妻共同债务是指夫妻双方在婚姻关系存续期间，为维持共同生活的需要，为共同生活目的从事生产经营活动所产生的债务。《婚姻法》第41条规定："离婚时，原为夫妻共同生活所负的债务，应该共同偿还。"最高人民法院《关于人民法院审理离婚案件处理财产分割问题的若干具体意见》第17条第1款规定："夫妻为共同生活或为履行扶养、赡养义务等所负债务，应认定为夫妻共同债务，离婚时应当以夫妻共同财产清偿。"同时，《婚姻法》第19条中规定，"夫妻可以约定婚姻关系存续期间所得的财产以及婚前财产归各自所有、共同所有或部分各自所有"。可见，为维持共同生活、从事与共同生活有关的经营活动、履行与家庭生活有关的义务而产生的债务，且夫妻双方并没有对此债务进行相关约定的，当属于夫妻共同债务。相应，若该债务并不是因维持共同生活而产生或双方约定为个人债务的，则债务当属个人债务。

理论实践中通常按照两个标准对某债务系夫妻共同债务还是个人债务进行划分，只要债务符合其中任一标准，即可认定为夫妻共同债务：其一，夫妻之间是否有共同举债的意愿。若夫妻双方有共同举债的意愿，则可认定该债务为夫妻共同债务。共同举债的意愿不但包括明示的共同举债，还包括一方提出举债，另一方没有表示异议。其二，夫妻双方共同分享由此债务带来的利益。即使夫妻之间在举债之前并没有达成合意，但之后共同分享由该债务带来的利益，则该债务

也应认定为共同债务。如果夫妻双方并没有实际分享债务的利益，但债务产生的目的是为了夫妻双方谋取共同的利益，且不违背夫妻双方的意愿，则该债务可视为因可能利益带来的风险，夫妻双方应共同承担这种风险。

（二）交通事故责任主体的认定

对于交通事故责任主体的认定，理论界和审判实务中均认同以运行支配和运行利益归属为考虑因素的"二元论"。"二元论"源于危险责任理论和报偿责任理论。随着社会经济的发展，对社会生产、生活具有积极作用，同时有可能威胁人们日常生活的危险物品逐渐出现，因危险物产生的损害由危险物的支配者负责，这即是危险责任理论。报偿责任理论则是从"获得利益的人负担危险"这一罗马法谚中发展而来，体现了谁享有收益谁负担风险的原则，若利益追求者在追求自身利益过程中损害他人的合法权益，其产生的费用和损失由利益追求者负担。日本根据危险责任理论和报偿责任理论，规定机动车的运行供用者为责任主体。（日本《机动车损害赔偿保障法》第3条的规定："为自己将机动车供运行之用者，因其运行而侵害他人之生命或身体时，对所产生损害负赔偿责任。"）[1] 日本通说认为机动车的运行供用者的判断应从运行支配与运行利益两项基准上把握。"运行供用者"是指机动车的运行支配与运行利益的归属者；"运行支配"是指可以在事实上支配管领机动车之运行的地位，而对"运行利益"，一般认为限于因运行本身而产生的利益。某人是否属于运行供用者，要从其是否对该机动车的运行于事实上位于支配管理的地位和是否从该机动车的运行本身中获得了利益两个方面加以判断。[2]

尽管也有学者认为运行利益实际上包括在运行支配之中，其仅为运行支配的外部表现，从而提出交通事故责任主体认定的"一元论"，即认为关于交通事故责任主体的认定应从实际支配主体的角度出发。[3] 但现

---

[1] 刘星、李静芹："机动车道路交通事故损害赔偿责任主体的认定"，载《河北法学》2006年第6期。

[2] 程啸："机动车损害赔偿主体研究"，载《法学研究》2006年第4期。

[3] 刘晓红："机动车交通事故损害赔偿责任主体的认定基准研究"，载《当代法学》2003年第1期。

实中某些情况中，运行利益和运行支配的归属并不指向同一主体，二者之间存在分离，仅凭运行支配无法判断责任主体，因此“一元论”的运用并不广泛。

目前，日本关于机动车交通事故责任主体认定的“二元论”被认为是运用最为广泛、先进的原则。[1] 采用“二元论”主要基于以下几点原因：第一，机动车作为社会发展的符号，在给社会生活带来便利的同时也带来一定的交通隐患。作为一种危险物，在运行过程中带来较大的社会危害，应要求实际运行人承担责任；第二，采用“二元论”，确定运行支配主体和运行利益主体的责任，可以提高机动车实际支配人和利益归属人的警惕，减少事故的发生；第三，采用“二元论”，坚持获得收益承担风险的原则，体现了法平衡利益的理念。

运行支配是指从对机动车具有控制和支配的角度考虑责任主体，运行利益归属是指从对机动车使用和运行中获得利益的角度考虑责任主体。最高人民法院在给江苏省高级人民法院《关于连环购车为办理过户手续原车主是否对机动车交通事故致人损害承担赔偿责任的复函》称：“连环购车未办理过户手续，因车辆已交付，原车主既不能支配该车辆的营运，也不能从该车的营运中获得利益，故原车主不应对机动车发生交通事故致人损害承担责任。”最高人民法院在该复函中“不能支配”“未获得利益”等字眼体现的即是对交通事故责任主体认定“二元论”的运用，对于地方各级法院在审判实务中运用“二元论”具有指导意义。

运用“二元论”对机动车责任者之配偶是否应承担赔偿责任进行讨论：如果配偶对机动车具有实际控制和使用，或者配偶对机动车运行过程中获得享有的利益，即使配偶不是实际机动车驾驶人或登记人，仍然可以被视为交通事故责任者，对交通事故承担相应的责任。

（三）夫妻共同债务与交通事故责任主体的综合分析

从夫妻共同债务理论角度分析，在机动车交通事故中，夫妻双方并没有共同承担债务的意愿，也没有共同享有该债务带来的利益，则

[1] 刘星、李静芹：“机动车道路交通事故损害赔偿责任主体的认定”，载《河北法学》2006 年 6 月。

配偶不应作为共同被告承担相应的交通事故损害赔偿责任。若从交通事故责任主体“二元论”理论角度分析，配偶对机动车享有运行利益，应作为共同被告承担责任。因此，机动车驾驶人之配偶是否对机动车交通事故损害赔偿承担责任，应结合夫妻共同债务理论和交通事故责任主体“二元论”对具体案件进行综合分析。

首先，应确认配偶是否对机动车享有运行支配控制的权利和能力。关于配偶是否对机动车享有运行支配权利，只要从机动车的登记人或实际所有人是否为配偶这一角度即可进行判断，若配偶为机动车的登记人，则可视为配偶对机动车享有运行支配的权利和能力。但在审判实践中，原被告双方对于配偶是否可以作为责任的共同承担者进行争论多发生在配偶既不是机动车驾驶人也不是机动车登记人的情形下。

其次，应确认配偶是否对机动车享有运行利益。关于配偶是否对机动车享有运行利益则应当结合夫妻共同债务理论进行分析。夫妻共同债务中强调“为维持共同生活而产生的债务”，因此，若机动车的使用营运是以维持共同生活为目的，或与家庭生活有必然联系，则配偶应承担共同责任，因为机动车所产生的收入利益是用于家庭的，配偶必然享有这种利益；若机动车的使用营运只是为满足个人需求或欲望，则配偶不应承担共同责任，因为这种情况下，配偶并不享有其中的运行利益。根据前述举例说明，如机动车是为维持生活，由夫妻一方经营所用，或夫妻一方被雇佣而驾驶机动车，在这种情况下发生交通事故，配偶应共同承担责任；相反，若机动车的驾驶使用是为满足自身游玩需求，则配偶不应承担责任。对此，不少学者和审判工作者在相关文章中都表达了类似的观点。[1]

---

[1] 孟明轩（安徽省怀远县人民法院执行局）在《交通肇事中的侵权之债是否属于夫妻共同债务》（http：//ahhyfy. cncourt. org/public/detail. php? id＝3252）一文中指出：“夫妻一方交通肇事产生的侵权之债，一般应由侵权行为人个人承担赔偿责任，除非有证据证明侵权行为与夫妻共同利益或家庭共同生活有必然的因果关联，如肇事车辆为生产运营车辆并将所得收入用于家庭生活……应由夫妻双方共同承担赔偿责任。”

朱立龙、陈爱莲（江苏省盐城市亭湖区人民法院）在《夫妻一方侵权能否将另一方列为共同被告?》（http：//www. jsfy. gov. cn/llyj/gdjc/2011/09/16162334433. html）一文中认为：在某一案件中“被告驾车并非用于营运供养家庭生活，其驾车撞死人的行为完全是个人的行为，与配偶无关，配偶不应该承担责任”。

在审判实务中，如何判断机动车产生的利益是否为“为维持共同生活”应首先考虑关于夫妻共同债务范围的七种情形：为家庭共同生活所负的债务；为履行法定扶养义务所负的债务；为履行法定赡养义务所负的债务；为支付夫妻一方或双方的教育、培训费用所负的债务；为支付正当必要的社会交往费用所负的债务；共同从事生产、经营活动所负的债务；协议约定为共同债务的债务。若机动车产生的利益不符合前述七种情形，则需要根据夫妻共同债务理论中的举债合意和债务利益共享两方面进行进一步讨论。

（四）机动车运行利益归属的举证责任

对于机动车的使用是否系“为夫妻共同生活”或机动车所产生的利益是否归属于“夫妻双方”，其举证责任应采取“谁主张，谁举证”的原则。通常，在交通事故损害赔偿案件中，受害人及其家属多主张配偶与实际行为人共同承担责任，因此，对于机动车的运行利益归属应采取由受害人及其家属进行举证的规则。

尽管受害人作为身体受到实际损害一方，与事故的另一方相比，其生活、工作可能受到更大程度的影响，在案件审理裁判过程中应给予其充分的保护，以充分保障其合法权利的有效行使。从人性的角度，在审理裁判过程中适当照顾处于弱势的一方也是无可厚非的。但这种倾斜和保护并不是一味的、毫无限制的。如果一味对受害人一方采取倾斜和保护，则可能损害另一方作为责任承担者的合法权益，比如侵犯了配偶合法的财产权益。这种一味地保护和倾斜与法律追求的公平精神反而背道而驰。

采取“谁主张，谁举证”的举证规则，一方面赋予受害人及其家属将实际侵权人之配偶列为共同被告的权利；另一方面也防止配偶的财产不因实际侵权人的个人行为而受到过分的影响甚至侵犯。除此之外，在诉讼过程中，还有诉前财产保全、先予执行、申请执行等程序可以保障受害人的权益，使其损害得到有效的赔偿。

（五）关于李某、杨某与鲁某关于机动车交通事故损害赔偿一案的具体分析

本案中的焦点是杨某是否可以列为共同被告承担责任。

首先，经查明，机动车登记于李某名下，且长期由李某驾驶使

用，因此杨某对于机动车并不具有运行控制支配的能力。

其次，关于杨某是否享有对事故机动车的运行利益。经查明，实际驾驶人李某长期驾驶该车并无特定的用途，无法通过列举的七种情形确认该利益是否符合夫妻共同债务的情形。结合夫妻共同债务理论进行分析：实际驾驶人李某和其夫杨某之间肯定不存在共同举债的合意，因为交通事故属于过失行为，李某和杨某二人不可能在发生交通事故之前进行商榷达成合意。并且，李某和杨某并没有共同分享债务带来的利益，根据《交通事故责任认定书》认定，李某对本次事故承担全部责任，经一审判决赔偿受害人王某之妻鲁某100余万元，毫无利益可言。而受害人王某之妻鲁某尽管主张将杨某应当共同承担责任，但并未能提出相应证据证明该小轿车的使用利益归属于家庭。

综上所述，该事故车辆产生的利益并不被李某之夫杨某所享有，该债务并不符合夫妻共同债务的特征。因此并不能将侵权损害赔偿视为李某与杨某的共同债务，杨某并不能列为共同被告。二审法院在发回重审的裁定书中也表达了类似的观点："并没有相关证据证明事故车辆的使用系为家庭共同生活，因此一审中将杨某列为共同被告存在不妥之处"。

三、配偶在交通事故损害赔偿中的责任类型

根据前述论证，在机动车交通事故损害赔偿案件中，实际侵权人的配偶可能会承担相应赔偿责任。侵权责任的类型包括按份责任和连带责任两种。按份责任即数个侵权人对损害赔偿按相应比例各自承担责任，受害人只能针对侵权人的责任比例向其要求损害赔偿。连带责任是数个侵权人对损害赔偿承担连带的责任，受害人可以向其中一个或几个侵权人主张全部的损害赔偿。在配偶与实际行为人共同承担交通事故损害赔偿的案件中，配偶承担责任类型应为连带责任。

婚姻的结合使两个具有独立人格的人在某些情况下被视为同一整体，配偶若对交通事故共同承担责任则可视为夫妻双方这一整体对事故承担赔偿责任。从外界角度，责任承担的主体是一个整体而不论整体的内部，因此配偶对交通事故损害赔偿应承担连带责任，受害人可以向实际行为人或其配偶主张赔偿。

《婚姻法》第19条规定："夫妻对婚姻存续期间所得财产约定归各自所有的，夫或妻一方对外所负的债务，第三人知道该约定，以夫或妻一方所有的财产清偿。"因此，如果机动车交通事故案件中的受害人并不清楚侵权一方夫妻之间是否有约定财产，则实际行为人之配偶在承担责任对受害人进行全部赔偿后，可以基于这种约定，根据合同法和侵权责任法中的相关规定向另一方进行追偿。若夫妻双方对交通事故损害赔偿这一债务进行了约定，且受害人对夫妻双方约定财产是知情的，则不存在法院将夫妻双方列为责任的共同承担者这一情形。

追根溯源，受害人及其亲属将实际行为人之配偶列为共同被告的根本原因系防止实际行为人恶意转移财产，使自身因交通事故造成的损害能得到充分的赔偿。对此，在交通事故损害赔偿的案件中，受害人及其家属可以通过诉前财产保全、先予执行、申请执行等程序保障自身的利益。

在审判实务中，对于机动车交通事故损害赔偿案件中，通常仅将实际夫妻中实际驾驶机动车一方作为责任的承担者。但随着将实际驾驶人之配偶列为共同被告这一类型的交通损害赔偿案件的增多，在处理这一类案件时，审判工作人员应结合夫妻共同债务理论和交通事故主体"二元论"充分考虑机动车运行利益的归属、夫妻共同债务范围、夫妻间是否有约定财产等情况，从而最终确定事故所产生的债务是否属于夫妻共同债务抑或个人债务，配偶是否应承担损害赔偿的责任。

论“酒水服务费”的合法性

——基于相关案例的整理和分析

洪　晨*

摘　要　“酒水服务费”亦称“开瓶费”，是指消费者自带酒水消费时，经营者向其收取的一定数额的费用。从《合同法》的角度来看，“酒水服务费”的收取属合同自由的范畴，只要双方意思表示一致，应属有效合同；但依据《消费者权益保护法》，“酒水服务费”的收取已经侵犯了消费者的自由选择权和公平交易权，属于违法行为。《消费者权益保护法》作为经济法，是在传统民法形式正义的基础上，基于实质正义的理念，对处于弱势地位的消费者做特别保护的法律。所以在案件的审理中应优先适用。

关键词　禁止自带酒水　合法性　案例分析

一、民法视角下“酒水服务费”的合法性

（一）案件整理和分析

在“酒水服务费”案件中，很多法院都援引了《合同法》的规定，其中消费者既有胜诉的也有败诉的。

案例1. 冯小红诉成都市武侯区源泉孔亮鳝鱼火锅店案

2005年11月26日，冯小红自带4瓶酒水到成都市武侯区源泉孔亮鳝鱼火锅店就餐，结账时被收取纸筷费25元和酒水服务费320元。冯小红将该火锅店告上法庭，要求被告返还服务费320元、纸筷费25元；公开道歉，并赔偿精神损害抚慰金2000元。

成都市武侯区人民法院经审理认为，被告无法提供证据证明双方就收取服务费达成一致意见，故该收费行为并非合同条款，应属无

* 洪晨，中央财经大学法学院2010级经济法学硕士研究生。

效。最终判决火锅店返还服务费320元、纸筷费25元，但不支持原告“公开赔礼道歉”的诉讼请求。

该案例的判决，符合学界对此问题的一种学说：“当事人约定说”。该学说认为，“开瓶费”是经营者与消费者之间的一种市场行为，应由双方约定。法律并没有禁止经营者和消费者作出这样的约定，因而双方在意思表示真实的情况下作出的这一约定，应该属于有效约定。[1]

案例2. 刘某诉长沙某KTV服务合同纠纷案

2007年11月11日，刘某自带酒水和食物到长沙某娱乐公司KTV包间唱歌，被迫购买了内设超市的酒水和食物。刘某将该KTV起诉至长沙市天心区人民法院，要求返还重复消费款87元并公开赔礼道歉；同时取消禁止消费者自带酒水、食物的“霸王条款”。

法院经审理认为，原告在被告已明确告知“谢绝自带酒水”的情况下，仍自愿选择在被告处消费，双方已形成了服务合同关系。被告“谢绝自带酒水”的行为本身属于服务合同内容的组成部分，且该行为不违反法律的禁止性规定，故被告的行为没有侵害原告的合法权益。最终，法院判决驳回了原告刘某的诉讼请求。

该判决符合学界的第二种学说：“有效条款说”。该学说认为，“开瓶费”并没有违背法律的规定，是有效的条款。从合同订立来看，酒店以“禁带酒水”牌方式明示其交易条件，是其向消费者提出的形成合同关系的约定条件，如果消费者愿意消费，就意味着接受了此项“要约”，这并不违反合同法的相关规定。我国现行民事法律所列举的导致合同无效的情形中，并不包括此处所讨论的这种情况。而且，如果只是个别的酒店单独地制定这样的条款的话，并没有侵犯顾客的自主选择权和公平交易权，因为在一个市场环境里，消费者的选择存在多种可能性，总能找到自己满意的消费。[2]

此学说更倾向于保护经营者的自主经营权，认为经营策略的制定

---

[1] 董皞：“‘开瓶费’的收取应视双方约定而定”，载《法制日报》2007年1月17日。

[2] 姚辉：“消费者是否有权对酒店说‘不’”，载《人民法院报》2002年8月27日。

是经营者的自由，消费者可以选择符合自己要求的商家进行消费。从表面上看，该说法似乎更加符合市场经济的要求，但是忽略了消费者的弱势地位。如果某个行业或整个市场中的经营者达成一致，都禁止消费者自带酒水，那么消费者就无从选择，只能接受“霸王条款”了。

案例 3. 王子英诉北京湘水之珠大酒楼案

2006 年 9 月 13 日，王子英等 4 人自带白酒到北京湘水之珠大酒楼用餐，结账时被收取服务费 100 元。王子英为此起诉到海淀区人民法院，要求该酒楼返还所收取的“开瓶费”并公开赔礼道歉。

法院审理后认为，“自带酒水需另收取服务费”的内容是单方意思表示，系格式条款，应属无效。一审判决酒楼返还开瓶服务费 100 元，但不支持原告“公开赔礼道歉”的诉讼请求。

该判决符合学界的另一种学说：“无效格式条款说”。该学说认为“开瓶费”是经营者一方提供给消费者的格式合同条款，严重地限制了消费者的权利，应归为无效。理由是当采用格式条款订立合同时，提供格式条款的一方应当遵循公平原则确定当事人之间的权利和义务，并采取合理的方式提请对方注意免除或者限制其责任的条款，按照对方的要求对该条款予以说明。酒店收取“开瓶费”的做法是一种典型的格式条款，它旨在限制消费者自主消费的权利，增加消费者的义务，对消费者来说是不公平、不合理的，应当认定为无效。[1] 按照此种学说的观点，收取“酒水服务费”虽然也属于合同条款，但系无效的格式条款。即此类行为是违法的，对消费者无约束力。

在上述三个观点中，“无效格式条款说”遭到了一些民法学者的否定。有学者认为，不能一概地认为所有的“不能讨价还价”的格式合同条款都是“霸王条款”，“霸王条款”必须是消费者“不得不”接受的条款。如果将自带酒水看作是消费者的权利，则是在强行排除餐

[1] 魏雅华：“该不该收‘开瓶费’——浙江消费者状告‘开瓶费’案的典型意义”，载《经营管理者》2005 年第 6 期。

饮企业提出的合同条款的权利，这有悖于市场经济的规律。[1] 还有学者指出，消费者自带酒水不可避免地要使用酒楼的房间、桌椅，享受酒楼的空调、音乐，对此服务予以收费理所当然，并不导致对于消费者的不公平、不合理。[2] 而“有效条款说”和“当事人约定说”得到了很多民法学者的支持。两者相比较而言，后者要求经营者和消费者就“开瓶费”进行特别约定，而前者仅以店堂告示的方式或在菜单上显著标明即可成立。事实上，就两种观点的本质而言，都是以承认“开瓶费”条款的有效性为基础的。

（二）传统民法的局限性

在民法的视野下，当事人处于平等地位。经营者和消费者之间的消费合同属于一般的民事合同，民法的主要任务就是保证双方在平等的交易关系中实现意思自治和合同自由。因此，“开瓶费”自然就成为经营者和消费者可以自由约定的合同条款，而且该条款也不属于导致合同无效的情形。虽然有学者主张“开瓶费”是经营者单方提供的无效格式条款，但该学说存在着明显的理论缺陷，并不被广泛认同。

所以，在民法形式正义的理念下，我们只能得到如下结论：经营者有权禁止消费者自带酒水，或者对消费者自带的酒水收取“开瓶费”，且金额自主决定。这个结论在民法理论中貌似有理有据，却无法经受现实生活的考验。如果我们将这个结论推而广之的话，那么目前在我国实践中大量存在以格式条款形式出现的免除或限制责任条款，如公交公司在无人售票汽车上推行的“恕不找零”，服务行业盛行的“最低消费”，旅馆业“过中午 12 点加收半天房租、过下午 6 点收一天房租”等，便都是合法有效的。[3] 经营者们甚至可以变本加厉地想出更多的理由，以堂而皇之地向消费者们“合法”收费，而丝毫不考虑这类条款对于相对处于弱势的消费者们是如何地不公平。尤其

---

[1] 许剑飞：“四川省首例‘开瓶费’案分析——兼论民法和经济法在调整现代社会中的关系”，载《中南财经政法大学研究生学报》2007 年第 5 期。

[2] 范正伟：“三问‘开瓶费’之争”，载《人民日报》2007 年 1 月 8 日。

[3] 马翠先：《关于“禁止自带酒水”与收取“开瓶费”的案例分析》，兰州大学 2010 年硕士学位论文。

是，如果提供格式条款的一方处于垄断地位，或者所提供的格式条款成为一个行业的普遍通行做法，消费者失去选择余地的时候，合同双方的利益即会在法律上失去平衡。很明显，民法强调的形式正义导致了实质正义的丧失，合同反而成为处于强者地位的行业或部门攫取行业和部门私利、剥削处于弱势的消费者的工具。[1] 因此，传统民法难以适应现代经济的高速发展，在调整市场经济的运行中具有明显的局限性。

二、经济法视野下“禁止自带酒水”的分析

（一）案件整理和分析

案例 4. 曲连吉诉广州市白云天鲜阁酒楼案

2001 年 7 月 15 日，曲连吉自带酒水到广州市白云天鲜阁酒楼吃饭，结账时被加收“自带酒水开瓶费”20 元。为此曲连吉将酒楼告上法庭，要求：返还所收的“开瓶费”20 元，并赔偿 20 元；公开赔礼道歉；赔偿精神损失费 1 元。

一审广州市白云区人民法院认为，该酒楼的行为违反了《合同法》中有关格式条款的规定，也违背了民法通则的自愿、公平、等价有偿原则，侵犯了消费者的自主选择权和公平交易权，不具有法律效力。故判决被告返还原告“自带酒水开瓶费”20 元，驳回原告其他诉讼请求。二审广州市中级人民法院维持了原判。

案例 5. 姜士民诉成都红天鹅火锅案

2004 年 4 月 24 日，姜士民自带酒水到红天鹅火锅餐厅就餐，结账时被收取酒水服务费 100 元。之后，姜士民将该餐厅告上法庭，要求返还酒水服务费并公开赔礼道歉。

成都市高新技术产业开发区人民法院经审理后认为：被告没有将收费项目及收费标准置于显著、醒目的位置，未保障原告的知情权；事后收取“酒水服务费”的行为侵犯了原告的自主选择权。最终判决

[1] 许剑飞：“四川省首例‘开瓶费’案分析——兼论民法和经济法在调整现代社会中的关系”，载《中南财经政法大学研究生学报》2007 年第 5 期。

被告返还原告酒水服务费100元，但不支持原告“公开赔礼道歉”的诉讼请求。

上述案例都是依据《消费者权益保护法》进行的判决，认为此种行为侵犯了消费者的自主选择权和公平交易权，属于违法行为，笔者也同意这种观点。还有法院认为该行为侵犯了消费者的知情权，该观点值得商榷。如果侵犯的是消费者的知情权，那么事前明确告知消费者或在醒目位置明确提示即可尽到告知义务、保障消费者的知情权。但是这并未赋予消费者自主选择的权利，也没有保护其弱势地位，更不能减少消费者的实际经济损失。因此，援引《消费者权益保护法》中消费者的自主选择权和公平交易权来进行判决更为合理。

（二）经济法对于“形式正义”的突破

当传统民法进入现代社会化大生产，原本一直倡导、尊崇的形式平等、意思自治一再受到质疑，并反过来成为限制意思自治、合同自由的孽缘。[1] 在经济实践中，出现了许多在交易地位实质上处于严重不对等的民事主体，处于消费合同两端的消费者与经营者就是一个典型。传统民法的观点顺应现代私法理念的转变，重新接受消费者保护法及其理论的检验与评判。

经济法从社会整体利益出发，追求实质正义，是对传统民法形式正义的一种补充。在经济法的视野下，在经营者和消费者之间的关系中，消费者处于明显的劣势地位。这种劣势主要表现在：第一，消费者信息上的劣势。消费者理性的有限性和信息收集的成本等使得他与经营者之间的信息严重不对称，因此其利益易受到经营者的侵害。第二，消费者经济实力上的劣势。经营者比消费者有着更大的经济实力得到法律专业人员服务，消费者在合同签订、履行以及纠纷的解决等问题上明显处于劣势。[2]

---

[1] 郭琛：“论消费者选择权的边界——对‘谢绝自带酒水’的思考”，载《广西政法管理干部学院学报》2009年7月第24卷第4期。

[2] 应飞虎、王莉萍：“经济法与民法视野中的干预——对民法与经济法关系及经济法体系的研究”，载《现代法学》2002年第8期。

一味追求形式正义，必然无法保护消费者的合法权益。经济法克服了民法的局限性，从实现实质正义的角度出发，重点规定了消费者的权利和经营者的义务。通过对强势一方的权利限制和义务赋予，对消费者和经营者之间合同的强制性修正，实现对弱势一方的保护。这种表面上的经营者和消费者权利的“失衡”，恰恰在实际中维护了处于不同地位当事人之间的实质上的正义。

1. “禁止自带酒水”剥夺了消费者的自主选择权

《消费者权益保护法》第 9 条第二款规定：“消费者有权自主选择提供商品或者服务的经营者，自主选择商品品种或者服务方式，自主决定购买或者不购买任何一种商品、接受或者不接受任何一项服务。”据此，餐饮企业无权剥夺消费者对酒水的选择权，强迫消费者接受自己提供的酒水。

有观点认为，是否“禁止自带酒水”是经营者的经营策略，属于其自主经营权，应当受到保护和尊重。消费者若不接受该经营策略，可以选择其他餐厅，或者干脆不外出就餐；既然选择了“禁止自带酒水”的餐厅，就说明消费者已接受了该餐厅的此项经营规则。殊不知，消费者不仅有权在不同餐饮企业之间作出选择，而且有权在某一特定餐饮企业提供的特定商品或服务之间作出选择。[1] 经营者之间的自由竞争不能取代消费者的法定选择自由，事先明示的做法固然有助于尊重消费者的知情权和选择权，但并不意味着消费者的公平交易权受到了应有保护。如果同等规格的餐馆、饭店采取一致做法，实际上形成了某种程度的垄断，纵容下去将会使得消费者丧失自主选择权，甚至破坏整个市场的正常运行。

2. “禁止自带酒水”侵犯了消费者的公平交易权

《消费者权益保护法》第 10 条第 1 款规定：“消费者享有公平交易的权利。”消费者有权获得质量保障、价格合理、计量正确的公平交易条件，有权拒绝经营者的强制交易行为。公平交易权的实质是消费者与餐饮企业之间的权利义务大致对等，消费者付出的对价与其获

---

[1] 徐海燕：“论禁止自带酒水的店堂告示的法律效力”，载《当代法学》2007 年 9 月第 21 卷第 5 期。

得的商品或服务的价值大致对等。[1]

餐饮企业以“禁止自带酒水”为手段，意欲迫使准备消费酒水的消费者作出以下两难选择：要么购买餐饮企业出售的暴利酒水，要么自带酒水，但向餐饮企业支付高额“开瓶费”。向消费者高价出售酒水以谋取暴利是餐饮企业“禁止自带酒水”的真正原因，这种强迫消费者购买高价酒水或收取高额“开瓶费”的行为，破坏了消费者与餐饮企业之间的公平交易原则，侵害了消费者的公平交易权。

有观点认为：“开瓶费”是餐饮企业提供服务（如座位、服务人员、空调设施等）的对价，是合理合法的。[2] 笔者认为此说过于勉强：首先，自带酒水的消费者依然会购买餐饮企业的其他商品或服务，即使消费者不购买餐厅提供的酒水，餐厅也有义务提供座位和餐具等服务，不应额外收费。其次，为消费者提供附属服务是餐饮企业必备的营业条件，而且饭菜价格之中已经分摊了经营成本，消费者所付的餐费实际上包含了这部分的对价。倘若允许经营者另外加收“开瓶费”，无异于鼓励其收取其他诸如照明费、引座费、端菜费、点烟费等名目众多的附加费用，这显然极大地侵害了消费者的权利，并会造成市场秩序的混乱。

此外，《消费者权益保护法》第24条规定：“经营者不得以格式合同、通知、声明、店堂告示等方式作出对消费者不公平、不合理的规定，或者减轻、免除其损害消费者合法权益应当承担的民事责任。”经营者以店堂告示等形式收取“开瓶费”的行为显然违反了该禁止性规定。虽然法律也赋予了经营者的经营自主权，但前提是不侵犯消费者自主选择权和公平交易权，我们应当明确权利的位阶。

综上所述，在经济法视野下，“禁止自带酒水”、收取“开瓶费”等行为违反了《消费者权益保护法》，侵犯了消费者的自主选择权和公平交易权，应当否定其效力，方能达到保护弱势消费者、实现实质正义的效果。

---

[1] 徐海燕：“论禁止自带酒水的店堂告示的法律效力”，载《当代法学》2007年9月第21卷第5期。

[2] 郭矗：“最低消费标准的法经济学分析及规制——以餐饮业为主要分析对象”，载《广西政法管理干部学院学报》2012年5月。

三、现行立法的缺失和完善

现行法律并未对自带酒水问题作出明确规定，各地方性法规、规范性法律文件以及行业规范的规定也非常混乱。

（一）依据地方性法规和行业规范进行判决的案例

案例 6. 周立太诉重庆市爆破公司 666 酒楼案

2002 年 2 月 15 日，周立太和朋友自带酒水到 666 酒楼用餐，结账时被收取了 28 元酒水开瓶服务费。为此，周立太将该酒楼告上法庭，要求返还酒水开瓶服务费 28 元。

一审重庆市渝中区人民法院认为：被告收取服务费的行为符合《重庆市餐饮业价格管理暂行办法》《重庆市餐饮业价格管理暂行办法实施细则》的相关规定，判决驳回原告周立太的诉讼请求。二审重庆市第一中级人民法院维持了原判。

（二）现行立法的梳理和完善

笔者对相关法律文件进行了整理，具体如下：

1. 全国性行业规定 1 篇：2002 年 3 月 29 日，中国旅游饭店业协会发布《中国旅游饭店行业规范》，第 29 条规定：饭店可以谢绝客人自带酒水和食品进入餐厅、酒吧、舞厅等场所享用，但应当将谢绝的告示设置于有关场所的显著位置。

2. 地方性法规 1 篇：2006 年 11 月 24 日实施的《贵州省消费者权益保护条例》第 29 条规定：经营者应当明示其提供食品和服务的价格，不得拒绝消费者自带酒水、饮料饮用，不得收取开瓶费等不合理费用。

3. 地方政府规章 1 篇：2011 年 1 月 21 日，太原市政府发布《太原市价格监督检查办法》，第 17 条规定：服务对象自带酒水、饮料等，不得以开瓶费、服务费等名目收取费用。

4. 地方规范性文件若干：[1]

（1）2005 年 2 月 22 日，四川省饭店与餐饮娱乐行业协会发布

[1] 由于地方规范性文件过于繁杂、效力也具有阶段性，在此笔者仅选取了具有代表性的 5 个文件。

《四川省餐饮业行规行约》（审议稿），第20条规定：餐饮企业可以谢绝消费者自带酒水，有权对消费者自带酒水收取服务费。

（2）2006年3月，成都市餐饮同业公会起草并试行的《成都市餐饮行业企业经营行为规范》规定：餐饮企业原则上可以谢绝客人自带酒水进入餐厅，但应当将谢绝的告示设置于醒目的位置。如客人确要自带酒水需征得餐饮企业同意，企业可收取适量的服务费。

（3）2007年12月25日，甘肃省物价局、省商务厅、省卫生厅联合发布《甘肃省餐饮业价格行为管理办法》，第10条规定：经营者不得向消费者收取调料费、空调费、茶位费、座位费、开瓶费、餐具费及餐具消毒费等任何名目的价外服务费和价外加价。

（4）2010年4月20日，武汉市餐饮行业协会、武汉市消费者协会和武汉市个体私营企业协会共同发布了《武汉市餐饮行业经营规范》，明确规定："餐饮企业有权接受或谢绝消费者自带酒水和食品进入餐厅""有权对消费者自带酒水和食品收取相应的服务费"。这一《规范》发布后在社会上引起强烈的不满和争议，迫于压力，相应条款修改为了"对消费者自带酒水和食品进入餐厅享用的，提倡免收服务费"。

（5）2012年4月27日，广州市物价局修订了《广州市餐饮业明码标价实施细则》，第10条规定：经营者设置最低消费金额、收取茶水服务费，或者对消费者自带酒水、食物加收服务费的，应当明码标价，服务价目表的显著位置，并于消费前主动告知消费者。

分析后发现，对于"自带酒水"问题进行明确规定的大部分是地方规范性文件和行业规范，立法层次较低，效力存在很大的局限性。另外，由于没有全国性法律进行统一规定，各地的"自主命题"存在很大差异，甚至截然相反。我们可以看到，不同利益集团立场鲜明：餐饮行业协会站在经营者一边，规定餐饮企业可以谢绝消费者自带酒水，有权收取酒水服务费；而地方政府大都站在消费者一边，规定餐饮企业不得禁止自带酒水和收取"开瓶费"。

对于行业协会在行业管理中的应有职能，目前比较一致的观点是，协会以维护本行业的利益为宗旨，是一个自律性组织，其制定的规范仅限于对会员单位起作用，无权对其他经济主体或社会群体的活动造成干涉。[1] 行业规范仅适用于行业的内部自律，不能拘束行业之外的主体，对消费者没有法律约束力。因此，上述行业规范中允许餐饮企业禁止自带酒水的规定，不具有法律效力。

目前，我国保护消费者权益的法律规定只有一部《消费者权益保护法》，但其本身也存在很多不足。首先，《消费者权益保护法》实施至今已有18年，期间我国经济发展迅速，经济活动也更加纷繁复杂。交易过程中出现的诸多问题已超出了当时的立法预期，对于很多新型的侵权行为，消费者维权时难以找到法律依据。其次，《消费者权益保护法》相关规定过于抽象、缺乏实施细则、可操作性差，仅凭简单的法律条文难以使消费者有效地维护自己的权利。针对上述问题，《消费者权益保护法》应当进行修订，并且出台具体的实施细则，或对相关条文作出司法解释，这样才能有效解决“禁止自带酒水”以及更多的类似纠纷，更好地保护消费者的合法权益。

---

[1] 胡学军：“谢绝自带酒水——一个行业规范的法社会学分析”，载《企业经济》2004年第7期。

域 外 法 制

美国统一丧失抵押品赎回权研究

王苏丹*

摘　要　丧失抵押品赎回权意味着借款人因还款违约而失去了赎回抵押品的权利。在美国虽然有《统一商法典》（UCC），但是在各州之间抵押的法律缺乏统一性，在为统一抵押法作出的努力宣告失败之后，国会委员就国家的法律（会议）颁布了统一的丧失抵押品赎回权司法法案（UNFA）。UNFA代表在丧失抵押品赎回权的过程中的一个重大创新，反映了一些国家主要的房地产金融从业人员和学者的贡献。这是通过有效率的间接的司法不动产清算，为房地产抵押拖欠贷款者提供实质性的保障措施。

关键词　丧失抵押品赎回权　UNFA　创新

一、美国丧失抵押品赎回权的现状

丧失抵押品赎回权意味着借款人因还款违约而失去了赎回抵押品的权利。贷款机构则有权获得相关房产抵押品所有权或将房产抵押品出售以抵消借款人欠债。美国次贷危机引发了信贷紧缩，许多美国人，特别是那些信用级别和收入较低、且选择了浮动利率贷款的次级住房抵押贷款借款人，无力再融资还贷。

（一）丧失住房抵押品赎回权的案例激增

根据2007年美国一家房地产监测公司的调查显示，美国丧失住房抵押品赎回权的案例数量较前年大幅上涨了75%。调查机构“不动产追踪”公司（Realty Trac）于2007年1月29日说：“2007年全美丧失住房抵押品赎回权的案例数量达到220万件。大约有130万个家庭收到了丧失抵押品赎回权的警告通知，较前年增长了79%。还

---

* 王苏丹，中国机械设备工程股份有限公司战略规划部。

有很多贷款购房者拖欠还款已长达数个月。”❶

美国房地产跟踪公司2008年3月13日公布的统计显示，2008年2月份美国丧失抵押品赎回权的案例较去年同期增长了60%，但比2008年1月份减少了4%。这类案例同比大幅增长预示着这一轮丧失抵押品赎回权浪潮已接近最高峰。媒体援引房地产跟踪公司的数据说，2008年2月份美国丧失抵押品赎回权的案例共计22.365万件，相当于每557个美国家庭中就有一件丧失抵押品赎回权案例发生。该公司的报告说，2008年2月份丧失抵押品赎回权案例4%的月增幅与去年同期的6%出入不大，但其同比增幅却远远高于2007年2月份的19%。❷

美国房地产跟踪公司2009年7月16日发表报告说，由于失业人员增多导致房贷月供偿还困难，2009年上半年美国丧失住房抵押品赎回权的案例数量上升了15%。报告显示，2009年上半年美国丧失住房抵押品赎回权案例涉及的家庭超过150万户。报告还显示，2009年6月份美国丧失住房抵押品赎回权案例数量同比增长33%以上，环比增长近5%。❸

（二）美国政府采取的措施

自从2007年夏季美国爆发次贷危机以来，伴随着房价下跌，丧失住房抵押品赎回权问题也日益突出。为此，美国政府也采取了多种措施，其中包括提供500亿美元的补贴用以应对丧失住房抵押品赎回权难题。

为应对日益严峻的房贷危机，奥巴马政府在2009年2月18日公布了一套住房援助计划，帮助陷入困境的大约700万～900万户美国家庭。根据计划，奥巴马政府通过降低房贷月供、允许再融资，使400万～500万户陷入困境的房主缓解房贷压力；并通过设立750亿美元的房主稳定基金，帮助约300万～400万户房贷严重违约者保住即将

❶ 新华社：“美去年丧失住房抵押品赎回权案例大增”，另载《中国证券报》，http://finance.stockstar.com/JL2008013100299857.shtml，最后访问时间：2008年1月31日。

❷ 上海证券报：“美丧失抵押品赎回权案例激增”，另载http://finance.stockstar.com/JL2008031500336588.shtml，最后访问时间：2008年3月15日。

❸ 北京商报：“美国丧失住房抵押品赎回权案例继续攀升”，另载http://finance.stockstar.com/JL2009071700001109.shtml，最后访问时间：2009年7月17日。

失去的住房。据估计，该计划耗资最高将达到2750亿美元。[1] 美国的“现有住房计划”指的是美国国会众议院和参议院2009年夏天通过的3000亿美元房市援助法案。其主要内容是，政府授权联邦住房管理局为次级住房抵押贷款提供担保，向还贷有困难的购房者提供再融资服务，以缓解愈演愈烈的丧失抵押品赎回权危机。奥巴马总统称，由于存在太多行政和技术上的障碍，大多数贷款购房者并不愿意尝试通过这一计划获得援助。当天签署的这项法案则消除了这些障碍，使有困难的房主可以获得可持续的而且是支付得起的抵押贷款，从而保住自己的住房。可以看出，这项法案最重要的一个内容就是放宽了联邦住房管理局向贷款购房者提供援助的条件，从而使更多身陷困境的房主有机会实施抵押再融资。[2]

在2011年8月10日，奥巴马政府向投资者征求意见，目的是找到一种方法来将政府支持企业所持有的几千幢已丧失抵押品赎回权的住房转为租赁住房。这项举措的目标是减少已被取消抵押品赎回权的待售住房数量，通过找到投资者来购买房利美和房地美所持房产的方式来提高陷入停滞状态的住房价格。房利美和房地美持有或为美国一半的抵押贷款提供担保。[3]

尽管有关方面已经采取措施应对丧失住房抵押品赎回权案例增多的情况，但问题显然还没有得到解决。

二、丧失抵押品赎回权面临的问题

（一）丧失抵押品赎回权的法律缺乏统一性

1. 各州之间的抵押法律缺乏统一性

在美国，担保法属于州法，各州有关担保的立法差别很大，在司法实践当中矛盾和冲突的地方很多，由此引发了诸多的问题。鉴于美

---

[1] 新京报：“综述：奥巴马政府扩大住房援助措施”，http：//finance. stockstar. com/JL2009050800002102. shtml，最后访问时间：2009年5月8日。

[2] 同上。

[3] 文武：“美国政府拟减少已丧失抵押品赎回权住房数量”，载新浪财经，另载http：//finance. sina. com. cn/stock/usstock/c/20110810/234510295979. shtml，最后访问时间：2011年8月10日。

国的抵押市场对国民经济发展的重要性，在过去的一个世纪中，无数的人努力去完成抵押市场法律的统一，但是，这种不一致代表了现实的一种状态。为了统一法律的适用，1972 年统一州法全国委员会与美国法学会颁布了修正后的《统一商法典》（UCC）第 9 章，后来逐渐为多数州所采用。UCC 第 9 章制定的目的就是为了简化和统一众多的担保形式，从而使担保程序的成本更低、稳定性更强。但是该法仅仅调整在不动产以外的财产上设定的担保，在不动产上设定的担保则适用有关抵押（mortgage）的法律规定。

抵押赎回权法律状态明显一片混乱。多数的州由授权司法管理丧失抵押品赎回权，而其他的州则授权“非司法的方式”出售丧失抵押品赎回权的物品。此外，许多州通过各种预先限制抵押品赎回权，包括法定救赎和限制，[1] 而其他的一些规定并没有为债务人提供保障。

2. 为统一抵押法作出的努力宣告失败

过去几年来，至少经历了四种努力去实现统一的抵押赎回权法。首先，国会颁布三部法案以期实现抵押赎回权的统一，但是却宣告失败。[2] 第二，在 1997 年美国法律研究所创建财产重述（第三草案）：抵押贷款，这种贷款旨在统一各式各样的抵押法律物品和抵押法律程序。[3] 第三，房利美和房地美这两个最大的联邦政府赞助的次贷市场机构，发表数十个照会，旨在通过合同法创造统一的抵押贷款形式。[4] 最后，在过去的 30 年中，国会已经制定了关于抵押的各种各样的实体与程序性法律。[5] 然而，这些为统一抵押品赎回权法律所作的努力，例如其他的州授权“非司法的方式”出售丧失抵押品赎回权的物品，在最佳状态的时候被适可而止了。

（1）统一的立法宣告失败

尽管有过好几次通过国家立法采用相同的法案以实现抵押法律的

---

[1] If a foreclosure sale yields less than the mortgage debt (plus the costs of sale), a mortgagee traditionally has the right to obtain a “deficiency judgment” for the difference. *See, e. g.*, RESTATEMENT (THIRD) OF PROP. : MORTGAGES § 8. 4 cmt. a (1997).

[2] *See infra* Part I. C. 1.

[3] *See infra* Part I. C. 2.

[4] *See infra* Part I. C. 3.

[5] *See infra* Part I. C. 4.

统一，但是这样的尝试却异乎寻常的失败了。在 1927 年国会颁布了统一的不动产抵押法案；在 1940 年国会提出了丧失抵押品赎回权出售的模式法案，但是这两部法案在其他州都没有被采纳。❶ 同样的命运也降临在国会努力实现统一的不动产安全法案。❷ 如 1985 年统一土地保障利益法案（ULSIA）。❸ 虽然 ULSIA 第 9 条受到了广泛的注意和大量的表扬，❹ 但是 ULSIA 最终证明了是一次政治的失败，没有任何一个州采纳了它。

---

❶ Harold L. Reeve, The New Proposal for a Uniform Real Estate Mortgage Act, 5 LAW & CONTEMP. PROBS. 564, 570 (Autumn 1938); Michael H. Schill, Uniformity or Diversity: Residential Real Estate Finance Law in the 1990s and the Implications of Changing Financial Markets, 64 S. CAL. L. REV. 1261, 1278 (1991); Jo Anne Bradner, Comment, The Secondary Mortgage Market and State Regulation of Real Estate Financing, 36 EMORY L. J. 971, 1001 n. 139 (1987). Moreover, the Central Housing Committee, a federally sponsored entity, proposed a revised Uniform Real Estate Mortgage Act in 1937 that was equally unsuccessful. *See* ROBERT H. SKILTON, GOVERNMENT AND THE MORTGAGE DEBTOR (1929 TO 1939) 203—204 (1944).

❷ SKILTON, *supra* note 47, at 204.

❸ UNIF. LAND SEC. INTEREST ACT §§ 101—604, 7A U. L. A. 403 (1999). ULSIA was carved out of an earlier effort of the Conference, the Uniform Land Transactions Act (ULTA), adopted by the Conference in 1975. *Id.* prefatory note, 7 U. L. A. 404. As with the preceding model acts, no state adopted ULSIA.

❹ *See, e. g.*, Curtis J. Berger, ULSIA and the Protected Party: Evolution or Revolution?, 24 CONN. L. REV. 971, 998 (1992) ("A protected party, in the event of default, enjoys several distinct advantages under ULSIA."); Roger Bernhardt, ULSIA's Remedies on Default—Worth the Effort?, 24 CONN. L. REV. 1001, 1006 (1992) ("Overall... ULSIA did not present an easy road map to follow."); Marc B. Friedman, Rentals Roulette: The Mortgagee's Rights to Rent Under Connecticut Law and ULSIA, 24 CONN. L. REV. 1093, 1094 (1992) ("ULSIA... presents a code-oriented approach that would fill many gaps that may exist in a particular state's common and statutory law."); Norman Geis, Escape from the 15th Century: The Uniform Land Security Interest Act, 30 REAL PROP. PROB. & TR. J. 289, 292 (1995) ("ULSIA... holds the promise of accomplishing for the law of real estate mortgage security what the Uniform Commercial Code has already accomplished so well for commercial law."); Patrick A. Randolph, Jr., The Future of American Real Estate Law: Uniform Foreclosure Laws and Uniform Land Security Interest Act, 20 NOVA L. REV. 1109, 1110 (1996) ("The Uniform Land Security Interest Act (ULSIA) is an idea whose time has come.").

（2）重述的方法也行不通

美国法律研究所最近努力实现抵押法律的统一在一些法律边缘方面取得了一些成功。财产法重述（第三次）：在 1997 年由该机构发布的抵押法律，“寻求通过鉴别和清晰的法律规则用来满足贷款行业的不动产安全法律，同时对借款人也提供合理的保护”。[1] 事实上，在过去的几年中，相当多的州法院已经采纳了重述条款的有关规定。[2] 然而，由于州法院对重述条款的采纳是自愿的，而且取决于诉讼，通过这个途径实现国家法律的统一是很困难的，而且极其的缓慢，是一个渐进的过程。而且，即使法院愿意遵循重述的规则对于现有的州法律也无济于事。

（3）通过合同形成一致性的进展

房利美和房地美试图通过合同法实现抵押法律的统一。这两个机构发布的抵押和照会要求通过希望在任何一个二级市场的企业中，出

---

[1] RESTATEMENT（THIRD）OF PROP.：MORTGAGES 3（1997）.

[2] *See*，*e. g.*，Land Holdings（St. Thomas）Ltd. v. Mega Holdings，Inc.，No. 1998－078，1999 WL 1044836（D. V. I. Nov. 8，1999），*aff'd*，283 F. 3d 616（3d Cir. 2002）（adopting Restatement section 8. 5—merger）；Krohn v. Sweetheart Props.，Ltd.，52 P. 3d 774，783（Ariz. 2002）（en banc）（adopting Restatement section 8. 3—adequacy of foreclosure price）；Lamb Excavation v. Chase Manhattan Mortgage Corp.，95 P. 2d 542，545－548（Ariz. Ct. App. 2004）（adopting Restatement section 7. 6—subrogation）；New Milford Sav. Bank v. Jajer，708 A. 2d 1378，1385（Conn. 1998）（adopting Restatement section 8. 6—marshaling）；E. Boston Sav. Bank v. Ogan，701 N. E. 2d 331，334（Mass. 1998）（adopting Restatement section 7. 6（a）—subrogation）；Cadle Co. v. Bourgeois，821 A. 2d 1001，1008（N. H. 2003）（adopting Restatement section 5. 1，cmt. 1—land remains encumbered when transferred）；Westmark Commercial Mortgage Fund IV v. Teneform Assocs.，827 A. 2d 1154，1160（N. J. Super. Ct. App. Div. 2003）（adopting Restatement section 6. 2，cmt. c—prepayment）；Kim v. Lee，31 P. 3d 665，670（Wash. 2001）（en banc）（adopting Restatement section 7. 3—mortgage modification and subrogation）. Many other courts have cited provisions of the Restatement favorably without formally adopting them. *See*，*e. g.*，Hanley v. Pearson，61 P. 3d 29（Ariz. Ct. App. 2003）（citing Restatement section 7. 4—surplus）；*In re* Smink，276 B. R. 156，163－164（Bankr. N. D. Miss. 2001）（citing Restatement section 2. 4—dragnet clauses）；Burney v. McGlaughlin，63 S. W. 3d 223，231－232（Mo. Ct. App. 2001）（citing Restatement section 7. 3—mortgage modification）；Bankers Trust Co. v. Collins，124 S. W. 3d 576，580（Tenn. Ct. App. 2003）（citing Restatement section 7. 6—subrogation）；Coleman v. Hoffman，64 P. 3d 65，68（Wash. Ct. App. 2003）（citing Restatement section 4. 1—duty of care of a mortgagee in possession）.

售抵押贷款的贷款人采用他们的方式。[1] 而且房利美和房地美使用了不同的语言形式，可以适用于任何一个州，每个州的公司都适用21条统一的规定。[2] 这些“统一的抵押贷款和契约条款”不可否认地创造了一个全国统一的实质性抵押法律语境。

（4）国会的强制收购宣告失败

从20世纪60年代后期以来，国会开始积极参与促进抵押法律的统一。1973年尼克松政府提出采用联邦抵押品赎回权法案作为1973年住房法案的一部分。[3] 在这个建议的影响下，丧失抵押品赎回权将通过联邦的手段强制出售，不管是抵押或者担保是否有保险等情形。[4] 而且，这个建议将使州法律规定的赎回权无效。[5] 这方面的努力未能获得国会批准。[6] 1980年走得更远，但是也没有成功。

不应该过分强调这些联邦努力以形成抵押法律的统一。抵押法律，特别是丧失抵押品赎回权的规则，在很大程度上仍属于州的立法管辖范围。各地的分歧仍然是标准不统一。

（二）丧失抵押品赎回权司法诉讼费时费力，效率低下

在美国，司法诉讼是丧失抵押品赎回权的唯一方式大约占到了40%。一个典型的司法丧失抵押品赎回权需要一个漫长的一系列步骤，因此司法丧失抵押品赎回权是一个既耗时间又费钱的过程。

基于对冗长、烦琐的诉讼程序以及居高不下的诉讼成本和实现成本的畏惧，美国和英国等国改变了其他国家为了保护抵押人的权益而

---

[1] An example of such a form can be found in GRANT S. NELSON & DALE A. WHITMAN, REAL ESTATE TRANSFER, FINANCE, AND DEVELOPMENT 1201 (6th ed. 2003).

[2] *See id.* at 1204—1218 (“The Uniform Covenants (clauses 1 through 21) reproduced below are contained in all Fannie Mae/Freddie Mac single-family mortgages and deeds of trust, and serve to foster national uniformity.”).

[3] *See* S. 2507, 93d Cong. § § 401—419 (1973), *reprinted in* ADMINISTRATION'S 1973 HOUSING PROPOSALS, HEARINGS, NINETY-THIRD CONGRESS, FIRST SESSION, ON S. 2490, S. 2507, AND S. 2508, OCTOBER 2, 3, AND 4, 1973, at 394 (1973).

[4] *Id.* § 404.

[5] *Id.* § 415 (d).

[6] Schill, *supra* note 47, at 1282.

要求在抵押权人占有担保物之前必须取得法院裁判的做法。它们认为，这一做法并不是保护抵押人权益的唯一途径。在抵押物被占有之后所适用的程序同样可以提供抵押人权益的充分保障。[1] 如规定抵押权人在出卖抵押物之前必须通知抵押人。该通知必须告知抵押人有权通过履行担保债务而赎回抵押物。此外，抵押权人必须向抵押人和次位抵押权人提供出卖抵押物的账目、已收到的款项、费用支出、分配款项的方式以及剩余的款项。[2]

正是由于司法诉讼的繁琐和冗长导致了在实践中以美国为代表的北美洲和中东欧国家在担保权的实现途径上均认同自力救济途径，同时都规定了相应的保护债务人和第三人利益的条款。如《美国统一商法典》规定，“债务人违约后，担保权人可以占有担保物或控制担保物，但以不致违反和平（breach of peace）为条件。”在遵守债务人和第三人保护条款的前提下，担保权人既可以出卖担保物并以其变价款清偿担保债务，亦可保留担保物抵偿担保债务。中东欧诸国从之。

自力救济因其强调交易便捷，与司法诉讼相比，能更好地保护抵押权人的利益，与抵押权设定的目的相合，因此在保护抵押权方面有适用空间。比如在德国、日本实务上发展起来的让与担保制度，其在实现途径上多采自力救济，以规避法定的繁杂的设定和实现方式，降低担保交易成本。但自力救济与司法救济相比，自力救济的制度缺陷也相当明显，自力救济方式仅依抵押权人的意思就可占有、处分抵押物，对于债务人和第三人而言往往保护不周。因此，在采行自力救济途径实现抵押权时，应为抵押权人设定相应义务以保护债务人的权利，如制度设计合理，则对双方当事人均为有利。

（三）丧失抵押品赎回权的出售价格远低于市场价格

债权人为了实现抵押权，在借款人无力偿付贷款时，经过一系列的程序，通知借款人宣告丧失抵押品赎回权。这将意味着借款人因还

---

[1] Louis F. Del Duca，etc，*Secured transactions Under the Uniform Commercial Code and International Commerce*（Cincinnati，Ohio：Anderson Publishing Co，2002），pp. 130—138.

[2] Grant Gilmore，*Security Interests in Personal Property*（Vol. Two）（Union，New Jersey：The Lawbook Exchange，Ltd：1999），pp. 1233—1234.

款违约而失去了赎回抵押品的权利。贷款人则有权获得相关房产抵押品所有权或将房产抵押品出售以抵消借款人欠债。拍卖出售是清偿债务最常用的方法。通常贷款人要么自己变卖要么委托司法机关变卖抵押物。无论由谁拍卖担保物，也无论采用何种拍卖方式，担保物的拍卖都应当遵守特定的形式和一系列规则，以保证拍卖行为是诚实的、正常的，在当时的环境下提供的价格是尽可能合理的。尽管如此，担保物却很少能以理想的价格出售，相反常常是大大低于市场价格的。因此，除非法院确信在出售程序中存在不正常的现象或者法律提供了保护措施，担保物以极低的价格出售是不可避免的。

但需要特别指出的是，担保权人也有权投标或竞买该财产，同时担保权人还可以对不足清偿部分继续追偿，这样对债务人是不公平的。如果担保权人从变卖中获利太多，法院就可能以滥用权利为由把担保物的变卖行为归于无效，也可能裁定担保权人所购得的财产已清偿全部债务，债务人不必再就未清偿的部分作出清偿。不仅如此，丧失抵押品赎回权的拍卖与一般的商业拍卖相比，丧失抵押品赎回权拍卖出售的价款远远低于市场价格。比较丧失抵押品赎回权的拍卖和商业拍卖将说明这些问题。

1. 商业拍卖中预先融资的优势

在商业拍卖，卖方会经常预先安排的融资提供给认购者。这种安排并不是万无一失；融资也许不是最好的，但在一些投标人在所有项目中，预先融资可用来使符合信贷标准的贷款人成为中标人。即便如此，预先融资拍卖显然可以更吸引许多潜在投标人。丧失抵押品赎回权的拍卖未能提供这种优势，投标人必须安排自身的融资，这可能需要大量投资的时间和精力。这项投资可能会有很大的障碍，任何个人成为成功的买家具有不确定性。

2. 商业拍卖提供广泛的信息披露

信息公布是必要的，使得买家有足够的信息对被出售的财产有充足的预期，促使商业拍卖更容易实现市场报价。销售商通常提供广泛的信息披露，称为“投标书”。在“投标书”中，详细公布包装工程和建筑报告，还可能包括建筑物和他们的系统、详细的计划和调查、环境审计以及类似的信息等。这一广泛的信息披露鼓励更多潜在的投标人。因为信息往往对标的物很重要，降低投标人的风险。丧失抵押品赎回权的拍卖没有提供这样的信息优势。丧失抵押品赎回权的拍卖，投标者通常除了知道财产本身之外，关于财产之外的其他信息无法从公开渠道获得。排除贷方可能或不可能拥有的额外的信息，财产估价与环境审核无从知晓。贷方没有义务公布这些信息，但是这些信息对潜在投标人很重要，因为他们担心会承担错误信息带来的风险。这是可以理解的，因此贷款人没有简单的方法验证的包含在它的文件中的信息，即使最初准确，仍然是会影响出售。

3. 商业拍卖中提供的财产存在其他妨碍物的报告

同样，在商业拍卖中提供了关于该财产存在其他妨碍物的报告，比如是否设置了另外的抵押和留置。而丧失抵押品销售赎回权的拍卖却没有提供这样的报告，导致一些没有经验的投标人判断该财产的价值存在风险，从而影响物品的价值，甚至使其他的投标人望而却步。因此，这样导致的结果是买方大多数为有经验的专业投标人，买方市场的大小是有限的，价格也在某种程度上受到压制。总之，很难设计程序销售导致市场价格往往低于正常的丧失抵押品赎回权的拍卖价格。没有这么多的优点，买方销售所期望的谈判几乎难以保证以市场的价格出售。

三、UNFA 提供的丧失抵押品赎回权途径的创新

传统的丧失抵押品赎回权拍卖有两个功能：第一，财产评估目的是决定债务人和潜在的持有人是否会获得盈利，以及债务是否存在不足；第二，通过最高价的拍卖，清算财产。

（一）传统的以公开拍卖方式出售抵押品赎回权

英式拍卖[1]（English Auction）是最普通的一种拍卖方式，其形式是：在拍卖过程中，拍卖标的物的竞价按照竞价阶梯由低至高、依次递增，当到达拍卖截止时间时，出价最高者成为竞买的赢家（即由

---

[1] *See* Paul R. Milgrom & Robert J. Weber, *A Theory of Auctions and Competitive Bidding*, 50 ECONOMETRICA 1089, 1089—1090 (1982) (defining the "English auction"). The material describing the economic aspects of auctions in this Article appeared in a somewhat different form in Dale A. Whitman, *Chinese Mortgage Law: An American Perspective*, 15 COLUM. J. ASIAN L. 35 (2001).

竞买人变成买受人)。拍卖前，卖家可设定保留价，当最高竞价低于保留价时，卖家有权不出售此拍卖品。当然，卖家亦可设定无保留价，此时，到达拍卖截止时间时，最高竞价者成为买受人。

从销售者的观点来看，拍卖是迅速的，避免在市场销售中存在的漫长过程。这种速度可以大幅度降低伴随销售的成本——财产税、保险、安全、管理费用等,[1] 更重要的是，如果财产是空闲的或者是只产生低于市场价格的收入，就会造成销售者财产价值的损失。而且如果有无数消息灵通的投标人甚至是出卖人不了解市场的情况下，双方都期望得到一个合理的价格。从卖方的角度看，要缩短拍卖期间的不确定性。假设任何保留的价格会得到满足，一旦卖方不能撤销或就此交易一经开始，购买者会快速知晓是否他们的出价是可以接受的。

尽管传统的拍卖方式有很多的优点，但是却由于各种原因导致销售的物品远低于市场价值。这是由英式拍卖自身的性质决定。由于英式拍卖都发生在一个给定的时间内，因此其暴露出财产市场由固有的有限的潜在买家来参与。[2] 另外，在一个过剩的饱和市场或者在拍卖市场上，

---

[1] *See* Alan R. Kravets, *Going, Going, Gone! Real Estate Auctions in the 90s*, PROB. & PROP., May-June 1993, at 38, 40 ("Auctions produce savings... [that] can be dramatic and usually exceed the marketing costs.").

[2] In recent years, there has been some experimentation with auctions of real estate by means of the internet. *See* Gus G. Sentementes, *Web Auctions Have Homes to Sell: Going, Going: Several Dot-Com Companies See a Future in Selling Real Estate via Bidding Through the Internet*, BALT. SUN, Oct. 22, 2000, at L1 ("Buying items—from collectibles to cars—through an online auction is nothing new to web surfers interested in the thrill of going against other cyber bidders."); Jackie Spinner, *Uncle Sam Gets Web Auction Bug; GSA Finds Public Ready and Willing to Buy Surplus Real Estate Online*, WASH. POST, June 12, 2001, at E1 ("The government... has added a new and potentially huge new market by advertising and even selling [its surplus] property online, borrowing from the popularity of commercial auction sites such as eBay."). Examples of such on-line auction websites include Bid4Assets, http://www.bid4assets.com (last visited May 24, 2004), and Real Auction Referral, http://www.realauctionreferral.com/realestate.html (last visited May 24, 2004). There is some a priori reason to expect that this approach will produce higher prices than in-person auctions, because an on-line auction can be conducted over several days or weeks, rather than occurring on a single day, thus exposing the properties to a larger set of prospective buyers.

于同一天拍卖很多的房产，则可能导致供大于求，间接导致整个市场价格的降低。这种效应通常发生统一销售丧失抵押品赎回权的当周或当月。

相比之下，一个典型的谈判销售可能会经历几周或者几个月，跳出了传统的拍卖时间的限定。这样会吸引更多的竞价者，以获得更高的价格。[1] 而在传统的拍卖丧失抵押品赎回权中，大多数的借款人受到不公平的待遇，他们无法实现丧失抵押品赎回权的真正价值。传统的丧失抵押品赎回权的拍卖是最有可能无法提供足够的保护抵押的债物。

（二）UNFA 提供的丧失抵押品赎回权的努力

我们再用 UNFA 授权的方法处置财产，UNFA 也允许用拍卖丧失抵押品赎回权，但是引进了两种新方法——通过谈判的方式出售和通过估价的方式出售。我们认为 UNFA 试图改进丧失抵押品赎回权拍卖效率的尝试，这种尝试是值得做的，这是依照拍卖品固有性质和通过政治影响的一种有益的尝试。更重要的是，我们认为，这些方法有可能引起丧失抵押品赎回权的革命性的变革，卖出更好的价格，从而有利于借款人和贷款人。

1. 改进拍卖的过程

改进丧失抵押品赎回权的拍卖过程可能会比拍卖出现更早，更让人沮丧。拍卖过程可能是无数“进步”的设计，但却会对银行的额外工作量和责任施加重大的影响。这样的变化虽然在理论上是很好的，但是实践中却可能会产生贷方反对，而拒绝采用该法案。

---

[1] There is evidence that, even with negotiated sales, longer periods of time on the market are associated with higher prices paid. *See* John D. Benjamin et al., *What Do We Know About Real Estate Brokerage?*, 20 J. REAL EST. RES. 6, 14 — 16 (2000) (summarizing the results of studies of the relationship between brokerage participation, time on the market, and price).

（1）投标方的资格信息

投标人必须先了解丧失抵押品赎回权的优先购买权人。[1] 一个没有经验的投标人可能因此而蒙受损失。与此同时，在开始拍卖前，丧失抵押品赎回权的贷款人也需要审查财产的资质状态。UNFA 希望避免重复浪费。对于参与丧失抵押品赎回权的竞标者和贷款人来说，每一次参加拍卖都是有成本的。

（2）其他的投标信息

丧失抵押品赎回权的债权人拥有大量的丧失抵押品赎回权的信息。这些文件可能包含估价、环境评估、调查、工程研究、检验报告以及各种其他文件等。UNFA 的起草委员会考虑要求让债权人去披露这些信息。然而，这样的一个要求将会引起许多困难。

由于这些原因，起草委员会得出结论：这是不切实际的，要求任何详细的披露除权利之外的其他信息。相反，委员会简单的授权丧失抵押品赎回权的债权人报告或者将资料提供给潜在的投标人。为了鼓励披露信息，UNFA 免除了债权人在披露这些信息中存在的过失责

---

[1] Prospective bidders must (1) determine the relative priority of the lien being foreclosed as against other liens on the property, and (2) at least in a judicial foreclosure, determine that all junior lienors have been served with process and made parties to the proceeding. *See* NELSON & WHITMAN, *supra* note 17, at 72—80 (discussing the impact of failing to join a junior lienor). In a nonjudicial foreclosure under a power of sale, the latter step may or may not be necessary. *See* Dover Mobile Estates v. Fiber Form Prods., Inc., 270 Cal. Rptr. 183, 186 (Ct. App. 1990) (indicating that junior interests are automatically cut off by a California nonjudicial foreclosure, irrespective of notice to them). Other authorities suggest that a junior interest holder that does not receive a statutorily mandated notice of a nonjudicial foreclosure is not affected by it. *See* WASH. REV. CODE. ANN. § 61.24.040 (7) (West 2004) (stating that a subordinate interest holder omitted from notice under power of sale foreclosure is treated as if omitted from judicial foreclosure). In a judicial foreclosure, it is clear that a junior interest will survive the foreclosure if its holder is not made a party to the action. *See* Diamond Benefits Life Ins. Co. v. Troll, 77 Cal. Rptr. 2d 581, 584 — 585 (Ct. App. 1998) (holding that a junior easement holder who is not joined in a judicial foreclosure is not bound by it); McNeill Family Trust v. Centura Bank, 60 P. 3d 1277, 1287 (Wyo. 2003) (stating that a subordinate lien holder who is not joined in judicial foreclosure is not bound by it). One might expect the express language of the non judicial foreclosure statutes to resolve the issue, but in fact they are almost invariably silent on the point.

任，除非丧失抵押品赎回权的债务人有真实的证据，在信息披露后指出这些错误。显然，这一步仍然不能和商业拍卖中提供的不动产详细信息包相提并论，但是丧失抵押品赎回权起草委员会暂时没有找到更好的方法要求去披露这些信息。

（3）间接的监督

一个主要的有限的丧失抵押品赎回权的拍卖是非常困难的，预期的投标人会在拍卖之前检查财产。财产检验是必需的，因为它缺席审判的债务人常常缺乏动机去直接为即将失去的财产提供良好的维护。“拆”甚至是破坏丧失抵押品赎回权的物品。因此，潜在的投标人有强烈的意愿去检查这些财产。但是这样的意愿在现实中常常受到打击。潜在的投标人很难能去检查这些财产的现状。[1]

当然，这种情况完全可以通过法律的形式予以改变。但是，UNFA起草委员会认为这种尝试打破抵押人享有的丧失抵押物品的权利将会引起消费者强烈的反对。然而，一些委员却认为这种改变将有利于借款人。

（4）广告的销售

商业地产拍卖通常在一个营销期间，通过广告的方式吸引潜在买家的兴趣。这些广告载体可能是报纸或者杂志或者是户外广告牌、广播媒体以及互联网。相反，丧失抵押品赎回权的广告，只是通过委托报纸上的分类板块进行辅助的宣传。他们服务于专业的不动产投机者，而不是专门设计用来吸引广大的社会公众。在UNFA起草委员会中，期望设计多元的广告方式吸引更多的投标人参与丧失抵押品赎回权的拍卖。

（5）排除法定的赎回权

丧失抵押品赎回权区别于商业地产拍卖的另外一个特征是享有法定的赎回权。这种赎回权不是一种公平的赎回权，它通常只享有6个月到两年的时间范围。[2] 它本是前债务人的一个权利，回购之前的抵

---

[1] NELSON & WHITMAN, *supra* note 17, at 10, 187. The lien theory is followed in more than half of the American jurisdictions. *Id*. at 10.

[2] NELSON & WHITMAN, *supra* note 17, at 689.

押品的权利。[1]

正是由于该权利的存在，导致在拍卖会上成功取得丧失抵押品赎回权的竞标人不能真正确定已获得该物品的所有权，因此造成了在美国很多人不愿意参加丧失抵押品赎回权的竞买。法定救赎本是赋予该房子的前主人最后一个机会来挽救所有权，以及通过鼓励竞买来提高销售价格以接近市场价格的一个措施。[2] 然而这却是不大可能的，竞买人可能出折扣价以抵消该财产的不确定性。[3] 对于这一问题，UNFA 迎刃而解。该法案简单地规定，凡享有赎回权的个人不可能在丧失抵押品赎回权之后赎回物品。[4]

2. 丧失抵押品赎回权拍卖的选择：按协商价格和评估的价格销售

(1) 按协商的价格销售

丧失抵押品赎回权的拍卖可以按商定的价格销售，允许债权人可以使用任何方法来吸引买主并进入销售合同阶段。

谈判销售的观念，是设计为贷款人完成办理产权配置的一步。从贷款人的角度看，谈判的销售应该更快和更有效。它同样吸引借款人，因为可以得到更多的丧失抵押品赎回权的价款。

然而，在很长一段时间存在不确定性。这种不确定性将一直持续到谈判出售的 7 天之前。此外，借款人和后来的留置权人可以在任何

---

[1] *Id.* at 694.

[2] *See* Edgar Noble Durfee & Delmar W. Doddridge, *Redemption From Foreclosure Sale—The Uniform Mortgage Act*, 23 MICH. L. REV. 825, 839 (1925) ("It is clear... that redemption statutes have [the] purpose and effect... of the prevention of the hardship of a sacrifice sale."); Hart, *supra* note 24, at 848 ("Purposes include... encouraging those who do bid at the sale to bid in at a fair price.").

[3] United States v. Stadium Apartments, Inc., 425 F.2d 358, 365 — 366 (9th Cir. 1970): [I] t is argued that the purpose of the redemption statutes is to force the mortgagee and others to bid the full market price at the sale. We assume that this is the purpose; we are not convinced that the statutes accomplish it. What third party would bid and pay the full market value, knowing that he cannot have the property to do with as he wishes until a set period has gone by, and that at the end of the period he may not get it, but instead may be forced to accept a payment which may or may not fully reimburse him for his outlays?

[4] *Id.* § 302 (b) — (c).

时候取消抵押品赎回权的拍卖日期，从而导致抵押品赎回权的销售。[1] 这些都增加了抵押品赎回权拍卖的不确定性。

谈判销售，如丧失抵押品赎回权拍卖，基于土地的属性不需要任何担保，虽然有时候贷方可能会要求提供担保。一旦贷款人认识到用可融通的协商销售丧失抵押品赎回权可以满足市场需求时，贷款人将可能提前几个月部署财产，一个特征就是有吸引力。[2]

（2）按评估的价格销售

UNFA 授权的第二种关于丧失抵押品赎回权的方式，被称作“评估丧失抵押品赎回权”。这种方式允许贷款人获得给予债务人评估其财产价值的机会，允许贷款人出价以获得该财产的资格。[3] 不像通过协商方式获得丧失抵押品赎回权，通过评估方式并不需要完成财产的最后处置，鼓励以市场价格评估丧失抵押品赎回权的价值。这是一种具有吸引力的方式，尤其是在一个不成熟的丧失抵押品赎回权的市场中，贷款人不一定能够迅速地找到合适的感兴趣的买家来协商丧失抵押品赎回权的价格，这种方式更加便捷。

（3）按协商价格和评估的价格销售的优越性

在 UNFA 的框架下，不管是按照协商的价格出售还是按照评估的价格出售，都允许丧失抵押品赎回权的借款人有合理的价格预期。这与传统的拍卖市场相比，更有利于保护丧失抵押品赎回权的借款人。如果债权人及时收到债务人提出的反对按协商的价格或者评估的

---

[1] UNFA art. 2，§ 209.

[2] The Act requires that at least ninety days elapse between the issuance of a notice of foreclosure by the creditor and the actual date of foreclosure. UNFA art. 2，§ 207. The foreclosing creditor may begin seeking a purchaser under the negotiated sale process as soon as the notice of foreclosure is issued.

[3] *See* NELSON & WHITMAN，*supra* note 17，at 554 (describing the vesting of title in the mortgagee after a strict foreclosure). Strict foreclosure—by which title passes directly to the foreclosing mortgagee，rendering an auction unnecessary—was the ordinary method of foreclosure during the period of development of the mortgage in England but today is generally used in the United States only in Connecticut and Vermont. *See*，*e. g.*，Dieffenbach v. Attorney Gen. of Vt.，604 F. 2d 187，195 — 196 (2d Cir. 1979) (upholding the constitutionality of Vermont's strict foreclosure procedure)；Fidelity Trust Co. v. Irick，525 A. 2d 551，552—153 (Conn. Ct. App).

价格销售时，债权人有多种选择。债权人可能与反对者——债务人进行谈判，增加价款以换取借款人的丧失抵押品赎回权的撤销通知。如果这样的谈判失败，债权人则必须立即停止丧失抵押品赎回权的销售。但是也有可能贷款人起诉借款人已丧失抵押品赎回权，因为UNFA提供了一种法定赎回权丧失的条件，它是不受任何借款人以及留置权人的异议影响的。不过在这样的情形下，贷款人必须等90天的时间以消除法定抵押品赎回的权利。不过，贷款人可以通过多种方式消除这种等候时间。通常贷款人会指定一种消除法定赎回权的方法来增加自己丧失抵押品赎回权的弹性。

经过4年的起草，在2002年，国会委员就国家的法律（会议）颁布了统一的丧失抵押品赎回权司法法案（UNFA）。UNFA反映了一些国家主要的房地产金融从业人员和学者的贡献。这是通过有效率的间接的司法不动产清算，为房地产抵押拖欠贷款者提供实质性的保障措施。

UNFA代表在丧失抵押品赎回权的过程中的一个重大创新。它不仅提供传统以公开拍卖方式出售的抵押品赎回权，❶ 它还允许通过评估抵押品赎回权的价格，❷ 在安全信用评估财产的程序下，对所有当事人适用一个合理的价格，以归还贷款人和后来的留置权利人。更为重要的是，它赞同通过抵押品赎回权的谈判，仿效不动产取消抵押品赎回权的设定的销售过程。❸ “这样的销售将其他以同样的方式在不动产销售中完成；财产可能与房地产经纪人列在一起，并广泛宣传。”❹ 土地财政学者长期主张谈判销售作为替代传统赎回权，目的是产生一个抵押品赎回权的价格比一般的拍卖价格更高——结果是有利于借款人和中间的留置权利人。

---

❶ UNFA art. 2，§§ 201－210.

❷ UNFA art. 5，§§ 501－505.

❸ UNFA art. 4，§§ 401－405.

❹ UNFA prefatory note at 2－3.

中国企业海外并购法律风险研究

——对东道国政府审查制度的比较分析及风险防范

洪晓东　马　畅　向文磊*

摘　要　近年来，我国海外并购发展迅速，特别是中国加入WTO十多年来，中国更加注重“走出去”战略，更多地进行对外直接投资（Outward Foreign Direct Investment，OFDI）。但在“走出去”的过程中遭遇了很多风险，遭受了很大的损失。2005年中海油收购优尼科的并购案和华为并购案的失利，都给中国企业的海外并购敲响了警钟。事实证明，在“走出去”战略的实施中，除了要考虑企业自身的经济实力等经济要素外，还需面对东道国政府审查这样的典型风险。鉴于此，本文从中国企业海外并购中的各国政府审查制度的对比分析入手，着重通过典型的并购案例进行分析，对如何应对政府审查风险，从企业和中国政府两个角度提出一些对策和建议。

关键词　海外并购　政府审查　国家安全　法律风险防范

一、引言

随着经济全球化的不断发展，跨国并购逐渐取代“绿地投资”，成为企业海外投资、向国际领域迈进并实现跨国式发展的首选。然而，实务中存在着以政府审查风险为代表的巨大跨国并购风险，如何降低政府审查风险对企业跨国并购的影响，成为目前跨国企业关注的焦点之一。

通过检索不难发现，中国海外并购失败的案例明显增多，而东道国的政治审查风险已经成为阻碍企业成功实现跨国并购的重要原因之一，发达国家在这方面的表现尤为突出。

---

* 洪晓东，中央财经大学法学院2010级本科生；马　畅，中央财经大学法学院2010级本科生；向文磊，中央财经大学法学院2010级本科生。

鉴于此，了解主要发达国家对于海外并购企业的政府审查制度，降低东道国政府审查风险成为一个亟待研究的课题。因此，笔者将以当前中国海外并购失败的典型案例为研究对象，分析基于政府审查风险所致的海外并购失败的原因，而提出中国企业海外并购中的政府审查风险分析及其风险防范这一课题。通过分析与对比主要发达国家对海外企业行业和性质审查的规定和制度的不同，探讨防范机制的构建是本文的研究意义及创新点所在。

二、政府审查风险相关概念简析及我国海外并购现状

（一）海外并购的概念及我国企业海外并购现状

海外并购即一国企业为了某种目的，通过一定的形式和支付手段，把另一国企业的整个资产或足以行使经营控制权的股份收买下来。

受全球第五次企业并购浪潮的影响，我国企业海外扩张的步伐也日益加快，以下是近几年来我国海外并购中的典型案例（见表1）。

表1 中国企业部分重大海外并购案件

时间	并购企业	被并购企业	是否完成交易	失败原因
2004.7	五矿集团	加拿大诺兰达铝业、澳大利亚OZ锌矿	否	国家政治及政策法律的原因
2004.9	上汽集团	韩国双龙（SSANG YONG）汽车公司	是，但后双龙破产，上汽承担债务责任	上汽对韩国国内复杂的法律环境、劳资纠纷估计不足，又缺乏管理韩国企业的国际性人才且缺乏市场需求分析
2004.10	TCL	法国阿尔卡特公司手机业务	是	
2004.12	联想集团	IBM的个人电脑业务（但受限制条件的约束）	是	

续表

时间	并购企业	被并购企业	是否完成交易	失败原因
2005.6	海尔集团	美国美泰克（Maytag）公司	否	竞购无果，没有了“最后期限”
2005.6	中海油	美国优尼科（Unocal）公司	否	美国以“国家安全”为由拒绝
2005.7	南京汽车集团	英国罗孚（Rover）公司	是	
2005.8	中石油	哈萨克斯坦石油公司	是	
2005.9	中石油等	加拿大EnCana公司位于厄瓜多尔的石油和管道资产	是	
2007.5	中投公司	黑石和摩根士丹利	是，但后亏损巨大	是未预知的金融危机影响
2007.11	中国平安	富通集团	否	投资东道国的违法国有化征收
2008	中国华为技术有限公司	美国3Com公司	否	美国以“国家安全”为由拒绝
2009.2	中铝	力拓	否	力拓单方面毁约及政治原因
2009.8	中冶	兰伯特角铁矿公司位于澳大利亚的铁矿项目	是	
2010.2	腾中重工	悍马	否	我国商务部及政府有关机构拒绝及银行评估这项收购风险太高而不愿提供足够的融资支持
2011.1	光明食品	美国健安喜GNC	否	双方未能就价格和其他条款达成一致

续表

时间	并购企业	被并购企业	是否完成交易	失败原因
2011.3	光明食品	法国优诺公司	否	法国优诺公司单方面已与通用磨坊公司签订了排他协议
2011.11	中石化	葡萄牙能源公司30%股权	是	
2012.4	三一重工	德国普茨迈斯特	是	
2012.5	吉恩镍业	加拿大GBK	是	

从表1中可以看出，我国当前海外并购起步比较落后，但增长速度很快；主体多元，但仍然以国有大型企业为主；行业分布比较集中，主要集中于资源和能源领域；投资对象多为西方发达国家；风险高，失败率较高，且因政府审查而受阻的比例较大。

（二）政府审查风险的内涵

1. 国家安全概念❶

“国家安全”是政府审查的主要内容，因而想要理解政府审查风险，确定“国家安全”的内涵十分必要。国家安全是一个弹性较大的概念，它会随着时代的发展和国家的不同而被赋予不同的内涵，但总的来说可从广义和狭义两个层次加以把握。

（1）广义的国家安全大致划分为：① 军事安全、政治安全和社会安全的传统安全；② 产业安全、金融安全、石油安全、生态与环境安全、粮食安全等非传统安全；③ 国家文化安全。

（2）狭义的国家安全是指国家作为一个实体和主权存在，在社会因素方面的安全保障。经济安全尤为重要，包括：① 国内产业的竞争力；② 金融产业的安全；③ 能源和基础设施。本文中的“国家安

❶ 参见马艳艳：“我国外资并购安全审查制度之法律构建”，对外经济贸易大学2008年硕士学位论文。杨倩：“外资并购国家安全审查标准”，首都经济贸易大学2009年硕士学位论文。

全”采广义之说。

2. 企业海外并购政府审查风险概念

企业海外并购政府审查风险是指企业由于被并企业所属的东道国为维护本国国家安全，通过有关国家机关依据现行法律对可能危及国家经济领域安全或其他理由原因的海外并购行为进行审查，并根据审查结果采取相应措施，对该并购行为进行禁止、限制从而引发的风险。

企业海外并购国家安全审查风险主要包括：东道国审查中的市场准入审查的风险、反垄断审查的风险和政府审核的特许风险等。

本文将从我国海外并购的并购者和领域的性质两个角度切入，通过典型的案例来分析我国企业海外并购所面临的政府审查风险及几个主要发达国家政府审查的法律制度，进而从微观和宏观角度构建我国企业海外并购的法律机制。

三、政府审查具体制度分析

（一）东道国政府就并购企业性质的审查

1. 并购企业性质审查制度的比较与分析

改革开放以来，我国部分企业经济实力大增，在跨国并购市场上大展身手，但在取得成绩同时也面临巨大风险。外国政府在对我国企业的审查中往往不承认其独立法律地位，对国有企业等受政府控制及可能受政府影响的企业极为敏感，将该类企业的自主市场行为视为国家行为，渲染政治色彩，加强安全审查，限制了我国企业海外投资进程，甚至最终导致投资失败。[1]

（1）美国：美国国会在 1998 年通过 1950 年《国防产品法》第 721 条的修正案——《埃克森－佛罗里奥修正案》，其随即成为美国规制外资并购、保护国家安全的基本法。[2] 因为国有主体的外资并购

---

[1] 杨逢柱：“美国对跨国并购的国家安全法律审查制度研究”，厦门大学 2007 年硕士学位论文。

[2] 参见星岛环球网：“国有企业在美国投资将面临 45 天调查期”，http：//www.stnn.cc/trade/200708/t20070806_591386.html，2007－08－06。

行为更容易带有经济政治化、政治经济化倾向，1992 年出台的“被外国政府控制或代表外国政府的实体”修正案，要求在任一项涉及美国核心基础设施和由外国政府控制或代表外国政府控制的实体兼并美国实体的交易中，美国外国投资委员会必须实施为期 45 天的国家安全审查，加大了对该类实体并购美企业的审查力度。[1] 2007 年颁布的《外商投资与国家安全法》明确要求对于涉及外国国有或者国家控股企业的并购交易将受到国家安全审查。

其中作为国家安全审查启动条件之一的“被外国政府控制”分为直接控制和间接控制。直接控制的认定，美国通常采用政府直接或间接占有被并购公司股份的 20%—25%的标准，且此标准也将会随着股权的分散化趋势而降低。而间接控制的认定，无直接法律依据，实践中通常参考公司的股权结构、并购资金来源及其在经济或法律上有往来的公司是否由外国政府控制等因素。也就是说，非国有主体也可能因其他原因而被认为被政府所控。

2008 年美国又公布了更为严格的《关于外国人兼并、收购和接管的条例（草案）》，要求计划收购敏感资产的外国投资者提交关于以往在军队及政府部门服务的个人信息。即又提出新的判断企业可能被政府控制的考虑因素，以防政府利用企业追求商业利益以外的国家政治、战略目标。另外，一旦企业被认为是国有主体或与政府有染，美国政府在审查时还会考虑外国企业背后的政府与其在多边反恐、防止核扩散以及出口限制方面政策的一致性，作为其全球反恐部署的策略之一。[2]

（2）加拿大：2007 年加拿大出台《关于国有企业投资加拿大的指南——净利益评估》，要求非加籍投资者，包括直接或间接由国家所有或者控制的企业，都要明确所有人，强调外国国有企业投资必须

---

[1] 参见张勇：“美、加外资并购国家产业安全审查法律制度研究”，中国贸易救济信息网，http://www.cacs.gov.cn/cacs/webzine/webzinedetails.aspx? webzineid = 568，2006 年。

[2] 参见［美］*See* Robert S. LaRussa，Lisa Raisner，Thomas B. Wilner：《New Law Heightens Scrutiny of Foreign Acquisitions of U.S. Companies》，New York University，Journal of Law & Business，Fall 2007。

净利于加拿大。

且该指南明确了外国国有企业在投资加拿大须经审查的事项：①外国政府在该企业中直接或间接所占股权、控制方式等；②企业公司治理、商业定位和报告结构；③被收购加企业能否在加籍人参与企业管理、创新研发、为维护全球竞争地位应保持的资本支出等方面继续开展商业运作；④鼓励企业任命加籍独立董事、雇佣加籍高管、在加注册、在加证券交易所上市等。

（3）澳大利亚：澳大利亚在对外资并购审查的过程中，并未采用“国家安全”标准，而以“国家利益”代之。其《外资并购法》规定了“外国政府和其机构的直接投资，无论数额大小”，均需事先向政府申请。另外澳外国投资审查委员会规定了自愿申报制度。对未进行申报的外资并购，若财政部长认为有损于国家利益，委员会可能要求对其进行资产剥离、撤销并购或者转让并购所获利益。但澳大利亚在明确国家利益时，更多考虑的是商业效率等经济发展、社会稳定因素。[1] 另外，《关于外国政府在澳大利亚投资的指导原则》规定在对涉及外国政府及其机构的外资并购审查时，需要对投资者的经营是否独立于外国政府，是否可能妨害澳税收等其他方面进行特别审查。

综上所述，相比较之下，美国对政治主权安全更为关注，审查程序更为严格、系统，对企业与政府的关系进行了多方位考察，若企业为政府所控，则将上升至国家间政治军事关系层面考虑。而加拿大、澳大利亚在审查时则对经济层面多加审查。

2. 重点案例分析

（1）对于国有企业的审查——以中海油收购优尼科为例：2005年6月23日，中海油出价185亿美元拟收购美国第九大石油公司尤尼科，尤尼科对该出价非常满意。然而，美国众议院援引《埃克森—佛罗里奥修正案》认为该项收购可能影响国家安全。2005年7月30日，美国国会通过能源法案新增条款，要求政府在120天内对中国的能源状况进行研究，之后才能决定是否批准此项并购。这样，从收购

[1] 参见史建三：《论跨国并购》，立信会计出版社1999年版，第七章第六节《澳大利亚对跨国并购的审查》。

的时间节点看，中海油竞购成功的可能被基本排除，最终中海油主动放弃此次收购。

中海油的资金主要来源于中国建设银行，由此，从事国际战略运作的中国国有石油企业携手实力雄厚的国有金融公司到美跨国并购，[1] 在美看来无异于国家对外经济扩展。[2] 此外，美国众议院认为，由于中国石油公司在苏丹、伊朗等“支持恐怖主义”的国家也有商业业务，因此中海油可能对外转让从尤尼科所获技术，进而影响美国的反恐行动。

从此案例我们可看出，我国国有企业有着政府背景，在海外投资中其行为多被解读为政治性、国家战略性动作；另一方面，国有企业多缺乏核心竞争力，在海外投资中或试图通过并购提升技术水平，或凭资金优势抢占自然资源，而这两者都直接涉及投资目标国的国家利益，易授人以柄，令政治势力以国家安全为由干涉。[3]

(2) 对非国有企业的审查——以华为在美并购再三受挫为例：2008 年，美国外国投资委员会以国家安全为由，驳回中国华为技术有限公司收购 3Com 公司的要求。2010 年，华为竞标美国斯普林特公司移动电讯设备合同，也因美议员提出的“国家安全”原因受阻。2011 年，迫于美国外国投资委员会的压力，华为又放弃对美国服务器科技公司 3Leaf 特定资产的收购。

虽然华为是中国民营企业，但美一些媒体和政治势力认为，华为的高速发展和海外并购受到了中国政府的特殊财务支持。另外，因为华为创始人兼 CEO 任正非曾在中国人民解放军服役，华为被指与中国军方有关，军事政治色彩浓厚。

从此案例可看出，对于非国有企业的审查，美国政府调查考量的因素更是全方位的，以此判断企业是否为外国政府间接所控。

---

[1] 参见梁咏：“美国国家安全体制下的中国海外投资保障研究——基于中海油收购优尼科案分析的视角”，载《国际商务研究》2009 年第 1 期。

[2] 参见杨逢柱：“美国对跨国并购的国家安全法律审查制度研究”，厦门大学 2007 年硕士学位论文。

[3] 转引自蒋姮、伍燕然：“外国投资国家安全审查：美国的新举措及其借鉴”，载《国际经济合作》2007 年第 9 期。

（二）东道国政府就并购企业行业领域的审查

1. 并购企业行业领域审查制度的比较与分析

随着我国企业跨国并购步伐的加大，涉及领域仍以能源为主，但已在逐步扩大。无论是以日用品、机械制造业为主的基础性产业，还是以电子信息设备制造业、互联网行业为主的高科技产业，我国企业都在积极地探索和实践中。

我国资本通过企业跨国并购进入东道国市场，一方面会对该国引进先进技术、优化产业结构起到一定积极作用，但另一方面也会对该国经济和国防安全产生一定影响。各国政府在对跨国企业并购的政府审查中都会将行业领域作为考察的重要准则，并以立法的形式加以确定。下面就主要国家在此方面的审查制度进行分析比较。

（1）美国：美国在《埃克森—佛罗里奥修正案》中列举了一些进行国家安全审查时需考虑的因素，主要有国内产业满足国防的能力；拟议或正在进行的交易对国家出售军事设备、技术的潜在影响；拟议或正在进行的交易对美国在影响国家安全的领域中国际技术领导地位的潜在影响等五个方面。2007 年《外商投资与国家安全法》作为对《埃克森—佛罗里奥修正案》的修订又提出新要求，将关键基础设施、能源和关键技术领域的交易项目纳入重点外国投资安全审查范畴，扩大了“国家安全”范畴。[1]

（2）加拿大：加拿大法律对某些特殊行业领域予以了较为严格的限制。1985 年颁布的《加拿大投资法》确定了金融、能源、交通及文化与通信四大敏感产业，严格限制外资比例或禁止进入；另对于 WTO 成员方，在铀工业、文化产业、特定金融服务及交通运输领域适用非 WTO 成员投资者的审查门槛。

（3）澳大利亚：根据澳大利亚《外资并购法》，主要依投资规模和国家利益两方面决定是否对并购企业进行审查，而没有对特殊领域加以严格限制。此外，与美国不同，澳大利亚在进行政府审查过程中也并未将国防安全及技术领先作为其考虑的重要因素。从立法上看，

---

[1] 参见 Federal Register/Vol. 73，No. 79/Wednesday，April23，2008/Proposed Rules 21870，§ 800. 207。

虽澳大利亚政府更多关注的是经济发展和社会利益问题，但随着全球能源紧张化，澳大利亚政府对涉及资源的并购采取了越来越谨慎的态度。[1]

(4) 法国和德国：法国在对外资并购政府审查方面的立法主要有1986年的《公平交易法》和2004年的《外国投资法》，其中《外国投资法》明确规定了应当接受国家安全审查的11个产业领域，主要包括：政府管制的保安护卫业；与信息系统或产品安全有关的审核服务业；为关键产业的国有或私营公司提供信息系统安全或是服务的产业等。

德国对外国投资持较为自由的态度，对外国企业并购的限制、控制较少，但对在航空器、军备生产销售行业，及某些不动产等敏感行业有一些特殊的规定或限制。

2. 重点案例分析

通过对以上各国在产业领域方面政府审查制度的分析比较可看出，各国限制或禁止外资并购的产业类别主要涉及矿业能源产业、高新技术产业以及国家基础设施建设等。因此，我们重点选取了与之相关的三个案例，就具体问题进行深入探讨、剖析。

(1) 矿业、能源产业领域——以五矿集团并购加拿大诺兰达铝业、澳大利亚OZ锌矿为例：2004年7月中国五矿集团发起了近60亿美元对加拿大诺兰达铝业的收购，而后诺兰达宣布与五矿集团进入排他性谈判阶段。同年10月，加拿大新民主党公开反对收购；11月谈判突变，诺兰达宣布终止与五矿的谈判；2005年3月诺兰达正式公布同旗下控股公司鹰挢合并消息，五矿集团并购诺兰达即以失败告终。

2008年11月28日OZ矿业因债务危机，在澳大利亚证券交易所停牌；2009年2月16日，五矿集团提出收购OZ，3月27日，澳财政部长因OZ矿业出售给五矿的资产中包含位于军事禁区的矿产业而宣布否决交易；3月31日，五矿集团提交剥离敏感资产的新并购方

[1] 参见杨倩："外资并购国家安全审查标准"，首都经济贸易大学2009硕士学位论文。

案，放弃 OZ 矿业最优质的 Prominent Hill 铜金矿资产，而获得澳大利亚政府同意。

从以上两案例中可看出我国企业在并购外国矿产、能源型产业时所遭遇的“瓶颈”。在第一个案例中，五矿集团并购失败的原因主要有：一，并购领域触及法律规定的敏感领域；二，基于对资源保护、尖端技术的安全考虑。在第二个案例中，虽然五矿集团最终通过了政府审查，但却以剥离优质资产为代价，带来巨大损失。

在对欧美各国的政府审查制度的比较分析中不难发现，与美国侧重保护国防安全与科技优势不同，加、澳政府更偏重保护国家经济利益。我国矿产企业海外并购频频受阻其实与战略性资源在全球范围的日益短缺有关，越来越多的国家进行政府审查时，出于对国防安全的考量及确保资源优势在经济发展中作用，对资源能源领域的并购都倾向于采取谨慎的态度。

（2）高新技术产业领域——以联想并购 IBM 为例：2004 年 12 月 8 日，中国联想与 IBM 签署转让协议，希望购入 IBM 全部 PC 业务。12 月 29 日，IBM 向美国外国投资委员会递交申请，接受为期 30 天的调查，但美方以可能引发国家安全问题为由，延长调查期到 45 天。最终联想、IBM 和美外国投资委员会达成协议，联想既不能在美生产 PC，更不能从 IBM 直接接收美国政府这一最大客户。导致联想不仅运营成本增加，生产销售也不能实现本地化，竞争力被极大削弱。

高新技术产业不仅关乎美国在高端技术领域的世界领先地位，还关系到国防安全问题，因而是美审查关注的重要领域。联想并购受阻主要是因为美方认为其要收购的“PC 技术”涉及先进、敏感的技术，并有用于军用的可能。事实上，美国外国投资委员会并不是一个活动频繁的政府机构，其设立在于促进而非阻碍外国在美投资活动，之所以在这次并购中如此表现，不仅因这项交易所涉及领域较敏感，而且认为相关技术的被转移国——中国是十分敏感的国家。此外，考虑到中国在海外能源中的积极表现，美国对中国咄咄逼人的态势也颇为担心。

（三）东道国政府就其他方面的审查

1. 政府就并购的公共利益影响审查

公共利益是指不特定的社会成员所享有的利益。中国企业的海外并购，可能会破坏有效的市场竞争，侵害消费者的利益，使市场经济秩序产生紊乱，形成行业垄断。[1] 同时也伴随着其管理制度、企业文化在海外社会环境的进入，将会影响东道国就业、环境保护、消费者选择余地等公共利益。

在英国，并购交易向垄断和合并委员会提交报告后，该委员会对其是否违反公共利益进行审查，经营者“违反公共利益”时，不得实施。[2] 在判断是否违反“公共利益”时，会考虑对英国市场竞争的影响以及消费者权益等涉及公共利益的因素。而澳大利亚 FIRB 在政府审查国家利益评估时会考虑涉及公共利益的因素：增加就业机会；提高职工福利；预防失业；推进公正分配；增加消费者选择余地；环境保护。

比较英、澳两国，共性上可见东道国政府针对于涉及公共利益的国家利益的审查同样十分重视。比较而言英国更重视涉及经济的公共利益问题，且规定也相对宽泛，没有作出具体范围划定，政府执行的可操作性和任意性较大；澳大利亚则重视除经济方面以外环境、就业等领域内公共利益，并作出了较为明确的划分，适合投资方参考。

在上汽收购双龙的收购案中，韩国过于强大的工会力量和过度紧张的劳资关系是上汽入主双龙之后，双龙再度濒临破产的直接原因。换言之，就是我国企业在收购中缺乏对韩国劳工法的正确认识，侵犯了东道国的公共利益以致最后收购失败。

对于其他诸如环境保护、消费者选择余地等涉及公共利益的因素，同样也是今后中国企业海外收购所需特别重视，需采取相应对策应对的。

2. 政府就并购的文化影响的审查

中国企业的海外并购中，特别是涉及文化产业的并购，往往会被东道国担忧成是中国文化对本土的一种“侵略”。在并购中，如果说文

[1] 参见陈晓丹：“外资并购安全审查制度研究——兼议我国外资并购安全审查机制的构建”，河南大学 2011 年硕士学位论文。

[2] 参见孙效敏：《外资并购国有企业法律问题研究》，北京大学出版社 2007 年版，第 230 页。

化产业的并购影响是直接的、有形的，那么价值观念的渗透则是间接的、无形的，也是东道国所最担忧的。中国企业的大规模并购特别是在文化产业方面，确实存在可能对东道国本土文化的传承与发扬产生阻碍作用，影响东道国民族文化的完整性，威胁东道国的文化安全。

澳大利亚《外资并购法》中规定规模较大的并购交易只要不是与国家利益相悖的，一般也能通过审查，但在“传媒领域进行5%及以上的非直接投资和所有直接投资（不论规模大小）”的外资并购是需要事先向政府提出申请。加拿大在对外资进行“净利益”判断时，《加拿大投资法》规定了部长必须予以考虑的6个因素，其中就有“投资与加拿大联邦及各省民族工业、经济及文化政策的一致性”。

比较澳、加两国，从共性上来看都对外资并购的文化影响采取了严格的准入制度。相较而言，澳大利亚从规模和投资方式上采取明确的方式进行准入的规制，对我国企业有很好的导向作用；加拿大没有采取明确的界定方式，仅将文化政策方面纳入为考虑因素，相关其他规定较少，政府界定的自由度高，缺乏标准，需要我国企业特别重视。

四、政府审查风险的防范机制

在中国企业走出去的过程中，政府审批风险的存在是不可忽视的事实。如何在认识这种风险的基础之上有效地防范和应对，需要企业自身和母国政府共同的努力。以下笔者从宏观和微观的角度进行论述。

（一）宏观角度

对母国来说，本国企业对外投资并购是提升本国经济发展水平、国际竞争实力的一个重要的方面，为本国企业的走出去提供有效的支持和保障是十分必要的，也是防范企业并购风险，避免本国资产损失的重要途径。因此，在跨国并购中，政府应从政策支持、行政干预、经济外交支持等方面充分发挥作用。

1. 法律、法规的支持

加紧我国关于海外投资的法律、法规的制度完善，制定统一的海外投资法，为企业海外投资提供法律依据。目前我国企业进行海外投资的相关法律主要有商务部出台的《境外国有资产管理暂行办法》《援外合资合作项目基金管理办法》；国家发改委出台的《境外投资项目核准暂行管理办法》；中国证监会出台的《合格境内机构投资者境外证券投资管理试行办法》以及中国保监会出台的《保险资金境外投资管理暂行办法》等。我国企业的海外投资仍由各个分管的行政管理部门根据所分管的实际情况出具各种“办法”，而尚无一部统一的海外投资法，因而通过完善国内立法来加强对海外投资企业的保护是必要的。

此外，我国还应积极与东道国制定双边、多边投资协定，限制不正当的政府审查。对已签订的协定增加对我国海外投资企业加强保护的内容，要求我国企业与东道国企业享有同等待遇。另一方面，鼓励我国海外投资企业利用《多边投资担保机构公约》和《解决国家与他国国民间投资争端公约》防范政治风险，维护自身的利益。

2. 信息服务平台的搭建

政府应借助驻外机构、境外企业、银行、中信保等各界力量，搭建以政府为主导的海外并购信息服务平台。为中国企业海外并购提供东道国商业信息，以及法律政策信息。如驻外大使馆的商务参赞应提供市场调查方面的协助。

3. 对等措施的反制

如果在收购过程中，东道国采用不合理文件，进行不合理的拒绝，采取不合理制裁，母国政府应当采取对等的制裁措施，充分保护本国企业的合法权益。诸如采取同样严格的外资并购政府审查制度、反垄断审查制度、关税制度，对他国企业在本国的商业活动进行严格限制。

4. 经济外交的支持

使馆、外交部、商务部等涉外经济部门，应该加强经济外交支持的力度。可参照法国的做法，出台相应服务措施，定期提供全球区域市场的投资风险和战略性咨询参考报告。同时充分发挥两国经济磋商机制，推动投资保护、司法协助、领事保护、社会保险等政府间的双边、多边协定的签订。

（二）微观角度

从企业自身来看，并购投资前的审查工作是整个并购活动成功与否的关键。市场经济条件下的信息不对称，企业往往需要对目标企业进行全面细致的事前调查和评估，充分分析目标企业和所在国的各方面的情况，分析可能存在的影响并购的主要因素，在此基础上制定对策，把审批风险降到最低。企业具体需要做的主要有以下几个方面：

1. 对目标企业进行细致的审查

在这种跨国并购的前提下，仅仅审查目标企业的财务状况是不够的，需要具体掌握企业的核心技术和研发能力、管理体系、未来发展战略、产品和市场、未来经营能力的提升空间、财务价值、企业在当地的影响力等细致的因素。其中要重点分析企业的股权状况，资产状况，投资和经营行为以及或有负债等对企业生存和发展产生重大影响的项目。

2. 对东道国法律和政策进行详尽的调查

政治审批的风险多种多样，但主要来源是东道国基于本国国策和利益考虑，对并购带来的影响有所担忧，进而拒绝通过并购提案。因此，在跨国并购之前，需要企业对东道国的法律法规、基本国策有一个全面的掌握。充分利用“前馈控制”——提前对东道国的政治环境进行调查分析，评估可能存在的风险。针对涉及能源矿场等重大并购，要在并购项目方案里从原则上肯定东道国的利益，采用分散风险（联合并购）和风险防御（利用政治、经济、金融等方式获取东道国政府官员的应允）的方式从而大大降低审批风险。

当企业和母国都进行了最大程度的合作和努力之后，东道国针对国家安全等方面可能存在的疑虑和可能拒绝并购议案的几率都被降到最低，从而最大程度上地实现并购目标。

五、结论

中国企业海外并购频频受挫，启示我们在海外并购领域需要注意的不仅仅是经济因素，还有一系列政治风险、法律问题。特别是海外并购的政府审查风险这类的“政治性法律风险”或者“政策性法律风险”，已经成为中国企业海外并购的“拦路虎”，诸如美国的 CFIUS、澳大利亚的 FIRB 都已给跨国并购设置了极大的障碍。

中国加入 WTO 已逾 10 年，然而在海外投资并购环节，中国法律制度与政策措施的缺失和落后不可避免地凸显出来，对于中国企业所遭受的政治审查风险，没有建立健全一套行之有效的救济制度和保障机制。因而加快建设对中国企业海外并购的政府审查风险防范机制，降低我国企业在海外投资的政治审查风险显得尤为迫切。

笔者认为，解决政治审查风险问题的结构是二元的。对于政府层面，需要从法律、法规的支持、信息服务平台的搭建、对等措施的反制、经济外交的支持等入手，完善并落实配套的法律、法规及政策体系；对于企业来说，加强自身的建设、细致审查目标企业、详尽调查东道国法律和政策成为海外并购成功可能的先决因素。显然，中国企业海外并购的政府审查风险防范任重而道远。

金融法制

境外企业国有资产监管及其立法分析

雷 浩*

摘 要 随着中国改革开放的深化，“走出去”战略逐渐成为企业发展的主流。国有企业是我国“走出去”战略中的主力，在通过境外投资经营取得收益的同时，境外企业国有资产的流失问题也在不断加剧。为保障国有资产的安全和保值增值，防止境外企业国有资产流失恶化，我国应加强和完善境外企业国有资产监管立法，实施有效的法律监管。

笔者梳理了我国现行境外企业国有资产的监管立法，总结了我国现行境外企业国有资产法律监管制度，在此基础上对我国境外企业国有资产监管立法进行了分析并对完善立法提出了建议。

关键词 境外企业国有资产 监管制度 法律监管

进入 21 世纪后，在世界经济全球化的背景下，我国政府因时因势地提出了“走出去”的战略。2001 年“十五”规划首次提出“走出去”战略，2002 年十六大报告提出实施“走出去”战略，打开了国内企业“走出去”的大门。国有经济体作为我国社会主义市场经济的主力，在“走出去”的过程中充当着先锋和主力的角色，通过在境外的众多投资、合作、开发、建设等项目，开拓了我国企业的国际市场，为企业国有资产的保值增值开辟了新的途径。与此同时，如何预防和减少境外企业国有资产的流失，加强对境外企业国有资产的监管，实现保值增值成为新的值得关注的问题。

一、现行境外企业国有资产监管立法

法治可以有效维护市场机制，提供行为模式和激励约束机制，明

---

* 雷浩，中央财经大学法学院 2012 级法律硕士（法学）研究生。

晰权利义务和责任，协调各方利益冲突[1]。任何立法尤其是经济立法都与确立体制有关，立法可以确立好的体制，改革不完善的体制。国有资产立法的核心问题是确立科学、合理而高效的国有资产管理体制，确立在社会主义市场经济条件下能够适应市场发展要求的统一的国有资产管理体制[2]。经济基础决定上层建筑，一般而言，法律制定要滞后于经济发展，但离开必要的法律规范则会导致经济秩序失衡，最终带来社会效益的损失。我国有关境外企业国有资产方面的法律法规的长期缺乏导致了境外企业国有资产流失在制度因素和人为因素的共同作用下不断恶化，形成恶性循环，摆脱恶性循环的有效方式可以采取法律的治理和防范。

发达国家国有资产监管的共同特征就是依法监管。OECD发布的《OECD Guidelines on Corporate Governance of State-Owned Enterprises》开篇第一条即提出要"为国有企业确立一个有效的法律和规制框架"[3]。依法监管国有资产明确了监管主体之间、监管主体与国有资产运行主体间的权利义务关系，提高了监管的权威性和连续性，有利于国有资产更稳定地运行。首任国资委主任李荣融在卸任后接受采访时也表示，"特别珍惜我在任期间出台的23个规章和193个规范性文件，这是我们理论、实践探索的结晶。可持续下去的不是人，而是制度，能够延续、持续发挥作用的就是法律法规"。[4]

目前，我国各种所有制经济适用的境外投资监管立法主要包括境外投资审批制度、外汇管理制度、财务税收制度以及管理性制度等四方面内容。专门适用于境外企业国有资产监管的立法，在2003年国资委成立之前，主要由国务院、财政部、外汇管理局等联合制定。国资委成立后，其开始承担企业国有资产基础管理等职责，负责起草国有

---

[1] 杨文：《国有资产的法经济分析》，知识产权出版社2006年版，第342页。

[2] 顾功耘："国有资产立法的宗旨及基本制度选择"，载《法学》2008年第6期，第68页。

[3] OECD Working Group on Corporate Governance of State-Owned Assets. OECD Guidelines on Corporate Governance of State-Owned Enterprises [R]. OECD，2005：12.

[4] 邓瑶："专访李荣融：国企改革的信念从未动摇"，载21世纪网，http://www.21cbh.com/HTML/2011-12-30/yNMDY5XzM5MjQyNA.html，2011-12-30。

资产管理的法律法规草案和制定相关的规章、制度。2003年以来国资委依据其职能，出台的法律文件集中在规划发展、财务监督、产权管理、董事会建设、收益管理、业绩考核、统计评价、责任追究、企业法制等方面。截至目前，国资委现行有效部门规章24部，部门规范性文件312部。其中《境外投资监管办法》与《中央企业境外国有资产监督管理暂行办法》、《中央企业境外国有产权管理暂行办法》和最近发布的《中央企业境外投资监督管理暂行办法》一起构成了目前国资委对中央企业境外国有资产监管的法律制度框架。

二、现行境外企业国有资产法律监管制度

2004年以前我国境外投资监管实行审批制，2004年之后改革为核准备案制[1]，以增强企业在对外直接投资活动中的主体地位，政府不再干涉境外投资在经济、技术可行性方面的自主决策权。国家发改委、商务部分别制定了《境外投资项目核准暂行管理办法》（2004年）、《关于境外投资开办企业核准事项的规定》（2004年）以及《境外投资管理办法》（2009年）等配套立法，确立了新的境外投资及管理制度。

2003年伴随国资委的设立，国务院配套出台了《企业国有资产监管管理暂行条例》，明确了国有资产监督管理机构根据授权，依法履行出资人职责，依法对企业国有资产进行监督管理，省、自治区、直辖市人民政府和设区的市、自治州级人民政府分别代表国家对由国务院履行出资人职责以外的国有及国有控股、国有参股企业，履行出资人职责。至此形成了“国家所有、分级代表、两级三层”的国有资产监管体制[2]。在此基础上，我国国有企业境外投资初步形成了综合性监管与专业性监管相结合的法律监管体制，即国资委代表国家履行出资人职责和出资人监管，凡涉及国有资产综合管理的以国资委监管为主，涉及境外投资的则以商务部监管为主，其他管理机构——包括

[1] 参见2004年《国务院关于投资体制改革的决定》。

[2] 沈四宝、郑杭斌：“构建我国国有企业境外直接投资法律监管的若干思考”，载《西部法学评论》2009年第2期，第43页。

国家发展和改革委员会、财政部、外交部、国家外汇管理局、国家税务总局及各行业主管部门等——为辅的管理体制[1]。

审批[2]和管理，是现代国家管理境外投资市场的两种主要方式，相应地存在着境外投资审批法律制度和境外投资管理法律制度，前者由调整境外投资审批关系的法律规范构成，后者由调整境外投资管理关系的法律规范构成[3]。

境外投资审批法律制度根据境外投资审批对象的不同，可以分为境外投资项目审批法律制度、境外开办企业审批法律制度、境外投资外汇审批法律制度以及企业国有资产境外投资专项审批法律制度四个方面。境外投资管理法律制度涉及经营全过程的管理，主要包括国有企业境外投资及产权登记管理、国有企业出资人管理、外汇管理、财务管理、境外投资统计管理、评价管理、联合年检管理等几项内容。其中境外投资及产权登记管理方面，主要由国资委负责，其中国务院国资委对境外企业的管理范围限于境外设立的重要的子企业[4]的重大事项[5]的管理和国有资产的管理，除此以外国资委主要通过对境内投资主体及母公司或集团公司等进行管理，利用企业内部出资人监管和公司法人治理来实现管理目标。出资人管理方面，国家出资企业对其

---

[1] 王俊峰：《国有企业海外资产监管体系研究》，对外经济贸易大学2007年论文。

[2] 自2004年投资体制改革后，已由审批制变为核准备案制，为讨论之便，仍沿用“审批”的叫法。

[3] 吴伟达：《境外直接投资法律制度研究》，中南大学2009年论文。

[4] 重要子企业的概念源自国资委有关中央企业财务预决算通知，目前没有明确权威的界定标准和范围。现可查的是2008年6月国资委出台的《关于落实中央企业法制工作三年目标有关事项的通知》中规定的“在境内、外开展公司主营业务的实际运营，并由集团公司直接管理和控制的下属重要经营单位”，量化标准是“以2007年度会计报表为依据，列入重要子企业范围的企业资产总额和利润总额的合计占集团公司的比例应达到60%以上”。李荣融在2008年末央企负责人会议上提出了“要确定并公布一批国有资本必须保持控制力的重要子企业名单，以增强中央企业的控制力”，因此重要子企业主要指在需要保持国有资本控制力领域中的规模较大的子企业。

[5] 重大事项管理源自2003年颁布的《企业国有资产监督管理暂行条例》，《企业国有资产法》沿用，包括一般性规定（涉及合并分立、改制、上市，增减注册资本，发行债券，重大投资，提供大额担保，转让重大财产，利润分配，解散、申请破产等）、企业改制、关联交易、资产评估和国有资产转让。《中央企业境外国有资产监督管理暂行办法》第29、31条则详细规定了境外企业的重大事项。

所出资企业依法享有资产收益、参与重大决策和选择管理者等出资人权利。财务上，确立了财务预算决算报告制度、内部审计❶、经济责任审计❷以及资产损失责任追究制度❸。统计上，国有及国有控股、国有独资企业要编报集团或总公司合并（汇总）的国有资产统计报告❹和报送所属境内外子企业的分户国有资产统计数据。最后，在经营结果方面建立了综合绩效评价管理，要求中央企业及其子企业展开年度和任期考核评价，作为审计和激励惩罚的依据❺。

三、境外企业国有资产监管制度的分析

（一）法律框架方面

1. 现有立法的法律位阶较低

企业国有资产监管立法包括法律、行政法规、部门规章和规范性文件四类。国资委作为立法的主体之一，主要制定部门规章和规范性文件。其中规范性文件目前还没有统一规范的定义，《立法法》中也没有这一概念，不属于正式的法律渊源❻，但在国有资产监管实践中却大量存在并实际发挥着重要作用。立法位阶低的消极影响就是规定

❶ 内部审计指企业内部审计机构依据国家有关法律规范、财务会计制度和内部管理规定，对本企业及子企业（单位）财务收支、财务预算、财务决算、资产质量、经营绩效及建设项目或者有关经济活动的真实性、合法性和效益性进行监督和评价的工作。

❷ 经济责任审计是指依据国家规定的程序、方法和要求，对企业负责人在任期内其所在企业资产、负债、权益和损益的真实性、合法性、效益性和重大经营决策等有关经营活动，以及执行国家相关法律法规情况进行的监督和评价活动。

❸ 参见财政部在1996年发布的《海外投资财务管理暂行办法》以及国资委2004发布的《中央企业财务决算报告管理办法》、《中央企业内部审计管理暂行办法》和《中央企业经济责任审计管理暂行办法》，2007年发布的《中央企业财务预算管理暂行办法》，2008年发布的《中央企业资产损失责任追究暂行办法》。

❹ 参见国资委2004年发布的《企业国有资产统计报告办法》。国有资产统计报告是指企业按照国家财务会计制度规定，根据统一的格式和填报要求，编制上报的反映企业会计年度期间资产质量、财务状况、经营成果等企业国有资产营运基本情况的文件。

❺ 参见国资委2006年发布的《中央企业综合绩效评价管理暂行办法》及2006年发布的实施细则。

❻ 根据国资委《规范性文件制定暂行办法》第2条的定义，规范性文件是国资委依据法定职权和程序制定的，具有普遍约束力，能够反复适用的规定、办法、实施细则、规则和意见等文件的总称。

的不稳定性，其制定、修改相对简单，随意性比较明显，缺乏系统性和条理性[1]。

对于这类立法，国资委要在现行5年清理一次规章，2年清理一次规范性文件[2]的基础上，缩短对规章和规范性文件的整理周期，及时清理阶段性的、个案式的法律文件，并对已经过实践检验的规范性文件整理升级为规章，或对规章进行整理更新，向国务院提请制定行政法规等。2012年4月10日发布的《中央企业境外投资监督管理暂行办法》即是例证，这部立法总结了之前商务部颁布的《境外投资管理办法》和国资委于2007年、2008年出台的三个有关境外投资管理的通知，形成了效力更高、更有条理、更加持续普遍有效的立法文件。此外，国资委要不断总结境外投资监管和立法经验，结合监管中出现的新情况、新问题，配合人大、国务院和相关主管部门做好立法工作，如反映修改意见、提出立法建议、参与立法论证等，积极促成专门立足国有企业和国有资产层面的《企业国有资产境外投资管理办法》及配套立法的制定，以使立法更符合实际，更具有权威性，也能更好地满足监管工作的需要[3]，为企业国有资产境外投资和监管创造一个良好的法律环境。

2. 新旧法律、各部门立法之间及其与相关法律之间的适用冲突

我国的国有资产监管体制历经了四个阶段，现在仍在施行的一些法律规范是跨监管体制运行的。这类法律规范主要有20世纪90年代国务院制定的《企业国有资产产权登记管理办法》和财政部据此制定的实施细则、财政部联合原国家国有资产管理局和国家外汇管理局制定的《境外国有资产产权登记管理暂行办法》和实施细则以及财政部联合外交部、国家外汇管理局、海关总署制定的《境外国有资产管理暂行办法》等。这些法律规范中的一些立法内容对现在来说仍有积极的应用价值，但是这些法律的实施主体已经变更，原来的各部门也因

---

[1] 刘玉平：《国有资产管理》，中国人民大学出版社2008年版，第330～331页。

[2] 参见2010年12月国资委印发的《关于依法行权履责进一步加强法治机构建设的实施意见》。

[3] 于吉："国有资产监管立法技术的几个主要问题"，载《国有资产管理》2009年第4期，转引自《经济研究参考》2009年第36期，第25页。

为行政管理体制改革职能发生了转变。法律的废止包括明示的废止和默示的废止，国资委成立以后的立法大多数都没有对之前的这些立法进行整理，现行立法法律位阶又普遍较低，使得明示废止和默示推定废止都存在较大困难，给法律的适用和执行带来了不便。

此外，境外企业国有资产监管在产权登记管理、对外投资的限制、公司治理、集团公司制度中母子公司的关系、公司经营者报酬以及高级管理人员的持股限制和股权激励等方面需要到《公司法》、《证券法》、《物权法》等基本法律中作出相应的修改和完善[1]。

对此，现行的监管立法需要对不同的法律渊源进行分类清理，在清理过程中，不仅要清理本部门已有立法，还要在国务院组织下，联合其他部门清理在历史时期承担境外企业国有资产监管职责的部门所制定的法律规范，借鉴采纳其中的合理内容。另外，要征求有关主管部门和国务院法制办、人大法工委等机构的意见，提出立法建议等，推动一些基本法律的适时修订，以充实和完善境外企业国有资产监管的法律渊源。

(3) 指引性立法与规制性立法比例的不协调

对于国有资产，政府有出资人和监管者两个角色，前者主要承担国有资产保值增值的功能，后者则指导和支持企业规范运营。国家在实施“走出去”战略的过程中要为包括国有企业在内的所有主体提供更多帮助。在国际上，一国为了实现整体的经济发展目标，使海外投资为本国经济发展大局服务，通常都会制定对外投资产业指导（导向）目录，内容一般包括鼓励类、普通类和禁止类三种，其中值得我们重点研究和借鉴的是鼓励类和禁止类。

我国目前国有资产境外投资指引性立法主要是商务部、外交部和发改委联合制定的《对外投资国别产业导向目录》（一）、（二）、（三），发布时间分别为2004年、2005年和2007年，内容涉及各国的农业、采矿业、制造业和服务产业等投资领域。此外，商务部专设的中国投资指南网站（http：//www.fdi.gov.cn）发布和更新的

---

[1] 刘红、侯祖戎：“我国境外国有资产流失的路径依赖——基于法律防范的视角”，载《湖北社会科学》2005年第4期，第127～128页。

《中国对外投资促进国别/地区系列报告》内容则主要是国别地区内的贸易投资环境，但它不属于法律规范的范畴。上述这些规范性文件或报告都缺乏对外投资的战略和结构方面的宏观指导，缺乏禁止投资的类型，而且内容较少、过于简单、更新缓慢，实际上难以起到指引的作用。

未来国资委和商务部等主管部门要联合立法，在已经制定合格东道国名单和对外投资国别产业导向目录的基础上，可以将这几种制度有机结合在一起，制定鼓励支持类投资指导目录和禁止投资指导目录；内容上要细化对境外投资的产业分析、区域状况、专项风险的充分揭示以及对央企境外资产的专题指导，并定期更新公布境外投资产业目录报告。为了保证这些指引的有效实施，可将目录进一步分类，规定不同的类别可以享受不同的税收、保险、融资优惠等，通过这些配套措施与管理制度相结合，可以最大限度地发挥监管体制的效果❶。

（4）国际监管协作方面的立法缺乏

境外企业，首先是东道主国家的注册企业，然后才是国内出资人设立的企业。作为东道国的企业，首先要充分考虑东道国的法律，把境外企业纳入当地法律监督范畴。境外企业国有资产的国际性决定了对其的监管是一个国际化的问题，必须要有全球视野。其次，国内法律法规和东道国当地法律的适用方法将影响境外国有资产的监管效果，因此要建立起国际监管的协调机制。我国目前的监管框架主要是单边监管，在监管过程中很容易出现漏洞。因此，除了应使国内法规相互结合外，也应当注意与我国缔结的国际条约相配套，制定与国际法规范有效衔接的国内法规范，要加强与国际机构、各国监管部门的合作，通过信息共享、双边研讨等多种方式，实现双边和多边监管❷，充分利用国际法规范来保护我国国有企业的境外投资活动。

（二）法律内容方面

1. 产权管理立法实施效果不佳

2011年《中央企业境外国有产权管理暂行办法》颁布后，基本

❶ 刘蓓：《我国对外直接投资管理法律制度研究》，厦门大学2008年论文。

❷ 李众敏："央企境外资产监管重在机制建设"，载《世界知识》2011年第14期，第46页。

上建立起包括管理范围、责任主体、管理机构和管理事项等境外企业国有资产产权管理体系，对离岸公司等新问题也做出了规定，但这部暂行办法在内容上缺乏一定的可操作性，抛弃了之前产权管理立法的一些好的做法，如90年代境外国有资产和产权管理立法中实施的产权年检登记、定期分析和报告资产[1]等制度，而采用中央企业检查报告和国资委不定期抽查，中央企业作为利益相关方难以做到客观独立，因此之前的一些制度还有利用的价值。此外我国采取的是被动式申报方式，要求企业自觉自主申报国有产权登记，手续较为复杂，管理者与登记者工作量都相当大，可能出现申请者不及时申报，使得国资委不能够及时准确地掌握信息，或者申请者办理其他事项不能及时取得国资委批准等。因此建议国有资产监督管理委员会采取网上申报、完善产权登记管理软件[2]等信息化形式，简化审批手续，人性化进行产权登记管理[3]。

另外，中央企业结构体系庞大而复杂，从现行立法趋势来看，国资委愈发倾向通过中央企业内部管理层级去管控下属各级子公司。但央企境外子企业的层级可能延伸到三级以下，逐级递减后到四五级时可能仅持有10%左右的公司股权，在产权界定困难的情况下，资产监管到哪个层级也就难以确定[4]。实践中的“中远模式”证明，增强国家对境外企业的实际控制力比仅有名义上的拥有权更重要[5]。2000年原国家经贸委就曾提出将企业母公司管理层级控制在三级内，国资委成立后于2004年再次提出清理整合中央企业管理层级的指导意见，2009年国资委还曾专门下发通知调查落实情况，但结果未公布，咨询机构估计真正能够落实到位的不足1/3。由于境外企业大多属于二

---

[1] 2011年7月《中央企业境外国有产权管理暂行办法》实施后，10月国资委下发《关于加强中央企业境外国有产权管理有关工作的通知》，在第四项中明确提出了建立暂行办法中没有沿用而之前立法都有采用的“境外国有产权管理状况报告制度”。

[2] 顾功耕等：《国有资产法论》，北京大学出版社2010年版，第378页。

[3] 石峰枫：《境外国有资产监管体系研究》，中国地质大学2009年论文。

[4] 孙汝祥：“央企境外资产监管渐严”，载《上海国资》2008年第12期，第18页。

[5] 李永忠：“思考‘中远模式’做强境外国企”，载中国经济网，http：//finance.ce.cn/macro/myal/200607/26/t20060726_7882652.shtml，2006－07－26。

级以下子企业，而且远在境外，要加强对这些层级产权的控制，必须将减少和控制管理层级的要求入法，并论证起草《重要子企业管理办法》等针对性立法，增强对境外子企业产权的有效管理。

2. 运营管理方面立法存在缺陷

在运营监管方面，主要包括投资准出、企业内部治理、风险控制管理等。涉及审批监管机关的协调、审批条件更新和程序优化；中央企业作为境外国有企业出资人，在类似于跨国公司运作的情形下，其履行出资人职能进行监管时主要通过对境外出资企业的出资人管理，境外子企业的董事会、监事会制度建设，境外企业负责人的绩效评价和风险收益报酬制等制度等来实现。

（1）投资准出方面。对国有资产要从严监管，海外投资者应当编制可行性研究报告，提交审批与监管机构进行审查，重点审查企业的经营管理能力和项目投资可行性。在监管协作方面，我国可以尝试在国有资产监督管理委员会下设立专门的境外国资监管机构，由熟悉各国政治、文化、投资环境、法律、财务的人员组成，负责制订我国境外投资的方向、结构及战略规划，达到宏观调控、资源共享和降低监管成本的目的。日常监管确立对金额较大的投资项目建立严格审批制度，加强调研；对已开展项目进行事中控制，建立定期实地考查制度，对公司的财务等进行重点监督；建立有效的人员考核制度，对外派境外管理人员进行合理绩效考评，引导企业经营管理人员树立长远发展意识；建立以资本管理为原则的资产管理体制，并将其作为投资准出的必要条件。管理机构还应为企业提供拟投资地区的法律法规等相关政策的咨询，并及时提示投资环境的变化和法律法规的调整等影响因素[1]。

（2）内部治理方面。2008年财政部、审计署、银监会、证监会、保监会五部委联合发布了《企业内部控制基本规范》及其配套指引，指引的内容达到了与国际接轨的水准，被称为我国的“萨班斯一奥克斯利法案”，这将是我国企业管理制度改革和发展的趋势。国有企业作为国民经济的主力以及企业国有资产境外投资的国际性，决定了境

[1] 石峰枫：《境外国有资产监管体系研究》，中国地质大学2009年论文。

外国有企业必须严格遵循内部控制指引和规范，建立起先进健全的内部控制制度，从而保证境外企业国有资产经营的效率和安全。

国有资本对外投资的境外企业往往按国内企业的模式进行管理，但因其所处海外，国内管理经验往往无法有效适用，因此应借鉴先进的跨国公司管理机制对境外企业进行规范化管理。境内母公司对境外企业可以通过战略、人力资源、投资决策、财务审计（包括内部审计和独立外部审计）、信息披露和报告等方面进行管控[1]。

国有企业跨国经营的公司治理结构可以借鉴跨国企业的运作机制，一方面要结合国内法的监管要求和东道国所在国（地）法律，建立起具备有效协调和相对制衡能力的科学的公司治理结构；另一方面要尽量减少中间环节，提高信息在公司内传递的及时性和准确性，从而提高国有资产的经济效益和企业的管理效率[2]。

（3）风险控制管理方面。在境外投资中，存在着以财务和经济风险为主要内容的事前和以社会和政治风险为主要内容的事后风险，前者要靠科学的投资分析和民主的投资决策来防范，后者要靠中央国有资产监管部门、行业主管部门和行业协会三类机构来协调解决，我国目前在这方面尚无一个完善的协调机制。国资委虽然在2006年出台了《中央企业全面风险管理指引》，其在框架和内容上已实现领先，但它们作为指导性的纲领性文件，对国有企业境外资产的运营风险及监管缺乏更细化的关注，该指引自2008年以来也仅展开了一次试点，效果如何尚不可知。

考虑到境外投资的严峻形势，国资委应在《中央企业全面风险管理指引》的框架结构下，出台《中央企业海外投资专项风险控制指引》，可以借鉴我国商业银行基于巴塞尔协议的市场风险管理和保险业的风险管理经验。首先，需要事先掌握境外国有产权企业分布的国家或地区风险、行业风险，以及境外企业经营风险，由国资监管部

[1] 杨忠："跨国公司如何控制合资企业"，载《企业管理》2002年第11期，第77～79页。

[2] 李俊江、史本叶："国有企业跨国经营中的公司治理结构问题"，载《当代经济研究》2004年第3期，第24页。

门、行业主管部门、行业协会以及社会第三方专门机构对所在国或地区、行业和境外国有企业的风险进行事前的分析，便于商务部对境外投资进行审核和管理，并且财政部、国资委对境外国有产权企业采取相应的管理措施。其次，建立风险准备金制度❶和风险管理信息系统，在企业内部建立独立的风险监督部门，保障风险管理制度实施的可能性，并直接向代表股东利益的董事会汇报❷。在此基础上重点加强法律风险防范、战略风险防范、财务风险防范、人员风险防范，针对各类风险或重大风险制定风险管理预案，试行风险管理报告制度❸，定期针对重大风险向母公司和国资监管机关进行报告或备案。

3. 责任追究立法不足

纵观现行有效的国有资产监管立法，对于造成国有资产流失以及违反管理法规的责任追究的规定内容少，原则性强，执行手段缺乏，按责任的轻重采取：通报、警告、记过、撤职等纪律处分（或称行政处分）；罚款等行政处罚；扣发绩效薪金或奖金、终止授予新的股权等经济处罚；有限年度到终身禁入的任职禁入限制；承担民事赔偿责任，追究刑事责任等。在实践中，其一，大多数责任追究采取了处罚和追究刑事责任的方式进行惩罚，但对于流失的国有资产的追回和赔偿责任却没有承担，这是责任追究的关键。其二，相对于国内企业国有资产，境外企业国有资产流失责任的认定时相关证据材料的搜集不能保证及时、全面、准确，容易造成在责任认定上的“大化小，小化无”的现象。其三，根据《中央企业资产损失责任追究暂行办法》，国资委只负责管理权限范围内相关责任人以及特别重大和连续发生的

---

❶ 目前，我国仅有一家政策性进出口和投资保险机构，即中国出口信用保险公司，成立于2001年，其宗旨是：通过为对外贸易和对外投资合作提供保险等服务，全面支持对外经济发展，促进经济增长、就业与国际收支平衡。截至2011年年底，其海外投资和租赁保险已达到147.1亿元，承保范围包括汇兑、征收、战争暴乱、政府违约等。摘自中国出口信用保险公司官方网站，2012年4月11日。

❷ 陶亦芳：《我国境外直接投资中国有资产流失与防范策略研究》，合肥工业大学2009年论文。

❸ 课题组：《中央企业全面风险管理年度报告体系研究》，载国务院国有资产监督管理委员会研究局：《探索与研究：国有资产监管和国有企业改革研究报告（2009）》，中国经济出版社2010年版，第168～180页。

重大资产损失责任追究工作，企业负责管理权限范围内相关责任人的资产损失责任追究工作并指导和监督子企业资产损失责任追究工作。国资委对中央企业和其经营管理人员的考核压力，有可能导致企业及对境外子企业的追责中存在利益冲突而不能客观公正。

国资委应出台更具操作性的详细的境外国有资产损失认定办法、程序，在认定过程中，可以规定借助第三方中介机构，如资产评估、财务审计等，以及内部审计委员会、外派监事等独立监督机构展开调查取证。对于追究责任的主体，应赋予内部监督机关一定的主持和调查的权利，如外派监事、审计委员会等。在惩罚方式方面，可以结合境外投资的特点，增加对境内中央企业及其子企业投资准出的限制、减少优惠政策等，对境外经营管理人员采取禁止境外任职等惩罚方式。在资产损失的追回上，一方面可以在经营业绩合同或责任书中，约定明确的民事赔偿责任；另一方面可以利用境外东道国的民商事法律和诉讼制度，通过股东直接诉讼或代表诉讼等方式提起职务侵权或违约诉讼，依法追回流失的国有资产。

综上，依靠法律监管是世界各国国有资产监管的基本原则，我国国有资产监管机关对境外企业国有资产监管也应始终秉持这一原则，不断完善立法，使监管有法可依；在立法内容上，要遵守国有资产和企业监管的规律，使所有权与经营权分开，重点加强对境外投资主体的监管和产权监管，对资产流转和企业经营进行持续的过程监管，使立法科学化，实现对境外企业国有资产有效的法律监管，保障境外企业国有资产的安全，并促进其保值、增值。

农村金融发展：问题分析与制度完善

——以财政支持为视角

孙长江*

摘　要　金融是现代经济的核心。实现农村经济腾飞仰赖农村金融发展助益，然囿于农村经济弱质性和资本逐利性所限，农村金融缺乏自主发展的动力和能力，亟须财政补贴、税收优惠等措施加以引导，以期实现金融部门资金流向金融服务薄弱的“三农”领域的目标。为此，国家有关部门业已出台相关支持措施，但农村金融发展现状依旧不容乐观，支持力度和体系也亟待加强和完善。本文旨在对现行财政支持农村金融发展制度梳理和评析的基础上提出完善建议，以期在财政的支持下促进农村金融良好发展。

关键词　农村金融　财政支持　制度评析与完善

2008年《中共中央关于推进农村改革发展若干重大问题决定》指出：农村金融是现代农村经济的核心。金融支持理论[1]也揭示了金融在促进经济发展中的巨大作用。毫不讳言，在各国实现现代化过程中金融均是不可或缺的“发动机”，所以促进农村金融发展是实现城乡协调发展目标的重要一环。在我国“大财政、小金融”背景下，农村资金供需存有天然缺口，单靠财政“一翼”难以支持农村经济腾飞，实现农村的快速发展离不开金融的支持。诚然，促进农村金融发展既需要财政支持和金融扶持等直接支持措施，也需要产业政策、科教文卫及社会保障等制度体系的联动。为便于阐明观点，本文仅以财

* 孙长江，中央财经大学法学院2011级经济法硕士研究生。

[1] 金融支持简言之就是金融支持经济发展。具体而言是指政府引导金融部门向弱势群体提供完整而充足的金融服务以促进产业结构调整，进而实现经济增长；特别强调对“三农”和中小企业的支持。

政支持为视角对现行财政支持农村金融发展制度进行梳理，并在评析的基础上提出完善建议。

一、农村金融基本问题概述

（一）农村金融的概念与发展现状

关于农村金融的概念，学界未有定论。有学者认为“农村金融是指在农村地区以及与农业有密切关系的各个领域中，以信用手段为农民、农业和农村经济服务而筹集、分配和管理农村货币资金的活动”；[1] 熊德平从交易的角度认为“农村金融是信用关系制度化的产物，是不同产权主体基于信息、信任、信誉和制度约束基础上，通过信用工具，将分散资金集中有偿使用，以实现‘规模经济’的信用交易活动以及组织这些活动的制度安排所构成的经济系统及其运动形式的总称”。[2] 本文基本采“农村金融是以信用手段为‘三农’服务和调剂资金的活动”一说；但与之相异，笔者认为：“农村金融”中“农村”一词仅是为金融机构活动领域和服务对象设定了范围，不应将所涉资金仅局限于“农村”资金，相反应涵盖一切可供金融机构投向“三农”的资金为宜。

在我国，城市化既得益于金融的鼎力支持，也得益于“农业支持工业、农村支持城市”的“二元经济结构”的政策扶持。城市化的推进富庶了城市经济，同时也获致金融机构的青睐；然“舍己为人”的农村则沦为经济版图中的“盆地”，嫌贫爱富的金融机构遂避而远之。甚者金融机构市场化、商业化的改革取向降低了其信贷支农的积极性。与城市金融相比，农村金融“小而散、风险高、收益低”[3] 的特点成为“逐利性”商业性金融机构避离的对象。[4] 为了矫正金融业市

---

[1] 董晓琳：《农村金融学》，科学出版社 2012 年版，第 1 页。

[2] 邹帆、李明贤：《农村金融学》，中国农业出版社 2006 年版，第 2 页。

[3] 王旭坤：“财政支持农村金融的制度改革”，载《华东政法大学学报》2012 年第 2 期。

[4] 中国农业银行在 20 世纪 80 年代中期之前，98%的贷款投向农村；90 年代中期后，随着商业化改革步伐的加快，其资金投向不再局限于“三农”，体制网络逐渐从农村退出。2000 年以来，撤并网点 2.25 万个，其中大都是乡镇营业所或分理处。数据源于韩俊：《中国农村金融调查》，上海远东出版社 2009 年版，第 5 页。

场化改革给农村金融造成的冲击，扩大金融服务，实现“三农”领域金融普及，国家对农村金融体制进行了改革：① 中央针对农村金融问题下发《国务院关于农村金融体制改革的决定》一文（1996）；②《中共中央关于推进农村改革发展若干重大问题的决定》中要求建立现代农村金融制度（2008）；③ 银监会编制《新型农村金融机构2009—2011年总体工作安排》（2009）；④ 银监会发布《关于调整放宽农村地区银行业金融机构准入政策更好支持社会主义新农村建设的若干意见》（2006）、《村镇银行管理暂行规定》（2007）、《农村资金互助社管理暂行规定》（2007）、《关于银行业金融机构大力发展农村小额贷款业务的指导意见》（2007）、《农户贷款管理办法》（2012）、《关于农村中小金融机构实施阳光信贷工程的指导意见》（2012）等。[1]

在国务院、银监会和财政部等机构系列文件推动下，我国农村金融面貌有所改观、涉农贷款也日渐增加。截至2010年年底，在县及县以下农村地区，银行业金融机构网点共有105855个，占全国机构网点总量的55%，平均每个县分布银行业金融机构网点52.3个，每个镇（乡）分布银行业金融机构网点3.27个，实现县域金融机构网点全覆盖。全国242家银行业金融机构共发起设立786家新型农村金融机构，其中村镇银行726家（已开业635家），贷款公司10家，农村资金互助社50家（已开业46家）；新型农村金融机构累计吸引各类资本369亿元，各项贷款余额1316亿元。形势虽好、成绩亦有，但农村金融发展局面仍不容乐观：2312个镇（乡）未设任何银行业机构营业网点，拥有一家营业网点的乡镇9532个，[2] 两者合计约占全国乡镇总数的1/3，县域金融机构网点占县域面积比例为92%、占县域人口比例71%，都不算充分。所以农村金融体系仍亟待完善、涉农贷款规模亟待扩大。

（二）农村金融发展的“催化剂”——财政支持

2008年《中共中央关于推进农村改革发展若干重大问题决定》

---

[1] 源自中国银行业监督管理委员会官网：政策法规，经整理所得。

[2] 数据源自《中国银行业监督管理委员会2011年报》第二部分：银行业服务实体经济情况。

指出：农业基础仍然薄弱，最需要加强；农村发展仍然滞后，最需要扶持；农民增收仍然困难，最需要加快。鉴于金融在现代经济中的重要作用，完善农村金融体制、实现农村金融服务“零遗漏”是助推农村经济发展、缩小城乡差距的必要前提。“趋利避害”是商业金融机构资金避离农村地区的主因，所以只要采取措施，增加其收益、与其共担或弥补其潜在风险，商业金融机构就不会刻意冷落“三农”领域。而财政部门与金融体系作为社会资金分配最重要的两个渠道，在金融机构和资本市场避离农村、农村金融市场缺乏自身发展动力之时，财政支持（财政补贴、税收优惠及财政奖励）——公共资金引导市场资金即成为吸引金融机构发放涉农贷款的不二之选。为此，财政、税务部门也实施了诸多举措。

二、现行制度梳理和评析

（一）制度梳理[1]

类型		文件名称	政策要点
宏观政策	中共中央国务院一号文件	2004 年：《关于促进农民增收若干政策的意见》	对参加种养业保险的农户给予一定的保费补贴
		2006 年：《关于推进社会主义新农村建设的若干意见》	鼓励地方政府建立担保基金或担保机构解决农户贷款抵押担保难的问题
		2008 年：《关于切实加强农业基础建设进一步促进农业发展农民增收的若干意见》	加强财税、货币政策的协调和支持
		2009 年：《关于促进农业稳定发展农民持续增收的若干意见》	对涉农贷款定向实行税收减免和费用补贴
		2010 年：《关于加大统筹城乡发展力度进一步夯实农业农村发展基础的若干意见》	落实和完善涉农贷款税收优惠、定向费用补贴、增量奖励等政策
		2012 年：《关于加快推进农业科技创新持续增强农产品供给保障能力的若干意见》	完善涉农贷款税收激励政策

[1] 经由历年中共中央、国务院、财税等部门涉及财政支持农村金融发展文件整理所得该表。

续表

类型		文件名称	政策要点
宏观政策		2008年中共中央《关于推进农村改革发展若干重大问题的决定》	加大对农村金融政策支持力度，综合运用财税杠杆和货币政策工具，定向实行税收减免和费用补贴，引导更多信贷资金和社会资金投向农村
		2008年人民银行和银监会《关于加快农村金融产品和服务方式创新的意见》	鼓励地方政府建立涉农贷款风险补偿制度，对涉农贷款实行贴息，或者建立保险补贴金制度
具体措施	财政补贴	国务院扶贫办《关于全面改革扶贫贴息贷款管理体制的通知》国开办发［2008］29号	中央财政在贴息期内，到户贷款按年利率5%、项目贷款按年利率3%的标准，给予贴息
		财政部《中央财政农村金融机构定向费用补贴资金管理暂行办法》财金［2010］42号	中央财政对达标的贷款公司和农村资金互助社、村镇银行和基础金融服务薄弱地区的银行业金融机构，按其当年贷款平均余额的2%给予补贴
		《关于进一步加大支持力度做好农业保险保费补贴工作的通知》财金［2012］2号	财政部对农业保险实行保费补贴政策，增加保费补贴品种、扩大保费补贴区域
			支持农村信用社改革，对因开办保值储蓄亏损的农村信用社给予补贴，累计拨付88.5亿元
	税收优惠	财政部、国家税务总局《关于农村金融有关税收政策》财税［2010］4号	对金融机构涉农资金收益给予营业税和所得税优惠
		财政部、国家税务总局《关于金融企业涉农贷款和中小企业贷款损失准备金税前扣除政策的通知》财税［2009］99号	金融企业根据《贷款风险分类指导原则》，对其涉农贷款进行风险分类后，按照相应比例计提的贷款损失专项准备金，准予在计算应纳税所得额时扣除
	财政奖励	财政部《财政县域金融机构涉农贷款增量奖励资金管理暂行办法》财［2009］30号	财政部门对县域金融机构上年涉农贷款平均余额同比增长超过15%的部分，按2%的比例给予奖励。2010年，财政部将试点范围扩大至18个省

除中央财政、税务部门实施的以上支持政策外，地方政府在支持农村金融发展方面也施行了一些举措。如江苏省财政厅关于《促进农村金融改革发展若干政策意见》中规定：对经金融监管部门和省政府授权部门批准组建的村镇银行、农村小额贷款公司以及农民专业合作社设立的信用合作组织等新型农村金融组织，省财政按其已到位注册资本的2%给予一次性奖励。对新型农村金融组织为农服务业务缴纳的所得税地方留成部分和营业税，省财政按其50%给予奖励。

不可否认，现行财政支持措施在推进农村金融发展、提升“三农”领域金融服务覆盖率方面发挥了重要作用。2011年银行业金融机构涉农贷款余额14.6万亿元，占全部贷款的25.7%，同比增长24.9%，高于各项贷款平均增速8.8个百分点，银行业金融机构农户贷款余额3.1万亿元，同比增长19.1%。实现乡镇金融机构和乡镇基础金融服务双覆盖的省份从2009年的9个增加到24个。❶ 然而，在取得成绩的同时，现行制度也暴露了诸多问题。

（二）制度评析

1. 宏观政策评析

自2004年，中共中央、国务院连续9年将“一号文件”锁定于“三农”，且其中6个“一号文件”❷ 要求加快农村金融发展、促进农村金融体系完善。但在指导农村金融发展上，宏观政策尚存以下问题。第一，缺乏对“一号文件”贯彻和实施效果的评估，使其愈来愈沦为仅具宣示意义的政治“口号”。第二，系列文件中仅要求“完善涉农税款税收激励政策”或“抓紧出台对涉农贷款定向实行税收减免和费用补贴”，并未明确相关措施应由国务院或财税部门哪一主体来制定，致使权力划分不明。第三，对财政支持农村金融发展着墨甚少，对农村金融发展远景未有专门而细致的规划。

2. 具体措施评析

（1）立法层次不高且政出多门。现行有关财政支持农村金融发展

---

❶ 数据源自中国银行业监督管理委员会官网：银行业金融机构支持“三农”。

❷ 分别为2004年、2006年、2008年、2009年、2010年、2012年的“一号文件”。

措施的规定散见于银监会、财税部门及地方政府制定的部门规章、规范性文件中，散乱且政出多门、缺乏一部统一的支持农村金融发展的法律、法规。这与国家大力号召支持农村金融发展相悖，也显示出国家对于财政支持农村金融发展没有统一规划，只是“头痛医头、脚痛医脚”。比如，财政部、国家税务总局《关于农村金融有关税收政策》对农村信用社、村镇银行、农村资金互助社等机构营业税税率优惠的规定，该规定行将失效时，通过颁发补充文件（财税［2011］101号）将此政策延长至2015年12月31日。这样的行文方式和立法引导，有“权宜”之嫌。立法层次不高，自然无法对财政支持农村金融发展措施予以统一安排；现行文件的时效性也使得金融机构和借贷人对补贴、优惠和奖励措施无法形成有效预期，不利于农村金融的长远发展。

（2）中央和地方权责不清，地方财政支持力度较小。1993年《国务院关于实行分税制财政管理体制的决定》❶ 对于中央和地方事权划分非常模糊，对于两者共同负担的支农事权，哪些属于中央、何事归于地方未有清晰界定。这种规定方式虽可就事权划分顺时顺势作出变通，但也容易造成中央和地方在支持农村金融事权上互相推诿，造成在该事项上出现两厢忽略的现象。

为了贯彻落实中共中央推进农村金融发展要求和缩小城乡差距，各级地方政府依财政部、税务总局相关规定也顺势出台了支持农村金融发展的规范性文件，如大连市人民政府《关于组织落实农村金融倍增计划的实施意见》、青海省人民政府办公厅印发《关于解决金融机构空白乡镇提高农村金融服务水平实施意见的通知》等现行有效文件合计71个，❷ 但其中仅有部分文件对支持农村金融发展有实质性规

❶ 该《决定》规定：根据现在中央政府与地方政府事权的划分，中央财政主要承担国家安全、调整国民经济结构、协调地区发展及由中央直接管理的事业发展支出。具体包括：国防费……，由中央财政安排的支农支出等各项事业费支出。地方财政主要承担本地区政权机关运转所需支出及本地区经济、事业发展所需支出。具体包括：地方行政管理费……，支农支出以及其他支出。

❷ 数据由北大法律信息网经整理所得（除却失效、转发中央文件）。

定。如大连市人民政府《关于组织落实农村金融倍增计划的实施意见》,❶ 众多文件“只见船开拔，不见网下水”。如宁夏回族自治区人民政府办公厅《关于改善农村金融服务做好信贷支农工作的通知》、石家庄市人民政府《关于进一步活跃农村金融市场的实施意见》等文件均以“鼓励或引导”等模糊性语词强调财政要加强对农村金融发展的支持，并未有后续明确支持措施的出台与实施。2010 年四川财政支持农村金融发展的资金占比，便可显见地方财政在支持农村金融发展上的“力乏”之势。❷

(3) “一刀切”的支持措施不利于区域间协调发展。在市场存在严重结构化差异的前提下，以商业化为主要特征的“一体化”金融制度安排必将导致以“逐利”为目标的金融资源大量流向效率相对较高的地区，进而导致市场发育程度较低地区的金融资源供求严重失衡。❸ 区域经济是大国经济发展的一种必然现象，我国区域发展不平衡问题尤其严峻——东高西低。2010 年上海市农村居民人均纯收入最高，达 13977.96 元，而同期青海省最低，仅为 3424.65 元，❹ 凸显我国不同区域之间农村经济发展不平衡之势。而农村金融的发展也很不均衡，2010 年浙江省农业贷款余额比西藏、新疆、贵州、甘肃、重庆、青海、陕西等 7 省市、自治区农业贷款总额还要多。❺ 反观，现行财政支持措施均未考虑不同地域农村金融发展的差别，而是施以同一标准的补贴和税收优惠措施，看似公平和便于政策落实，但同一

---

❶ 该《意见》鼓励金融机构加大对“三农”的资金投放，对新增涉农贷款余额和银行多渠道融资额给予 1‰的奖励。

❷ 2010 年，中央财政支出 15989.73 亿元，支持农村金融发展合计 82.05 亿元（保费补贴 67.76 亿元、定向补贴和奖励 14.29 亿元），占中央财政支出的 0.51%；而四川财政支出 4257.98 亿元，支持农村金融发展 10.3 亿元，占四川财政支出的 0.24%。

❸ 谷慎：“西部农村金融的供求与均衡——基于双重二元结构约束与一体化金融制度安排”，载《西安交通大学学报》2012 年第 1 期。

❹ 数据源自国家统计局官网：中国统计年鉴 2011。

❺ 中国银行业监督管理委员会官网：农村金融服务查询（2010），该年度农业贷款余额：浙江（7726.6）、西藏（40.8）、新疆（1003.9）、贵州（1214.5）、甘肃（1109.6）、重庆（1019.3）、青海（496.1）、陕西（1753.1）；后 7 省、市、自治区合计为：6637.2。（单位：亿元）

补偿比率会使各农户的负担更加不对等，反而会进一步激化逆向选择行为。[1] 现行措施虽然都促进了农村金融发展，但东西部之间的差距非但没有缩小，反而差距更大。[2] “一刀切”的支持措施影响了不同区域之间农村金融甚至经济的协调发展。

三、财政支持农村金融发展措施完善

（一）加强宏观政策的可操作性，制定农村金融发展蓝图

针对现有宏观政策所存在的问题，本文建议通过以下措施加强对农村金融发展的宏观指导，为其良好发展“保驾护航”。第一，加强贯彻和落实“一号文件”相关要求，切实制定有效、可行的财政支持措施，党内要建立对“一号文件”落实情况的评估与考核，避免其沦为仅具宣示意义的空洞文件。第二，“一号文件”虽应以宏观为要，但对于由哪一主体来制定相关支持措施的规定应予以明确，避免部门之间的权力重复和权力真空。第三，建议由国务院制定《农村金融发展规划》，对农村金融发展前景按照短、中、长期予以规划，并将财政支持农村金融发展的原则、范围、深度予以纲领性规定。

（二）完善具体财政支持措施，支持农村金融发展

1. 清理现行政策、法规，对财政支持农村金融发展进行统一安排

现行“政出多门”的做法既不利于形成补贴、奖励和税收优惠间的良好互动，也影响对财政支持农村金融发展状况的把握。为从全局把握和促进农村金融的发展，建议：首先，鉴于诸多文件具有很强的时效性，应责成财政部按年度对失效文件、有效文件予以整理并定期发布以供查询。其次，针对部分试点措施，应建立定期评估机制，对试点地区支持措施效果予以评估以适时调整支持区域和力度。最后，由国务院或国务院责成财政部一家在综合评估诸措施效果后对财政支持农村金融发展予以专门立法或出台相应规定，对农村金融发展予以

[1] 聂勇：“农村金融发展的财政补偿路径选择”，载《三农金融》2010年第3期。

[2] 2009年浙江省各种农村金融机构合计93家，青海省为33家；2010年浙江省增为105家，青海省仍为33家。

统一安排。

2. 厘清中央和地方事权划分，加大地方财政支持力度

农村金融虽终属一隅，但其发展所带来的效应将惠及全国，即具有较强的外溢性，按照税收归宿原则，❶ 应属中央和地方政府共担事权，对此应予明确。然现时，笔者认为应由中央财政承担主要责任。究其原因如下：第一，农村金融发展需要科教文卫、金融扶持和社会保障等制度体系的联动，地方政府职能有限，难以就整个体系作出统一安排，而中央政府职能健全且具有巨大的宏观调控能力，能够对农村金融发展作出统一规划。第二，农村金融发展是全国性问题，而且现在设在农村的金融机构（或网点）大部分由全国大型商业银行设立，地方金融机构规模、资金实力和辐射范围仍然较小，盘活农村金融要依靠大型商业银行助力，也只有中央政府能调动这些重型“金融机器”。第三，现行分税制已导致地方财力入不敷出，城市化的加速推进更使地方财政“捉襟见肘”，处于“边缘地带”的农村金融更会为地方政府忽视，而且现行财政支持措施中，中央财政负担了大部分的财政补贴和奖励资金，继续由其支持也会节约制度成本。基于以上分析，应由中央政府承担主要责任，以专项转移支付的形式进行财政支持，从而实现各地区间农村金融的协调发展。

由中央财政承担主要责任并不意味着地方政府在该事项上就可以袖手旁观。按照财政分权理论，❷ 相较中央政府，地方政府更接“地气”，对本行政区域内农村金融发展状况把握更为精准，也能发挥地方政府主观能动性、因地制宜进而制定相关财政支持措施更具针对性和有效性，比如东部省份民间资金充裕，东部区域地方政府即可相应

❶ 高培勇、杨之刚、马珺：《中国财政经济理论前沿（6）》，社会科学文献出版社2011年版，第55页。税收归宿原则即由于每个区域居民均能同等消费全国公共范围，因而代表地方居民利益的地方政府不会自愿提供，应由代表整个国际居民利益的中央政府提供。地方公共服务应由代表该地区居民利益的地方政府提供。而具有外溢性的公共服务，外溢性较大的由中央政府承担较多责任，外溢性小的公共服务由地方承担较多责任。

❷ 该理论由瓦勒斯·奥茨提出，意指：让地方政府将一个帕累托有效的产出量提供给他们各自的居民，则总是要比由中央政府向全民提供任何特定的并且一致的产出量要有效得多。

加大对设立村镇银行、农村资金互助社的支持，以鼓励新型农村金融机构的设立，而西部省份则不同，可对商业银行超额发放涉农贷款加大补贴和奖励力度，引导资金流向“三农”。只是缘于中央对地方财政支持农村金融发展未有强制性规定，导致地方政府并未给予相应重视。是故建议中央政府出台具体扶持措施时，要求东、中、西部地方政府根据财力状况拨付配套资金用于支持农村金融发展。

3. 建立差异化财政支持制度，加强对薄弱地区的财政支持

现行财政支持措施除部分属于“试点”外，在全国范围内采“一刀切”的做法不利于区域间的协调发展。在同一补贴或奖励标准下，资金会从贫困地区流向富庶之地，因为在后者设立金融机构更容易达标和获得支持。然而过分讲求“差别对待”，即按照每个省、区的不同发展状况施以不同的支持措施，如差别化补贴费率或税率级差非但成本很高，而且彼此间“差距”也难以精准把握。由于判断农村金融发展程度涉及涉农贷款额、资金供需缺口和金融机构网点覆盖率等诸多指标的考察，难以对其予以明确划分。而农村经济的发展与农村金融发展则具有高度关联性，依据农村经济发展状况作为划分农村金融发展程度的参照指标甚为可取。我们惯称的“东、中、西部”虽不太精确，但也基本反映了我国农村经济发展状况，[1] 所以建议依此区域划分情况设立“西高东低”的补贴比例和税收优惠幅度，在执行涉农贷款增量奖励政策时，建立有差别的达标考核机制，降低农村金融薄弱地区金融机构的考核标准。如《财政县域金融机构涉农贷款增量奖励资金管理暂行办法》中规定：财政部门对县域金融机构上年涉农贷款平均余额同比增长超过15%的部分，按2%的比例给予奖励；修改本规定时即可按照区域将涉农贷款平均余额同比增长15%、10%和5%的考核指标予以奖励，以期引导资金从经济高地流向低洼地带，通过加大扶持力度以促进薄弱地区农村金融的快速发展。

依“木桶理论”，农村经济已经成为国民经济发展中的“短板”，而农村金融发展则攸关农村经济命运，事关改善民生重任。要求高度

---

[1] 依2010年农村居民人均纯收入比较：北京、上海、天津、江苏、浙江领衔，福建、广东、山东、吉林等居中，而西藏、广西、云南等西部省（自治区）居末。

市场化的商业金融为高度分散的小农经济提供金融服务本就是一个世界性难题。显然，我国业已看到农村金融发展中存在的问题，并为改善农村金融状况实施了财政补贴、税收优惠和财政奖励等措施，并出台了相关规定；但现行制度存有立法层级较低且分散、支持体系不完善等问题。欲建立较完善的农村金融体系，需要考虑其特殊性进行单独的制度供给。法律作为一种制度供给，无论是财政的直接支持（转移支付、税收减免和专项补贴等）还是通过财政渗透金融间接支持其发展，都需要法律法规、政策、决定为其提供屏障。为了促进农村金融发展为农村经济助力以实现城乡协调，本文在制度梳理和评析的基础上提出了对财政支持农村金融发展进行统一安排和完善支持措施体系等建议，以期发挥财政资金的“杠杆”作用，助益“三农”，带动农村金融发展和农村经济腾飞。

我国县域金融监管体制变革趋势研究

杨　帅*

摘　要　近年来县域金融日渐引发人们的关注，在推动县域经济繁荣发展的同时，县域金融的风险也在不断积聚。现行中央统一领导下的分业监管体制对县域金融的管理存在诸多缺陷。对此，本文以中央和地方分享对县域金融的监管权为视角，以期构建对县域金融行之有效的分层监管体制。

关键词　县域金融　分层监管　制度构建

近年来随着我国金融体制改革的推进和深化，县域金融进入发展的快车道。[1] 一方面地方商业银行、村镇银行、小额贷款公司和资金互助社等形式多样的县域金融机构大量涌现，部分商业银行和外资银行也入驻县域。另一方面标会、典当行、储贷协会、基金会、私人钱庄等形式的民间金融比比皆是，非法集资问题备受关注而成为社会热点。在推动县域经济繁荣发展的背后，县域金融的风险也在不断积聚。古人云："县积而郡，郡积而天下；郡县治，天下无不治。"但县域金融监管资源相对不足，监管任务日趋沉重。在此背景下，如何构建县域金融监管体制？是否应探讨监管权下放或分层监管？地方政府在金融监管中到底应发挥什么作用？金融监管网络该如何布局和协调？诸多问题有待探讨和思考。

---

* 杨帅，中央财经大学法学院 2011 级经济法学硕士研究生。

[1] 国家统计局：《中国统计年鉴 2011》，中国统计出版社 2011 年版，第 3 页。县作为我国的行政单位，最早出现于春秋时期的楚国，至今已有 2700 多年的历史。本文所指的县，是行政区划的县，包括县级市、县、自治县、旗、自治旗和林区。

一、县域金融概述

（一）县域金融的概念

迄今为止多有学者撰文定义县域金融，但未成共识。县域金融也并未出现在官方文件中，因此有必要对县域金融的概念进行界定。

有学者认为县域金融是服务于县域经济发展的一系列金融安排。[1] 另有观点认为县域金融是立足于县域，为县域经济服务的金融机构及其一切金融业务活动的总称。既包括县域金融的组织机构，也包括县域金融组织机构的业务活动；既包括正规金融组织机构及其金融业务，也包括非正规金融组织机构及其金融业务；既包括金融机构、金融工具、金融市场，也包括与之配套的管理体制。[2] 还有观点认为县域金融是以县域行政范围划分的金融活动的集合，是县域内赤字部门对盈余部门的货币、资金等信用资源进行融通的行为及其运行机制的总称。[3]

本文认为县域金融是区别于城市金融的区域金融范畴，是立足于县域为“三农”和中小企业等县域经济主体提供服务的金融活动的总和。它涉及县域金融组织体系、金融市场、金融业务、金融监管体制等内容，在县域经济中居于核心地位。

（二）县域金融监管对象界定

1. 县域金融需求方

首先，“三农”和中小企业是县域金融的需求方。县域经济发展程度各异，是一个多样性经济，包括工业、农业、服务业等。一般来说县域经济增长较为缓慢，自身积累及扩大再生产能力有限，以农村和中小企业为主体的县域经济，通过资金的内部积累较为困难。因此县域金融的主要服务对象为“三农”和中小企业。

此外，县域金融的需求主体还包括政府。县级政府财政收入有

[1] 周立：“县域金融与资金归农”，载《银行家》2010年第12期。

[2] 高雄伟：“县域金融信贷风险管理研究”，西北农林科技大学2007年博士学位论文，第38页。

[3] 陈志强：“县域金融市场发展现状与对策研究”，中国农业科学院2010年博士学位论文，第16页。

限，政府对经济的支持常心有余而力不足，有着强烈的融资需求。政府性融资需求是以地方政府为背景的相关实体、公司和事业单位因发展、建设或者流动性需要而向金融机构提出的融资需求。政府的融资需求主要有过桥性融资需求、建设性融资需求和经营性融资需求，其载体是地方政府融资平台。[1]

2. 县域金融供给方

中国人民银行《中国农村金融服务报告 2010》指出，县域金融机构主要分为银行类金融机构、非银行类金融机构和其他形式的中介组织。银行类金融机构主要包括政策性银行分支机构（国家开发银行、中国农业发展银行），工农中建交等大型商业银行在县内的分支网点，全国性股份制商业银行在县域内的分支网点，以及邮政储蓄银行、农村商业银行、农村合作银行、农村信用社、村镇银行及农村资金互助组织等。非银行类金融机构主要包括政策性保险公司、商业性保险公司、贷款公司、证券公司及期货公司等。其他形式的金融中介机构主要是指民间金融，包括互助会、典当行、储贷协会、基金会、私人钱庄等形式。[2] 在我国，民间金融大量存在并且相当活跃，备受关注的吴英案便是民间金融活动的典型。

二、我国现行县域金融监管体制的形成与缺陷

（一）县域金融监管体制的概念和沿革

1. 县域金融监管体制的概念

体制是指“国家机关、企事业单位在机构设置、领导隶属关系和管理权限等方面的体系、制度、方法、形式等的总称”。[3] 体制解决的是权力机关之间的权力关系，包括组织结构、权责划分、运行方式和管理规定等。本文认为县域金融监管体制指的是对县域金融监管的制度安排，包括县域金融监管主体的机构设置、职责权限、运行方式和制度规

[1] 孟建华：《县域经济发展规划与金融资源配置》，中国金融出版社 2008 年版，第 101 页。

[2] 中国人民银行农村金融服务研究小组：《中国农村金融服务报告 2010》，中国金融出版社 2011 年版，第 3 页。

[3] 《辞海》，上海辞书出版社 2000 年版，第 644 页。

定等内容，是各级政府及部门间县域金融监管权责划分的机制。

2. 县域金融监管体制的历史沿革

我国县域金融监管体制的发展历程有纵横两条主线，纵向上是中央垂直管理部门和地方政府管理（省—市—县）体制的演变。横向上是县级金融管理主体及其职能范围的变化沿革。其中，横向金融管理主体包括中国人民银行县支行、银监会监管办事处和县级人民政府。在我国目前监管体制下，主要依靠中国人民银行县支行、银监会监管办事处和县级人民政府对县域金融进行管理，因此本文主要介绍县域金融横向管理体制的历史变革。

一行三会中，中国人民银行一直是县域内金融的管理部门，其职能随着中央金融管理体制的变动而改变。1949 年～1977 年，这一时期我国实行的是大一统的人民银行体制，既没有监管对象，也没有监管法规。政府对金融实行高度集中的管理，金融工作是政府工作的一个重要组成部分。人民银行县支行主要承担商业银行职能，中央银行很少发挥其管理职能。[1] 1986 年《银行暂行管理条例》第 8 条第 2 款规定："中国人民银行的分支机构，在各自的辖区范围内，履行中央银行的有关职责，具体领导和管理本辖区的金融事业。"1995 年《人民银行法》第 12 条第 2 款规定："中国人民银行的分支机构根据中国人民银行的授权，负责本辖区的金融监督管理，承办有关业务。"2003 年银监会成立后，银行业监管职责从人民银行剥离，对中国人民银行县支行职能产生重大影响。2003 年《中国人民银行法》第 13 条第 2 款规定："中国人民银行的分支机构根据中国人民银行的授权，维护本辖区的金融稳定，承办有关业务。"根据这一规定，中国人民银行分支机构不再承担辖区内的金融监管职能。2009 年中国人民银行《关于进一步加强人民银行县（市）支行建设的意见》指出中国人民银行县支行的主要职能是执行货币政策、维护金融稳定、提供金融服务。

2003 年银监会成立后，在县域设立了监管办事处。根据《中国银行业监督管理委员会监管职责分工和工作程序的暂行规定》规定，

---

[1] 刘艳丽："县域金融发展与政府支持研究"，载《金融理论与实践》2010 年第 8 期。

监管办主要负责辖区内县市有关银行业金融机构的监管，收集辖区内县市有关金融风险的信息并向上级监管机构报告，承办银监局或银监分局交办的其他工作任务。2006年后根据银监会《关于监管办事处机构设置调整和人力资源整合的指导意见》的精神，县级监管办被大规模撤并。

县级政府的金融管理职责没有法律予以规定，而是随着我国中央与地方政府间金融管理关系的调整而不断变化。其主要职责是防范金融风险，打击非法集资，管理部分准金融机构，配合中央金融管理部门工作。

（二）现行县域金融监管体制评析——权责不清

对于县域金融的监管，我国目前实行由中央统一领导的“一行三会”自上而下的垂直监管模式。现行体制能在宏观层面维护金融稳定，在一定程度上能够保证监管的专业性，确保金融系统的稳健运行。但是该体制强调中央的统一管理，县一级监管机构权限不大，职能模糊。同时忽视各地金融发展的非对称和不同需求，确实对各地的特殊情况照应不够完美，且相关职能部门对县域金融的管理深度和广度都不够、金融协调机制也不完善，存在诸多缺陷。

1. 县域金融监管主体缺位

前文已探析，自2003年银监会成立以来，央行县级支行的存废问题便饱受争议，其县级支行功能严重弱化。由于监管职能被剥离，县支行仅享有部分检查监督权，金融信息收集能力降低，人民银行县支行维护基层金融稳定职能难以有效发挥。[1] 银监会分支机构只设置到地级市，仅在部分县域设有监管办。而证监会和保监会的分支机构一般只设到省一级，无力对市县证券公司和保险公司进行监管，只得托付于地方政府，但由于权责不对称，各级地方政府基本不愿承担管理责任。此外随着近年来金融创新和混业经营的不断发展，金融机构之间的相互渗透，地方金融业特别是中小金融机构、非存款类金融机构和民间金融的快速发展，使得现有“一行三会”存在的难以协调和信息不对称问题日益凸显。现有的监管模式缺乏有效的信息共享机

---

[1] 滕云舟、程万宝：“构建县域金融稳定协调机制的思考”，载《吉林金融研究》2009年11期。

制，加大了监管协调难度，导致监管缺乏效率，愈发难以适应县域金融发展的新形势。

2. 地方政府与“一行三会”的权责不清

当初将“一行三会”的分支机构作为中央直属机构来进行管理的目的是防止地方政府干预金融宏观调控，因此有必要建立一套独立于地方政府的金融管理体制。但垂直监管模式下监管部门缺乏与地方政府协调、共享金融风险信息的机制及手段。而监管机构金融稳定目标的实现又有赖于地方政府，一旦发生地方金融风险问题，地方政府迫不得已的出手相助往往会显得很被动，处于“有工作，没位置”的尴尬境地。[1] 依现有的法律可知，[2] 尽管地方政府没有太多的金融管理权，但是地方政府对当地金融机构的救助责任却十分明确。这种不对称的权利义务分配机制，使得地方政府在处理金融监管问题方面积极性不高，容易与监管部门相互扯皮，形成监管盲区。

3. 忽视地方金融发展权

对地方而言，经济的发展才是其追求的首要目标，而地方经济的发展需要金融机构的服务与支持。但现行体制下金融管理权集中于中央，地方话语权不足，地方政府空有强烈的金融发展渴望，却对金融发展力不从心。地方政府的目标是经济发展最大化，而监管部门的目标是风险最小化，二者处于博弈的对立面。加之我国的金融监管部门对县一级的金融发展规划不完善，这直接阻碍了县域中小型金融机构的发展。这种背景之下，县域金融服务供给不足、中小企业和三农融资难的问题就难以避免。

三、我国县域金融监管的变革趋势——分层监管

（一）分层监管的涵义和制度优势

所谓县域金融的分层监管，是指在坚持“谁审批设立、谁负责监

[1] 周建春：“完善地方政府管理体制”，载《中国金融》2011年第11期。

[2] 《中华人民共和国立法法》第8条第8款规定：“基本经济制度以及财政、税收、海关、金融和外贸的基本制度”只能制定法律。因此，有关金融基本制度的事项应当由国家统一立法。而已制定的中国人民银行法、商业银行法、票据法、保险法、证券法等法律均未授予地方政府金融监管权限。

管、谁处置风险”的原则下，明确由中央金融监管部门主要负责制定试点政策，明确发展规划，开展动态监测和防范系统风险；适当让渡部分金融监管权限给地方政府，明确由地方政府承担风险处置责任和实施非审慎监管，中央和地方两级管理的体制。

尽管有观点认为在市场经济环境下，金融市场是一个统一的市场，因此应当坚持现行的垂直监管模式，进行统一监管。但本文认为县域金融机构，尤其是中小型金融机构的地方差异较大，所处的区域情况也不同。如果统一由中央部门监管，则监管路径太长，监管成本太高，监管效率低下。而分层监管有利于监管竞争和形成一个相对宽松的监管环境，鼓励适合当地经济发展需要的金融创新，更可以分散金融风险，最终达到降低金融风险的目的。[1] 可见，对县域金融实行分层监管能弥补中央统一领导下分业监管的不足，具有天然的制度优势。

1. 地方政府监管具有信息优势

对金融市场信息的充分掌握是金融监管取得良好实效的基础。我国幅员辽阔，县域经济发展情况不一、产业结构不同，县域金融活跃程度也不同、组织形式各异。对于县域金融的管理，不同级别的政府部门取得信息的能力不同。中央直属的金融管理机关的分支机构与当地政府之间没有隶属关系，因此，很多资源在利用的时候，没有地方金融管理部门有优势。如果由中央实行统一的监管模式和监管标准，难免力不从心，容易一刀切陷入“一管就死，一放就乱”治乱循环的监管困境。而地方政府较中央监管部门更接地气，拥有更强的信息获取能力，更为了解县域金融的实际情况，能对县域金融实施更为有效的管理。

2. 理顺中央和地方权责关系，加强县域金融监管力量

中央金融管理机构与地方政府沟通不畅、权责不清，是分业监管体制难以解决的一个问题。中央与地方两条线、两张皮，容易产生监

---

[1] 上海财经大学小企业融资研究中心、上海财经大学现代金融研究中心、上海财经大学金融学院：《2010 中国金融发展报告——中小企业融资与农村金融》，上海财经大学出版社 2010 年版，第 325 页。

管重叠和监管空白，削弱县域金融监管力量。而分层监管赋予地方政府一定的金融管理权限，明确了中央和地方的职能边界。又因地方政府掌握的更多的行政资源，由其牵头组织县域金融监管协调机制，能更好地协调各部门的关系，整合各种资源，使得管理机构间的协调机制得到加强，不再流于形式。

3. 有利于县域金融发展和创新

不论是中国人民银行县支行抑或银监会监管办，由于其中央管理部门派出机构的身份，代表着中央的利益，其主要职责是县域金融的稳定和风险的防范，对于县域金融的创新发展未必会有很高的积极性。而地方政府基于政绩考核机制及地方发展考虑，对于县域金融的发展有着极高的热忱。构建县域金融的分层监管体制，有利于准确掌握县域金融的实际发展和运行情况，适应县域金融创新和发展，发挥县域金融支持县域经济的作用。

（二）县域金融分层监管制度的建立

《中华人民共和国国民经济和社会发展第十二个五年规划纲要》提出“完善地方政府金融管理体制，强化地方政府对地方中小金融机构的风险处置责任”。2012 年 3 月国务院常务会议通过的《浙江省温州市金融综合改革试验区总体方案》提出“完善地方金融管理体制，防止出现监管真空，防范系统性风险和区域性风险”、“建立金融综合改革风险防范机制，清晰界定地方金融管理的职责边界，强化和落实地方政府处置金融风险和维护地方金融稳定的责任”。完善地方政府金融管理体制由规划走向落实，县域金融监管体制是完善地方金融管理体制的重要组成部分。由是，如何建立县域金融分层监管体制，成为亟待解决的重要问题。

1. 明确划分中央和地方金融监管职能的边界

县域金融分层监管的关键在于如何分层，即中央和地方金融管理职能边界的确定。首先需要明确的是地方政府金融监管权来源于中央政府及其部门授权，即中央政府授权后地方政府机构才获得相应权力。[1] 其

[1] 朱文生：“完善地方政府金融管理体制研究”，载《上海金融学院学报》2012 年第 1 期。

次中央主导金融监管权，地方政府配合中央政府行使金融监管权利。地方政府金融监管权是建立在中央统一行使金融监管权的框架之下，对中央金融监管机构的有益补充，而不是与中央金融监管权分庭抗礼。应在此前提下来划分中央与地方的金融监管权限，明确地方政府有关金融发展与规划的事权，赋予地方政府防范和化解本地金融风险的责任。

本文认为可将县域吸收公众存款的银行类金融机构交由银监会监管，对于不吸收公众存款的非银行类金融机构交由地方政府监管。以不能吸收存款来换取更宽松的准入条件和监管要求，达到制度均衡的效果。另鉴于我国的分业监管体制的存在，监管机构惯于确认各自的监管权力范围，纷涌而出的跨市场创新又会迅速模糊这种边界。因此在法律的框架内，地方金融管理部门可以与中央金融管理部门进行沟通协调，划分在某些新的领域各自的权力范围。

2. 规范地方政府（省、市、县）层级关系，明确政府边界

首先，按照我国现行的地方政府层级关系，市级政府理应取得对辖内县域金融一定的管理权。但是根据《中华人民共和国国民经济和社会发展第十二个五年规划纲要》“继续优化政府结构、行政层级、职能责任，坚定推进大部门制改革，着力解决机构重叠、职责交叉、政出多门问题，在有条件的地方探索省直接管理县（市）的体制”的精神，对于县域金融的管理，“省管县”似乎更符合政策精神。“省管县”体制始于20世纪90年代，其主要内容是“强县扩权”。“强县扩权”是指对经济发展较快的县市进行了扩权，把地级市的经济管理权限直接下放给一些重点县。“省管县”与“市管县”之争的根本在于政府间权力结构的调整，我国政府层级结构、法律地位、功能及面临的问题决定了当前政府体制改革的趋势是减少政府层级，废除“市管县”，实行“省管县”体制。在金融体制改革和“省管县”体制改革的大背景下完善地方金融管理体制，需要合理划分各级地方政府的金融管理事权。对于县域金融尤其是民间金融而言，创新是其重要一面，若加入市级政府的管理，未免显得层级过多，管理过于繁琐，因此省管县体制更值采纳。所以县域金融的监管也应撤市强县，取消市级政府对县域金融的监管权力。

其次，《中华人民共和国国民经济和社会发展第十二个五年规划纲要》要求“进一步转变政府职能，加快建设法治政府和服务型政府”。地方政府应树立科学的金融发展观，明确县域金融监管的行为边界，有所为有所不为。将地方金融管理工作的重点从争取资金投入转为协调和服务，以市场化的金融资源配置为主导，不干预金融机构的具体业务操作，依据地区实际情况和经济发展规律制定本地区的金融业发展规划，着力加强地方金融生态和信用环境建设，为地方金融体系整体功能的发挥创造良好的外部条件。[1]

3. 规范县级政府金融办

（1）县级政府金融办存在问题

自2002年北京市政府金融工作办公室成立至今，我国31个省（市、自治区）都成立了金融办，级别多定为正厅级，许多市、县政府也成立了金融办。地方金融办作为履行地方金融管理职责的实体部门，已经在实际承担金融管理的相关职责，但法律并没有赋予金融办金融管理职责，使其处于有实无名的尴尬境地，存在诸多问题。

其一，职责范围过大。以吉林省通榆县为例，其主要职能是：贯彻执行国家、省、市关于金融工作方针、政策和法律、法规；落实上级党委、政府关于地方金融业发展各项要求、决定和工作部署；搭建银企对接平台，开展拟上市后备企业培育、推荐和申报工作；负责促进中小企业信用担保体系建设工作；牵头会同有关部门审核小额贷款公司设立，依法对小额贷款公司进行监督管理和防范处置风险工作；承担集中打击金融诈骗工作领导小组具体工作；牵头负责政府大项目融资等工作。[2]

其二，定位不清，乱象丛生。首先，县级政府在是否设立金融办上做法不尽相同。有的县级政府单独设立金融办；有的由其他政府部门挂金融办牌子，一套人马两块牌子；有的县级政府则没有设立专门

---

[1] 龙海阳：“论地方政府金融管理权的边界”，载《成都行政学院学报》2011年第1期。

[2] 吉林省白城市网站：http：//www.bc.jl.gov.cn/rzpt/rz_content.jsp? id＝14356，最后访问时间：2012年6月2日。

的金融管理部门，而是由县级政府行使金融管理职权。其次，在已设立金融办的县域，金融办与县级政府的隶属关系也不尽相同。一般情况下金融办隶属于县级政府，但也有县级政府将金融办划归县政府办公室管辖。最后，金融办的级别编制不一，有的是正科级，有的是副科级。

（2）完善建议

首先，应明确定位。目前我国省政府均设立金融办，并且金融办多为省政府直属部门，隶属于省政府。鉴于金融办在县域金融监管中发挥的重要作用，应将金融办定位为县级政府组成部门。前文已提及在县域金融监管上应推行省管县体制改革，县级政府金融部门也应和省级政府金融管理部门对接。由是，应将县级金融办定位为县级政府组成部门，同时在业务上接受省级金融办的领导。

其次，应明确职能。针对县级政府金融办职能过多的问题，本文认为，金融办的功能定位要量力而行，坚持有限政府的执政理念。金融办现有的融资职能应该逐步剥离，而转由类似“投资促进委员会”的机构承担。与此同时，县级政府金融办应专注于县域金融的管理，负责对县域金融的日常监管，提升金融风险的规避与处置能力，促进地方金融机构发展。掌握准确的金融数据资料，对县域内民间金融活动及风险状况进行监测，统计并分析县域金融民间金融的相关数据资料，提高县级政府防范化解金融风险的能力，实现县域金融监管目标，引导县域金融发挥其应然功能。

4. 构建县域金融监管机构协调机制

（1）金融监管协调机制现状分析

2005 年中国人民银行发布的《中国金融稳定报告》提出：监管协调机制是指在中国人民银行、财政部和金融监管机构之间，中央和地方之间，国内与国外之间建立有效的金融风险监测和处置的协调机制。由于我国实行的是一行三会的分业监管模式，各监管机构之间的沟通协调一直是难以解决的问题，如若对县域金融实行分层监管，在地方政府取得监管权之后，机构间的协调将更加困难。

实践中各地在一行三局的金融监管基础上，主要推行了两种金融监管协调模式：一是由各部门组成的金融监管联席会议制度，二是由各监管部门领导人参加的碰头会。这种以会议为制度安排的机制并未发挥应有的监管协调作用，主要表现为：一是信息共享仅仅停留在表面层次。各方均从自身监管的金融机构直接获取情况及数据，同时仅仅向他方提供地区汇总情况及数据，不提供被监管单位具体情况及数据，没有达到真正的信息共享。二是基本没有联合行动，协调仅停留在会议和文件上。❶

上述金融监管协调机制之所以没有发挥作用，是因为没有一个强有力的领导核心。明确而富有权威性的牵头人是一个合作协调机制能够顺利运行的前提和基础。在现行制度下，最适合担任县域金融监管协调机制领导核心的是地方政府。地方政府是法定的地方行政权力中心，富有权威性，牵头建立监管协调机制具有很大的优势。由地方政府牵头建立监管协调机制，可缓解部门利益博弈，使协调机制功能更加立体化；可以发挥地方政府的领导力和号召力，快速整合部门力量，在特殊金融事件处理中能够迅速动用公安、财政、税务、工商等多部门行政力量，为金融监管部门提供强有力的地方资源支持，形成立体化的区域监管协调机制。

（2）构建县域金融监管协调机制的组织架构和工作机制

① 组织架构。有效的监管协调机制必须有相应的组织为依托来司职各部门间的日常监管协调事务。前文已述及县域金融监管协调机制的领导者应是地方各级政府。而金融监管业务将涉及前述的一行三会分支机构和地方各级金融办，同时可能还涉及地方的财政、公安、工商等部门，因此地方政府应以各级政府行政首长为总负责人成立金融监管协调委员会，金融监管协调委员会下设办公室，在委员会办公室下，还可根据需要设若干专业委员会。金融监管协调委员会应作为地方政府的组成机构固定下来，并纳入行政编制。设立这样的一个组织架构可以有足够强大的力量来协调地方各部门与一行三局的监管合作，使得县域金融监管协调机制取得实效。

② 日常工作机制。首先，应建立启动机制。金融稳定协调委员

❶ 人民银行营业管理部课题组：“北京市金融监管协调机制研究”，载《中国金融》2008 年第 14 期。

会应定期召开会议，讨论重要个案和县域金融监管态势，对于金融管理事项进行讨论，交流意见。若有单个部门认为有必要召开紧急会议，可向金融稳定委员会办公室报告，由其上报委员会负责人，具备条件后召开会议。其次，应建立监管信息共享及交流机制。信息交流是加强县域金融监管的基础，完善畅通的信息交流平台有利于作出正确的金融监管决策。县域金融的复杂性，需要建立县域金融监管信息共享平台。鉴于人民银行的职能，信息共享平台应由人民银行负责筹建。在信息共享平台中最重要的一点就是要明确数据共享的广度和深度，不仅要相互提供行业整体监管数据，还应相互提供被监管主体个别资产负债及经营情况的全部监管数据。最后，应建立联合行动机制。目前我国金融业综合经营的趋势愈发明显，单个金融监管机构很难独立监管，需要其他监管机构的配合。对于县域金融需要统一监管标准，采取统一行动特别是联合检查行动。

四、结语

县域金融监管体制是影响甚至决定县域金融兴衰的重要因素。我国县域金融监管体制原本是简单统一的，但是随着县域金融的不断发展和中央金融管理体制的变化，现有的监管体制显得愈发落后和不完善。这种不完善的监管体制不仅导致了县域金融监管主体的缺位和职能的不足，也导致县域金融功能得不到充分的发挥，阻碍县域经济的发展。

县域金融监管体制深受行政体制的影响，现行体制问题的根源在于纵向监管体制的不顺导致县域金融监管出现空白，横向监管体制的不完善导致监管效率低下，协调机制不健全导致跨体制交流出现摩擦和冲突。因此要合理划分中央与地方、地方政府之间的金融监管权责，清晰界定县级政府的金融监管权限，完善县级金融监管的组织和协调机制。

总而言之，县域金融定位于区域，服务于微小，成长于地方，对于促进县域经济发展起着关键作用。在促进县域金融发展壮大的同时，探索建立合理、有效的监管体制，确保其健康有序发展，对防范金融风险，维护县域金融稳定具有重要意义。

巴塞尔协议Ⅲ及其对我国金融监管体制的影响

郑摄天*

摘 要 巴塞尔协议Ⅲ是应对金融危机而生的一揽子方案，也是一部值得研究的法律文本。它的监管内容和监管理念，及其微观审慎和宏观审慎相结合的金融监管新模式，代表着国际银行业监管的最新趋势。目前我国已将巴塞尔协议Ⅲ引入国内法，借鉴宏观审慎监管理念，初步确立了宏观审慎监管框架。这势必对我国金融监管体制带来变化，一方面，表现在监管工具和监管理念上的变化；另一方面，我国金融监管体制改革应明确宏观审慎监管机构，建立法治化、实体化的监管协调机制。

关键词 巴塞尔协议Ⅲ 系统性风险 宏观审慎监管

2010年12月16日，巴塞尔银行监管委员会（The Basel Committee on Banking Supervision，以下简称巴塞尔委员会）发布了第三版巴塞尔协议（Basel Ⅲ，以下简称巴塞尔协议Ⅲ）文本，并要求各成员经济体两年内完成相应监管法规的制定和修订工作，2013年1月1日开始实施新的监管标准，2019年1月1日全面达标。这标志着国际金融监管改革取得重大进展，确立了全球银行监管的新标杆，❶ 将对世界金融行业和经济的发展产生深远影响。

十一届人大四次会议通过的《国民经济和社会发展第十二个五年规划纲要》，对我国经济结构调整和经济增长方式转变作出了全面部署，并对构建逆周期的宏观审慎监管框架、建立系统性金融风险防范

---

* 郑摄天，中央财经大学法学院2011级经济法学硕士研究生。

❶ 刘明康：《提升审慎监管标准，促进银行业稳健发展》，载《第三版巴塞尔协议Ⅲ》，中国银行业监督管理委员会译，中国金融出版社2011年版，第1页。

预警体系、健全金融监管机构之间以及与宏观调控部门之间的协调机制、强化对系统重要性金融机构的监管、参与国际金融准则新一轮修订等提出了明确要求。这些要求与巴塞尔协议Ⅲ所提出的具体建议和倡导的理念相吻合。

我国已于2009年加入金融稳定理事会（Financial Stability Board，FSB）和巴塞尔委员会，并参与了这一轮国际金融监管准则的修订，推动了巴塞尔协议Ⅲ的顺利出台和实施。作为其成员经济体，我国承诺将巴塞尔协议Ⅲ的具体内容引入国内法。[1] 由此，实施巴塞尔协议Ⅲ成为了一项国际义务。中国银行业监督管理委员会（简称银监会）先后于2011年4月发布《中国银监会关于银行业实施新监管标准的指导意见》，和于2012年6月发布了《商业银行资本管理办法（试行）》，充分借鉴和吸收巴塞尔协议Ⅲ，且根据我国国内银行业改革发展和监管实际，完善我国金融监管体制，致力于打造一个更加安全的金融体系。

巴塞尔协议Ⅲ自发布起，即引起了金融学界的关注。相比于金融学界的丰富著述，法学理论界却对此成果甚少。笔者认为，巴塞尔协议Ⅲ本身就是一件值得研究的法律文本，代表着国际银行业监管的最新趋势，其监管内容、监管工具和监管理念，对我国金融监管体制的未来构建都具有借鉴意义和参考价值。同时，实施巴塞尔协议Ⅲ，也将对我国银行业和金融监管体制产生重大影响。这不仅是监管工具和监管理念方面的变化，而且将引起对我国现行金融监管体制的反思，成为我国金融监管体制改革的驱动力。

一、巴塞尔协议Ⅲ的初衷：为应对金融危机而生的一揽子方案

肇始于美国的次贷危机，引发了全球金融危机。它对金融体系和实体经济造成重创的同时，也暴露了原有金融监管理论与实践中存在的问题，对原有金融监管模式、方法和工具构成了前所未有的挑战。

---

[1] 巴塞尔委员会的所有成员均已承诺将完全实施巴塞尔协议Ⅲ。

（一）全球金融危机暴露出巴塞尔协议Ⅱ的缺陷

本轮金融危机的爆发，给美国乃至全球银行业带来了巨大损失。仅美国而言，危机爆发后的两年内，宣告破产或被并购的银行就逾百家，严重威胁了金融体系的安全。同时，它也暴露了发达经济体主要金融机构业务模式、发展战略方面存在着根本性缺陷以及金融监管方面存在着严重的漏洞。[1] 究其原因，主要是很多国家（地区）的银行体系资产负债表内外的杠杆率过高，是银行资本的数量和质量逐步受到侵蚀。同时，很多银行的流动性储备不足，银行体系不能吸收由此导致的系统性交易和信贷所带来的损失，无法应对影子银行体系大量表外风险暴露所引发的再中介化。而具有亲周期性的去杠杆化过程以及系统重要性金融机构之间通过复杂交易而产生的关联性进一步放大了危机的效应。[2]

危机发生时，包括美国在内的各国银行业尚未全面实施巴塞尔协议Ⅱ，但金融危机仍对以资本监管为核心的巴塞尔协议Ⅱ提出了严峻挑战，引发了人们对资本监管[3]这一屏障抵御危机有效性的质疑。根据国际组织的评估报告和学者的研究成果，[4] 巴塞尔协议Ⅱ的缺陷主要表现在：第一，资本充足率的标准过低，不足以吸收金融危机所造成的损失。第二，资本的风险覆盖范围不全面，未能捕捉表内外风险和衍生品交易相关的风险暴露。第三，未能控制银行体系表内外杠杆

---

[1] 参见 The Basel Committee's response to the financial crisis：report to G20（2010），http：//www.bis.org/publ/bcbs179.pdf，最后访问时间：2012 年 5 月 25 日。

[2] Basel Ⅲ：A global regulatory framework for more resilient banks and banking systems（2010），http：//www.bis.org/publ/bcbs189.pdf，最后访问时间：2012 年 5 月 25 日。

[3] 资本监管意义在于通过对资本充足率的约束，营造公平的竞争环境，降低单个银行倒闭的概率和风险水平，提高整个银行体系的安全性。

[4] 关于巴塞尔协议Ⅱ的缺陷，参见：BCBS：The Basel Committee's response to the financial crisis：report to G20，http：//www.bis.org/publ/bcbs179.htm，最后访问时间 2012 年 5 月 25 日；巴曙松等：《金融危机中的巴塞尔新资本协议：挑战与改进》，中国金融出版社 2010 年版，第 15～47 页；顾弦、钟伟："次贷危机背景下新巴塞尔协议的发展趋势及其对我国的启示"，载《南方金融》2009 年第 2 期。

率的过度累积。[1] 第四，忽视了在特定市场条件下对银行运行相对重要的风险，如流动性风险和金融衍生品风险。第五，资本监管具有顺周期效应，极易加剧经济波动。第六，尚未关注系统性风险，忽视了金融体系日益增强的相互关联性以及单家银行对整个金融体系脆弱性贡献的差异性。

（二）为应对金融危机，巴塞尔协议Ⅲ最终文本孕育而生

巴塞尔协议Ⅲ从一定意义上可以说是由 2008 年全球金融危机催生而出。危机以来，按照金融监管改革目标，[2] 在 FSB 和巴塞尔委员会主导下，全球主要经济体携手共建金融监管新框架，力图通过更为严格审慎的监管打破金融危机的恶性循环，防止大规模的金融危机再次爆发。

从 2009 年 7 月至 2010 年 9 月，[3] 巴塞尔委员会制定了一系列国际银行监管新标准来应对金融危机。2010 年 9 月 12 日，由全球 27 个国家和地区组成的中央银行行长和监管当局负责人（The Group of Central Bank Governors and Heads of Supervision，GHOS）在瑞士经历各方讨论后最终达成一致，通过了加强银行体系资本要求的改革方案——《GHOS 宣布更高的全球最低资本标准》。之后，在 2010 年 11 月，巴塞尔委员会将该改革方案与全球流动性标准提交给二十国集团（G20）首尔峰会，并形成了最终方案。2010 年 12 月 16 日，巴塞尔委员会发布了巴塞尔协议Ⅲ的最终文本，并宣称其目的在于提高银行业在各种金融或经济压力状况下吸收损失的能力，从而降低金融部门对实体经济的溢出效应。由此，一个新的国际银行监管标准正式确立，且在全球范围内得到了普遍支持。

这一轮国际银行监管框架，是由巴塞尔委员会发布的巴塞尔协议

---

[1] 特别是，在危机最严重的时期，银行业被迫降低杠杆率，加大了资产价格下跌的压力，进而加剧了银行损失、银行资本下降与信贷供给能力收缩之间的正反馈循环。

[2] G30（2008）指出，金融监管应包括四个方面的目标：金融机构的安全和健康、系统性风险的降低、市场的公平和效率、消费者和投资者的保护；并提出了四种监管模式：包括机构模式、功能模式、整合模式和双峰模式。

[3] 从 2009 年 7 月 13 日巴塞尔委员会发布《增强巴塞尔协议Ⅱ资本框架》起算，到 2010 年 9 月 12 日《GHOS 宣布更高的全球最低资本标准》为止。

Ⅲ的一系列文件构成的。其中，最重要的两份文件为：《巴塞尔协议Ⅲ：增强银行业抗风险能力的全球监管框架》（Basel Ⅲ：A global regulatory framework for more resilient banks and banking systems）和《巴塞尔协议Ⅲ：流动性风险计量、标准和检测的国际框架》（Basel Ⅲ：International framework for liquidity risk measurement, standards and monitoring）。前者是关于资本监管标准最完整和详细的文件，其主要规定了两部分：第一部分是引言、最低资本要求和超额资本的相关规定，第二部分对风险覆盖、留存超额资本、逆周期超额资本、杠杆率等作出了详细规定。后者是规定流动性监管标准的最完整和详细的文件。其主要包括四个部分：引言、监管标准、监测工具以及监管标准的适用问题。它们的具体内容将在下文进行说明。

二、巴塞尔协议Ⅲ的变化：监管工具的改进与监管理念的革新

为了应对金融危机和弥补巴塞尔协议Ⅱ的缺陷，巴塞尔协议Ⅲ既修改了原监管标准，又引入新的监管工具和宏观审慎要素。其目的在于实现对风险的全面覆盖，打造一个更安全的金融体系。

（一）监管工具的改进[1]

巴塞尔协议Ⅲ旨在从单个银行实体（微观审慎）和整个金融体系（宏观审慎）两方面加强全球金融风险监管。

1. 在微观审慎层面

巴塞尔委员会意图提高银行及其他金融机构在市场波动时期吸收损失的能力，使银行能够更好地承受住经济和金融风险的压力。在巴塞尔协议Ⅲ中，主要规定了以下微观审慎监管工具：

第一，提高资本监管标准。巴塞尔协议Ⅲ是在巴塞尔协议Ⅱ三大支柱的基础上完善监管资本框架，以增强银行业稳健性。它提高了监管资本的质量和数量，提升银行业的抗风险能力，扩大资本风险覆盖

[1] 本部分内容主要涉及巴塞尔委员会发布的《Basel Ⅲ：A global regulatory framework for more resilient banks and banking systems》和《Basel Ⅲ：International framework for liquidity risk measurement, standards and monitoring》两份文件。

范围。具体表现在，一是将监管资本从原来的两级分类（一级资本和二级资本）改为三级：核心一级资本、其他一级资本和二级资本。二是将普通股构成的核心一级资本占有银行风险资产下限由2%提至4.5%，一级资本充足率下限由4%提到6%，但资本充足率维持在8%不变。

第二，引入杠杆率作为风险资本的补充。引入杠杆率是为了限制银行体系杠杆率过高，并为规避模型风险和计量错误提供额外保护。在巴塞尔协议Ⅲ中，要求银行持有的一级资本占非权重资产的比率达到3%，在计算杠杆比率时，所有的表外资产必须通过一定的系数转化计算，同时金融衍生产品也需要计入。

第三，引入流动性风险监管。巴塞尔委员会引入流动性覆盖率（Liquidity Coverage Ratio，LCR）和净稳定资金比率（Net Stable Funding Ratio，NSFR）两个指标对银行流动性进行监管，LCR不低于100%，NSFR要大于100%。这是为了实现两个独立但互为补充的目标。一是通过确保银行具有充足的、高质量的流动性来源，抵御未来一个月内的严峻压力考验，增强银行短期应对流动性风险的能力。这对应的是LCR。二是在银行现有结构基础上建立用稳定资金来源支持其业务扩展的额外激励，从而促进其长期稳健发展。NSFR的时间跨度是一年，以保证资产和负债的期限结构具有可持续性。

2. 在宏观审慎层面

系统性风险与宏观审慎监管是全球金融危机为金融监管带来的最大改变之一。巴塞尔委员会意识到，金融监管还应当力求减少具有潜在系统性风险的银行对整个金融业的影响，改善顺周期效应，以对全球长期金融稳定和经济增长起到支持作用。[1] 在巴塞尔协议Ⅲ中，主要规定了以下宏观审慎监管工具：

第一，资本缓释规定。在巴塞尔协议Ⅲ中，设立2.5%的资本留

---

[1] Basel Ⅲ：A global regulatory framework for more resilient banks and banking systems（2010），http：//www.bis.org/publ/bcbs189.pdf，最后访问时间2012年9月25日。

存缓冲的资本稀释和 0～2.5%的逆周期的资本缓释。前者是在最低资本要求的基础上，银行应持有额外的资本缓冲，以应对突然出现的危机。目前巴塞尔委员会确定留存资本缓冲应由普通股构成，且不低于普通股的 2.5%。而后者是通过在经济上升阶段增加缓冲资本，和在经济衰退中减少缓冲资本来予以防范。具体来说，就是在经济上行时期，银行提取逆周期超额资本，从而抑制银行发放贷款，而在经济下行的时候，运用这些逆周期超额资本来缓冲资本紧缩，缓冲信贷的过度紧缩。

第二，对系统性重要机构的监管。巴塞尔委员会与 FSB 合作，对系统性重要机构规定一系列监管措施，主要包括额外资本要求（Additional capital requirements）、或有资本（Contingent capital）以及自救债券（Ball-in debt）。其中，额外资本要求，主要是要求系统重要性机构有比最低资本要求高的损失吸收能力。巴塞尔委员会对系统重要性机构要求 1%的额外资本。同时，对系统重要性机构还有附加流动性要求。或有资本是指内含以下条款的资本工具：当监管当局认为银行没有生存能力或者银行接受了政府的资本注入时，该资本工具可被注销或转换成普通股。其作用主要在于，通过提高私人部门对银行危机处置的贡献，降低对公共部门救助的依赖，从而控制“太大而不能倒”机构的道德风险。

（二）监管理念的革新

任何监管工具的修改或引入，都不是任意的，而是有针对性和目的性。其背后反映出的是监管者监管理念的转变。从具体内容上，此次金融监管改革反映出全面监管和宏观审慎监管，但这并非都是监管理念的革新。

首先，在微观审慎监管框架中，不论是对资本监管标准的修改还是引入流动性风险监管或杠杆率监管，其所体现出全面监管的思路，是由于金融发展和金融创新所引起的金融风险暴露，金融监管在内容和范围上的扩充。

任何一个国家的监管体制必须与其经济金融的发展和开放的阶段相适应。不管监管体制如何选择，必须做到风险的全覆盖，不能有丝毫的监管真空，从而最大限度地减少由于金融市场不断发展而带来更严重的信息不对称问题。[1] 纵观金融监管的历史演进，全面监管金融风险，一直是监管者孜孜不倦地追求。然而，一方面由于监管者有理性局限，不可能制定出完美无缺的监管框架。例如巴塞尔协议Ⅰ发布时，巴塞尔委员会仅就信用风险进行监管，而忽视了操作风险。另一方面，金融创新和金融监管是一对矛盾体。金融工具的创新是金融发展的需要，其在进行风险转移的同时，也带来新的潜在风险，将会超出原监管框架的范围。这也是金融监管者无法事先预测的。正是这两方面原因导致了监管空白，直至危机到来才“亡羊补牢”。因此，全面监管的思路，虽在巴塞尔协议Ⅲ中有所反映出来的，却并非新理念。

其次，巴塞尔协议Ⅱ在此次金融危机中暴露出来的最大问题是原监管框架过于侧重微观金融稳定，即金融机构单体风险的控制，而没有充分考虑整个金融体系的系统性风险。特别是具有系统重要性的银行在经济的运行过程中愈发扮演着举足轻重的作用，一旦出现风险暴露，将波及其他金融机构甚至整个金融体系，引发系统性风险。基于此，在巴塞尔协议Ⅲ的制定过程中，巴塞尔委员会从单纯关注单个机构的微观审慎监管理念，转变为同时关注金融系统整体情况和单体机构风险的宏、微观审慎监管并重理念；并开始构建宏观审慎监管框架，引入新的监管工具，如逆周期资本稀释、留存资本缓释和系统重要性金融机构的额外资本要求等。有学者指出，对系统重要性银行要采取更严格的监管标准体现了宏观审慎理念，改变了以往我们认为大银行资本充足率可以低些的观念。[2]

综上，宏观审慎监管理念，才是巴塞尔协议Ⅲ所体现出的重大革新。它和微观审慎监管相结合，是巴塞尔协议Ⅲ所确立的金融监管新模式。

---

[1] 廖岷：“从美国次贷危机反思现代金融监管”，载《国际经济评论》2008年第4期。

[2] 谢平：“巴塞尔新协议对中国银行业监管的启示和影响”，载《浙江金融》2011年第2期。

三、我国实施巴塞尔协议Ⅲ的重要进展：《指导意见》和《资本办法》

关于巴塞尔委员会制定和发布的一系列银行监管规则的法律性质问题，众说纷纭。[1] 本文并不试图作探讨，但为巴塞尔协议Ⅲ的法律属性作定性，有助于下文探讨的展开。首先，从巴塞尔委员会本身的性质来看，该委员会明确宣称“巴塞尔委员会并不具备任何凌驾于国家之上的正式监管特权，其文件从不具备亦从未试图具备任何法律效力”。[2] 其次，巴塞尔委员会期望“各监管当局通过适合本国体制的法律或其他形式的详细安排来予以实施”，[3] 可见，巴塞尔协议Ⅲ不过是一种“建议”。当该委员会的所有成员均已承诺将完全实施巴塞尔协议Ⅲ时，它是一个“承诺”，并上升为一种国际义务。

作为G20、FSB和巴塞尔委员会正式成员，我国实施银行业新监管标准，既是履行国际义务的需要，也是推进我国银行业健康发展，更好地服务经济社会发展的重要举措。2011年4月，银监会印发《中国银行业实施新监管标准指导意见》（以下简称《指导意见》），和2012年6月，发布《商业银行资本管理办法（试行）》（以下简称《资本办法》），这两个文件都借鉴国际监管改革最新成果——巴塞尔协议Ⅲ，并结合我国银行业改革发展和监管实际，明确了银行业审慎监管新框架和实施路线图。下面分别对这两个文件进行简要介绍：

（1）《指导意见》不仅充分吸收了巴塞尔协议Ⅲ的具体内容，与国际银行业加强监管的趋势一致，而且银监会制定的一些监管指标高于巴塞尔协议Ⅲ的标准，实施和达标的时间也更加提前。

---

[1] 理论界关于这些规则性质的争论，概括起来大体上有四种观点：① 国际准条约说；② 国际惯例说；③ 拘束性建议说；④ 国际软法说。相关具体内容，参见蔡奕：“巴塞尔文件体系的法律性质辨析”，载北大法律信息网：http://article.chinalawinfo.com/Article_Detail.asp? ArticleID=22271，最后访问时间2012年9月25日。

[2] BCBS，About the Basel Committee，http://www.bis.org/bcbs/about.htm，最后访问时间2012年9月25日。

[3] 同上。

首先，它由五部分组成：一是总体目标和指导原则；二是提高银行业审慎监管标准；三是增强系统重要性银行监管有效性；四是深入推动新资本协议实施工作；五是工作要求。

其次，它在微观审慎监管方面作出了具体规定：① 对于资本充足率监管，核心一级资本充足率、一级资本充足率和资本充足率分别不低于5%、6%和8%，可以看出，核心一级资本充足率的要求高于巴塞尔协议Ⅲ中4.5%的水平，而一级资本充足率和总资本充足率与巴塞尔协议Ⅲ保持一致。② 对于杠杆率监管，一级资本占调整后表内外资产余额不低于4%，弥补资本充足率的不足。这高于巴塞尔协议Ⅲ的规定1个百分点。③ 强化贷款损失准备监管，要求贷款拨备率不低于2.5%和拨备覆盖率不低于150%，并建立动态调整贷款损失准备制度。④ 对于流动性风险监管，流动性覆盖比率和净稳定融资比率均不得低于100%，与巴塞尔协议Ⅲ的要求一致。

再次，在宏观审慎监管方面，银监会引入了逆周期资本监管框架，银行应保有2.5%的留存超额资本。而对系统重要性银行则提出了额外资本要求，即系统重要性银行的资本充足率要比非系统重要性银行高1%，这与巴塞尔协议Ⅲ的要求一致。

最后，在过渡期安排上，巴塞尔协议Ⅲ要求2013年年初开始执行新的资本监管标准，2018年年底达标；而巴塞尔协议Ⅲ规定自2012年年初开始实施，2016年年底达标，实施时间提前了1年，达标时间提前2年。这主要是由于我国商业银行总体资本充足率较高，2010年年底，银行业平均资本充足率和核心资本充足率分别达到12.2%和10.1%，绝大多数银行已经达到新监管标准，具备提前实施新监管标准的条件。[1]

（2）《资本办法》是在坚持国际标准与我国国情相结合、巴塞尔协议Ⅱ和巴塞尔协议Ⅲ统筹推进、宏观审慎监管和微观审慎监管有机统一的总体思路上，建构了“与国际新监管标准接轨、适度前瞻、符

---

[1] 尹继志：“‘巴塞尔协议’与我国银行业监管新框架”，载《发展研究》2012年第2期。

合我国银行业实际”[1] 的资本监管制度。

首先，它采用了分层结构，包括正文和 17 个附件，正文包括 10 章，共 180 条；除总则和附则外，其余八章内容分别是资本充足率计算和监管要求、资本定义、各类风险加权资产计算、商业银行内部资本充足评估程序、资本充足率监督检查内容和监管措施，以及信息披露等。

其次，在资本监管制度的具体设计上，主要内容有：第一，建立统一配套的资本充足率监管体系。对系统重要性银行和其他银行的资本充足率监管要求分别为 11.5%和 10.5%，与国内现行监管要求保持一致。第二，严格明确资本定义。明确了各类资本工具的合格标准，提高了次级债券等资本工具的损失吸收能力。允许商业银行将超额贷款损失准备计入银行资本，并对国内银行已发行的不合格资本工具给予 10 年过渡期。第三，扩大资本覆盖风险范围。除单体风险外，将操作风险、流动性风险和系统性风险也纳入资本监管框架。其中，对系统性风险的监管主要表现在逆周期资本计提、系统重要性附加资本及超额贷款损失准备等宏观审慎监管标准的规定。第四，合理安排资本充足率达标过渡期，以利于保持适当的信贷增速。

最后，与国际新资本监管标准相比，《资本办法》并非对前者的完全照搬照抄。它按照“实质重于形式”的原则，在总体上遵循并达到巴塞尔协议Ⅲ标准的前提下，在国内现行法律法规框架下，充分考虑国内银行经营管理实践和所面临的突出风险，坚持国内资本监管的成功经验，进一步明确了资本定义、资产风险权重、商业银行分类标准和分类监管措施等方面的监管要求。[2]

由此可见，《指导意见》的发布更多地体现出指导性和政策性目的，是对商业银行和国际社会表明我国实施巴塞尔协议Ⅲ的决心。而《资本办法》的发布，则意在将巴塞尔协议Ⅲ的具体标准落到实处，

---

[1] 银监会有关负责人就《商业银行资本管理办法（试行）》答记者问，http://www.cbrc.gov.cn/chinese/home/docView/DF4BA1EC5599460792358083B1C68B54.html，最后访问时间：2012 年 9 月 20 日。

[2] 同上。

使得《指导意见》体现的政策内容更具有可操作性和实践意义。总之，它们是基于巴塞尔协议Ⅲ所确立了微观审慎和宏观审慎相结合的金融监管新模式，涵盖了最低资本要求、储备资本要求、逆周期资本要求和系统重要性银行附加资本要求等多层次的监管标准，促进银行资本充分覆盖银行所面临的系统性风险和个体风险目标的实现。特别是《指导意见》中引入了宏观审慎监管理念和宏观审慎监管工具的要求，在资本监管制度中，注重宏观审慎要素，对宏观审慎监管标准作出了相应的规定。

四、实施巴塞尔协议Ⅲ，完善我国金融监管体制

（一）巴塞尔协议Ⅲ为我国金融监管带来的变化

通过《指导意见》和《资本办法》的内容，巴塞尔协议Ⅲ在监管工具上的改进和监管理念上的革新，也给我国金融监管带来了新变化。具体表现在：

第一，如前文所述，巴塞尔协议Ⅲ发布后，银监会发布的《指导意见》和《资本办法》，及时修订了监管标准，推出新的监管工具，不断优化和完善监管工具箱，使监管标准更加简单、透明和具备可操作性。其中，对银行业资本充足率、杠杆率、[1] 流动性和贷款拨备率等监管标准作出具体规定，正体现了巴塞尔协议Ⅲ微观审慎监管框架下风险全面覆盖的思路。

第二，树立宏观审慎监管理念，在我国银行业监管中初步确立了宏观审慎监管框架。加强宏观审慎监管，对预防系统性风险意义重大。但缺乏宏观审慎监管工具，监管当局便不能进行有效的监管，最终只能使宏观审慎监管落空。从银监会发布的两个文件可知，我国引入了巴塞尔协议Ⅲ中规定的一系列宏观审慎监管工具，包括资本缓释规定和系统重要性机构的监管措施等。这些宏观审慎监管工具既反映出宏观审慎监管理念，也成为宏观审慎监管框架的基础。

第三，宏观审慎监管职权和职责由银监会行使，即意味着银监会

---

[1] 《资本办法》第二十七条，虽然明确了“商业银行应当满足杠杆率监管要求”，但同时规定“杠杆率的计算规则和监管要求另行规定”。

成为我国宏观审慎监管机构之一。《指导意见》表明，“宏观审慎与微观审慎相结合”是中国银监会的指导原则之一。同时，银监会引入了逆周期监管工具，加强对系统重要性银行监管，用来防范系统性风险。可见，银监会率先承担宏观审慎监管职责。

（二）我国金融监管改革趋势：明确宏观审慎监管机构，建立法治化、实体化的监管协调机制

从改革开放初期到现在，我国金融业经历了综合经营、分业经营方式的演变。1994 年，分业经营的原则正式提出，银行业与证券业、保险业、信托业开始进行分业经营，我国基本确立了金融业的分业经营体制。与此相适应，我国金融监管体制实现了重大变革。2003 年，银监会的成立，和中国人民银行专职于宏观调控，标志着我国“一行三会”分业监管体制的完全形成。

总体上，我国目前实行“一行三会”的分业监管体制，是适应于现阶段金融市场发展需要的。[1] 然而，这种体制基本停留在微观审慎监管层面，对系统性风险关注不足，且缺乏宏观审慎监管框架和系统性风险监管者。当前，我国金融发展所处阶段和金融体系的特定结构，决定了金融市场尚非系统性风险的主要来源，但随着混业经营的发展和金融体系的进一步开放，我国金融体系的系统性风险特征将会与当前发达国家，尤其是欧盟国家，进一步趋同。[2] 同时，在我国经济增长模式的转变过程中，地方政府融资平台的风险、房地产金融中的资产泡沫和银行业中突出的“太大而不能倒”问题等，也将是我国金融体系中系统性风险爆发的可能性诱因。

面对系统性风险加大的形势，我国金融监管却显得薄弱，且更多地强调微观监管指标，如对金融机构的审批、经营的合规性以及经营成果等。但对宏观金融监管的核心内容（系统性风险）几乎是空白。金融危机显示系统性风险是一国金融系统稳定的最大隐患。鉴于此，我国借着实施巴塞尔协议Ⅲ的契机，由银监会率先在银行业监管方面

---

[1] 曹凤岐：“改革和完善中国金融监管体系”，载《北京大学学报（哲学社会科学版）》2009 年第 4 期。

[2] 胡滨：“中国金融监管体系的特征和发展”，载《中国金融》2012 年第 9 期。

引入了宏观审慎监管工具和监管框架。

然而，银行业不是唯一的具有潜在系统性影响的金融机构。在证券业和保险业，同样存在着系统性风险。按分业监管的思路，需要其他监管机构，即证监会和保监会，也同样对其所监管的金融行业引入宏观审慎监管工具和设计宏观审慎监管框架。系统性风险的监管者需要关注金融业经营模式变化、金融行业的关联性、宏观经济对金融体系的影响及金融风险的新特点，将金融体系视作一个整体而不是相互分割的三个不同行业，运用宏观审慎理念和方法予以监管，从而应对可能出现的复杂情况。[1] 若每个监管机构各自在所监管的金融行业加强宏观审慎监管，由于单个监管目标更注重单个金融机构的风险管理，会导致缺乏一个涵盖整个经济体系和金融体系的真正宏观审慎监管框架，也没有一个真正的针对整个经济和金融体系的系统性风险监管者。[2] 因此，在金融监管架构层面，巴塞尔协议Ⅲ最重要的一个建议是设立专门的系统性风险监管机构对整个金融体系进行宏观审慎监管。[3] 基于此，我国引入巴塞尔协议Ⅲ，必将面临着宏观审慎监管机构的设置和权限划分问题。但这不仅取决于政策制定者的目标与具体的经济环境，而且具有路径依赖的特征，也受制于原有的金融监管结构。

考察世界各国经验，宏观审慎监管职能主要是通过中央银行内部扩充的方式来实现。这种发展趋势具有一定的逻辑，主要是因为银行在金融业中占据着主导地位，而法律又设置了银行、证券和保险之间的界限。[4] 加之，中央银行具有宏观经济分析能力，参与并了解金融市场，负有最后贷款人职能以及监管支付清算系统，应成为宏观审慎

---

[1] 胡滨："中国金融监管体系的特征和发展"，载《中国金融》2012 年第 9 期。

[2] 李扬、胡滨主编：《金融危机背景下的全球金融监管改革》，社会科学文献出版社 2010 年版，第 215 页。

[3] 国际货币基金组织：《全球金融稳定报告》，中国金融出版社 2010 年版，第 73 页。

[4] 霍华德·戴维斯、大卫·格林：《全球金融监管》，中国银行业监督管理委员会国际部译，中国金融出版社 2009 年版，第 102 页。

监管体系的牵头人。[1] 从短期看，在维持分业监管体制不变的前提下，中央银行作为宏观审慎监管机构可能不是一个完美的选择，但至少是可接受的最佳方案。

另外，巴塞尔协议Ⅲ，从关注单个机构的微观审慎监管转变为关注金融系统整体情况的宏观审慎监管理念，与此相呼应，各监管当局和金融机构的信息沟壑正在被各项加强信息沟通的合作机制所化解；法定的监管边界正在由跨行业、跨国、跨地区的监管合作而得到延伸。[2] 若不同监管部门之间的信息与资源被分割，则不利于金融形势的综合判断和金融业综合经营[3]的监管，不利于宏观审慎监管的实现。所以，宏观审慎监管，不仅要有牵头，更重要的是监管当局和货币当局应对系统性风险进行很好的监管协调。

而我国当前“一行三会”式的监管框架经过多年实践，相互间竞争越来越突出，缺乏有正式制度保障的金融监管协调机制，且没有一个实体机构可以在“一行三会”之上担当起监管的组织和协调工作的角色。随着我国金融业综合经营和金融创新的进一步发展以及金融体系的进一步开放，这种各自为政的监管格局将暴露出越来越多的问题。只有建立更具协调力的监管协调机制，解决好分业监管体制下监管机构之间的协调问题，才能对系统性风险的有效监管，真正建立起符合我国实际的宏观审慎监管框架。

因此，在现有的分业监管体制下，应将协调机制法治化、实体化，[4] 构建一个有明确法律权限、有实体组织的金融监管协调机制负责监督、指导和协调金融监管工作。

---

[1] 谢平：“巴塞尔新协议对中国银行业监管的启示和影响”，载《浙江金融》2011年第2期。

[2] 李扬、胡滨主编：《金融危机背景下的全球金融监管改革》，社会科学文献出版社2010年版，第177页。

[3] 为提高我国金融业的综合竞争力，从2005年开始，我国银行业进行综合经营试点。

[4] 胡滨：“中国金融监管体系的特征和发展”，载《中国金融》2012年第9期。

《中财法律评论》稿约

《中财法律评论》是由中央财经大学法学院主办、学生自主组织和编辑的连续法学学术刊物。“评论”奉行独立、自由、求真的原则，一切唯学术是尚，旨在构建一个自由、开放的法学交流平台。在内容上，注重制度之构建与实务运作，亦欢迎法哲学层面的思考；关心私权之保护，亦不偏废公权力之规范。

《中财法律评论》拟每年出版1～2卷，下设“理论研究”、“制度探索”、“实践探究”、“域外法制”、“金融法制”等栏目。现公开向全国法律工作者、法学学者、法学院学生征集优质稿件。本刊实行双向匿名评审制度，所有投稿应符合国家著作权规定、公认学术规范和本刊编辑体例。稿件应当论证充分而严谨、信息准确、数据可靠，具有学术深度和创新性观点。

稿件篇幅8000～10000字为宜，来稿请发邮箱：zcflpl2012@126.com，并请在邮件主题中注明：“中财法律评论”征稿字样，具体每卷征稿时间及论文格式要求请关注中央财经大学法学院网站（http://law.cufe.edu.cn）。本刊编辑部保留对来稿进行文字性和技术性修改的权利。投稿人向《中财法律评论》投稿，即视为接受本稿约。